Illustrierte Geschichte des Mittelalters

Klaus Fitschen

J.B. Metzler Verlag

Bild S. 2: Die im 13. Jahrhundert gebaute Sainte Chapelle in Paris ist eines der Meisterwerke mittelalterlicher Architektur.

Einleitung	6
Das Mittelalter: ein Begriff und seine Geschichte	8
Klima, Wirtschaft, Technik und Verkehr	20
Die Gesellschaft und die politische Ordnung	30
Das private Leben	50
Die Stadt	64
Das Christentum und die Kirche	78
Das Byzantinische Reich	98

Das Judentum	**114**
Der Islam	**124**
Das Werden Europas	**134**
Kunst und Wissenschaft	**150**
Das Tor zur Neuzeit	**160**
Zeitstrahl	170
Literaturempfehlungen	174

EINLEITUNG

Das Mittelalter umfasst den größten Teil der bisherigen europäischen Geschichte, wenn man die Zeitspanne zugrunde legt, für die es schriftliche Quellen gibt. Grob gesagt, macht das Mittelalter also von den letzten 2000 Jahren Geschichte die Hälfte aus, auch wenn es in der allgemeinen Wahrnehmung häufig nach wie vor nicht mehr ist als eine Zwischenepoche.

Um rund 1000 Jahre also geht es, die von etwa 500 bis 1500 reichen. In dieser Zeit sind immer mehr Gebiete Europas aus dem Dunkel der Geschichte ins Licht literarischer Überlieferungen getreten. Herrschaftsformen haben sich vereinheitlicht, Kunst und Architektur haben sich angeglichen, die lateinische Sprache hat weithin Akzeptanz gefunden und ebenso die christliche Kirche. Alles das ist in der Neuzeit einem Umwandlungs- und letztlich Erosionsprozess anheimgefallen, der zur Ausbildung von Nationalstaaten führte, die ihre eigenen Kulturen und Sprachen ausbildeten – was freilich schon im Mittelalter begann. Eine gewisse Ehrfurcht vor dieser Epoche ist also durchaus angebracht, auch wenn aus heutiger Sicht manches oder gar vieles in dieser Zeit unzureichend oder auch furchtbar war.

Jedes Buch hat seine Grenzen, schon durch Vorgaben für den Umfang. Die Darstellung zu flächig zu halten würde vieles ausblenden, was zentral ist und erklärt werden muss. Dafür fehlt anderes oder konnte nur kurz angesprochen werden. Eine Geschichte des Mittelalters muss mindestens das gesamte heutige Europa umfassen – ein Anliegen, das in diesem Buch auch zum Tragen kommt, das aber nicht gleichmäßig für alle Länder und Regionen durchgeführt werden konnte. So ist die Darstellung auf Deutschland zentriert, Entwicklungen in anderen Ländern, in Byzanz und in der islamischen Welt werden in einzelnen Kapiteln einbezogen.

Die einzelnen Kapitel sind nicht chronologisch geordnet, sondern folgen einer sachlichen Logik. Zuerst einmal gilt es zu klären, wovon man eigentlich spricht, wenn man »Mittelalter« sagt und wie dieses in den Ablauf der Geschichte einzuordnen ist. Immer wieder ist auch daran zu erinnern, dass das 20. Jahrhundert mit seinen Diktaturen, Lagern und Völkermorden vielleicht finsterer war als das ganze Mittelalter zusammen.

Um nicht nur von Politik, Kirche und geistigen Entwicklungen zu reden, befasst sich das erste Sachkapitel mit Klima, Wirtschaft, Technik und Verkehr. Tatsächlich stellen diese Aspekte für jede historische Epoche unübersehbare Rahmenbedingungen dar, zumal aus heutiger Sicht, wo sie als Schlüsselaspekte für die weitere Entwicklung angesehen werden. Gleiches gilt für die Aspekte Gesellschaft und politische Ordnung: Die mittelalterliche Gesellschaft ist uns fremd, und darum ist unser Urteil über sie auch mit vielen Vorurteilen verbunden. Fremd ist aus heutiger Sicht auch das private Leben, dessen Gestaltung wiederum mit der gesellschaftlichen Ordnung zu tun hatte. Stadt und Land liefern weitere Kriterien für Unterscheidungen, wobei das Dorf eben nicht das war, wofür man es hält: eine heile Welt.

Eigens werden Christentum und Kirche mit ihren Institutionen behandelt, die die Gesellschaft und die Politik in West- und Osteuropa über die gesamte Zeit des Mittelalters geprägt haben und auch den kulturellen Rahmen für die gesamte Epoche bildeten. Darum schließt sich auch eine Darstellung der byzantinischen Ära an, in der vieles anders, die Rolle des Christentums aber ähnlich war. Das Judentum, das in der Zerstreuung, der »Diaspora« lebte, ist eigens zu beschreiben, und das gilt auch für die Welt des Islams, die sich eine Zeit lang bis auf die Iberische Halbinsel ausdehnte.

Der Entwicklung, dem »Werden« Europas, wird in einem eigenen Kapitel mit einem geografisch orientierten Fokus nachgegangen, und ein zweiter Fokus richtet sich auf die Entwicklung von Kultur und Wissenschaft in diesem Raum. Und wenn in diesem Buch immer wieder die Antike als Bezugspunkt aufscheint, dann soll an seinem Schluss auch das Spätmittelalter als »Tor zur Neuzeit« in den Blick genommen werden.

Der Autor dieses Buches ist Kirchenhistoriker, was die zentrale Perspektive mitbestimmt hat. Der Sachgrund, dass kirchliche und theologische Entwicklungen immer wieder angesprochen werden, liegt darin, dass in der Zeit des Mittelalters die Kirche eine unübersehbare Präsenz innerhalb von Staat und Gesellschaft hatte, jedenfalls sofern es um das christliche Europa geht. Man mag das rückblickend nicht für gut halten, aber es lässt sich auch nicht einfach ausblenden.

DAS »MITTELALTER«: EIN BEGRIFF UND SEINE GESCHICHTE

Die Menschen im Mittelalter wussten nicht, dass sie im Mittelalter leben. Ebenso wenig wussten die Menschen der Antike, dass sie in der Antike leben. Erst in der Neuzeit definierten Gelehrte ihre Epoche selbst als »Neuzeit«. Aus der Sicht des späten 15. und des 16. Jahrhunderts war das Mittelalter nur eine Zwischenepoche des Niedergangs, das *Medium aevum*, denn das Mittelalter hatte, so meinte man, eben jenen Glanz verdunkelt, den die Antike ausstrahlte. *Renaissance*, »Wiedergeburt«, war das Motto, und das galt insbesondere für die antike Literatur, die Kunst und die Architektur. Der Humanismus, letztlich in seiner Zuwendung zu den antiken Quellen ein Teil der Renaissance, suchte in Kultur und Religion nach einer Neuorientierung, die vor allem eine Orientierung am Alten sein sollte, und so kamen auch die Bibel und die Texte der antiken Kirchenväter neu in den Blick. Die Reformation machte schließlich Ernst damit – nicht zur Freude jedes Humanisten – und überwand das mittelalterliche Kirchenwesen mit seinem Papsttum, den Klöstern, dem Zölibat, der lateinischen Messe und nicht zuletzt der an den Universitäten gelehrten scholastischen Theologie. Der in Halle (Saale) lehrende protestantische Historiker Christoph Cellarius wandte die Periodisierung Antike – Mittelalter – Neuzeit 1688 erstmals auf eine umfassende Geschichtsdarstellung an. Das Mittelalter ließ er von Kaiser Konstantin bis zur Eroberung Konstantinopels durch die Türken reichen.

»Finsteres Mittelalter« oder »Abendland«?

Der Begriff »Finsteres Zeitalter« (*Saeculum obscurum*) findet sich zuerst bei einem katholischen Kirchenhistoriker: Cesare Baronio charakterisierte Anfang des 17. Jahrhunderts in seiner Kirchengeschichte auf diese Weise die Zeit eines Niedergangs des Papsttums, die im späten 9. Jahrhundert begann und bis zur Synode von Sutri 1046 andauerte, auf der gleich drei Päpste ihres Amtes enthoben wurden. Auch aus

»Barbarossas Erwachen im Kyffhäuser«, Fresko von Hermann Wislicenus in der Goslarer Kaiserpfalz. Lediglich charismatische Herrscher wie Friedrich Barbarossa stachen für die protestantischen Kritiker des Mittelalters als Lichtgestalten aus dem »Finsteren Zeitalter« heraus.

katholischer Sicht gab es also eine dunkle Epoche – im Gesamtzusammenhang des Mittelalters freilich nur eine kurze. Inzwischen hatte das Konzil von Trient (1545–63) mit Missständen aufgeräumt, wie man meinte, und so ließen sich die Probleme früherer Zeiten auch benennen. Dies war als Versuch zu verstehen, der protestantischen Fundamentalkritik an der Zeit vor der Reformation den Wind aus den Segeln zu nehmen. Diese Kritik war fester Bestandteil der evangelischen Kirchengeschichtsschreibung und somit der protestantischen Identitätsbildung geworden, auch wenn die Reformatoren den Begriff »Mittelalter« noch nicht kannten. Die Reformation sah man als Rückkehr zur lichten Zeit der Antike und die Zeit dazwischen als Abfall vom Glauben und als Zwangsherrschaft der Päpste.

Die protestantische Seite übernahm gern die katholische Kritik an den Päpsten des 10. Jahrhunderts, die unter dem Einfluss ihrer Mätressen und des römischen Adels standen, und dehnte sie auf das ganze Mittelalter aus: Der Einfluss von Frauen auf einzelne Päpste wurde als »Weiberregiment« oder »Pornokratie« bezeichnet. Der Dresdner Superintendent und Kirchenhistoriker Valentin Ernst Löscher zeichnete 1725 in dem Traktat »Die Historie der Mittlern Zeiten« ein Bild, das ganz typisch war: Alles in dieser Zeit war »dunkel, leer und wüst«, was nicht zuletzt daran lag, dass sich das Bildungswesen und die Kultur in der Hand der Mönche und Kleriker befanden. Dies musste laut Löscher umso mehr auffallen, wenn man den »Glanz der griechischen und römischen Dinge« dagegenhielt. Die Gelehrten, so Löscher, nannten diese Zeiten darum *saecula obscura* – der Begriff »Finsteres Zeitalter« wurde also tatsächlich auf die ganze Zeit des Mittelalters übertragen, wobei Löscher den Tiefpunkt nach wie vor im 10. Jahrhundert sah. Finster war die Zeit vor allem wegen des Einflusses der (katholischen) Kirche, während Herrschergestalten wie Karl der Große und Friedrich Barbarossa aus ihr herausragten.

INFO

Zeitlos: Friedrich Barbarossa

Friedrich Rückert brachte 1817 die Barbarossasage in Gedichtform: Der Kaiser war nicht tot, er schlief nur und würde wiederkommen. Als 1871 das deutsche Kaiserreich noch einmal in neuer Form erstand, meinten manche, in Kaiser Wilhelm I., dem »Barbablanca« (»Weißbart«), Friedrich Barbarossa wiedererstehen zu sehen. So wurde es denn auch auf dem Kyffhäuser in einem gewaltigen Denkmal in Stein gehauen, und so stellte es auch der Historienmaler Hermann Wislicenus in der Goslarer Kaiserpfalz dar. Die Hohenzollernkaiser suchten historische Anknüpfungspunkte, und dafür kam neben Karl und Otto dem Großen vor allem Friedrich Barbarossa infrage. Das neue protestantisch-preußische Kaisertum sollte in einer Linie mit dem mittelalterlichen stehen, und für diese Traditionslinie bot der schlafende und nun in neuer Gestalt erwachende Barbarossa einen wichtigen Bezugspunkt. Letztlich wurde er eine Fantasyfigur, und nicht zufällig stellte Wislicenus in der Goslarer Kaiserpfalz noch eine andere prominente schlafende Person dar: Dornröschen.

Die Rede vom »Finsteren Mittelalter« hatte also einen konkreten, konfessionellen Hintergrund, der freilich mehr und mehr aus dem Bewusstsein geriet, sodass sich der Begriff verselbstständigte und allgemein gängig wurde. Er behielt aber noch lange seinen konfessionalistischen Beiklang: »Mittelalterlich« und »katholisch« konnten gleichgesetzt werden. Zum Sinnbild der geistigen Finsternis des Mittelalters wurde im 19. Jahrhundert die Vorstellung, die Menschen hätten die Erde für eine Scheibe gehalten. Dies belegte man mit einem angeblich mittelalterlichen, in Wirklichkeit aber aus dem 19. Jahrhundert stammenden Holzschnitt. Das Bild wurde erstmals 1888 in Frankreich veröffentlicht – in einer Hochphase eines gegen die katholische Kirche gerichteten Antiklerikalismus, der letztlich zur Trennung von Staat und Kirche in diesem Land führte. In Wahrheit war die Kugelgestalt der Erde seit der Antike die gängige Annahme, auch in der Theologie, wobei das Thema insgesamt keine große Rolle spielte. Vielmehr hatte ein anderes von der Kirche vertretenes Weltbild am Ausgang des Mittelalters zu Konflikten geführt: So bestritt Galileo Galilei, dem man deshalb den Prozess machte, dass die Erde und nicht die Sonne das Zentrum des Universums darstellte.

Als der Katholizismus im Zuge der Gründung des deutschen Kaiserreiches 1871 genau wie in Frankreich als rückständig und staatsfeindlich verunglimpft wurde, schien das Attribut »mittelalterlich« passend. Otto von Bismarcks pathetischer Satz »Nach Canossa gehen wir nicht« aus dem Jahre 1872 war in Erinnerung an ein historisches Ereignis ein Appell, der im Papsttum eine finstere Macht und im neu erstandenen deutschen Kaisertum dessen lichten Gegenspieler sehen wollte. Vom Kulturkampf führt eine gerade Linie zu Alfred Rosenbergs 1930 erschienenem »Mythus des 20. Jahrhunderts«, das von heute seltsam anmutenden rassistischen Theorien durchsetzt ist. Rosenberg sah den Katholizismus als Erben des »kirchlichen Mittelalters«, einer düsteren Zeit voller Zauberglaube und Hexenwahn, in der die Papstkirche geherrscht habe und die edlen, germanischen Züge, die es auch gegeben habe, unterdrückt worden seien.

Das 19. Jahrhundert war einerseits durch eine sich durch den Kulturkampf verstärkende negative Sicht auf das Mittelalter bestimmt, andererseits aber gewann das Mittelalter unter dem Begriff »Abendland« neuen Glanz als eine ideale Zeit. Dieser Begriff war ursprünglich nur eine geografische Bezeichnung gewesen: Martin Luther hatte in seiner Bibelübersetzung die Heiligen Drei Könige nicht einfach dem griechischen Text entsprechend aus dem Osten, sondern aus dem Morgenland kommen lassen. Das »Abendland« avancierte zum äquivalenten Begriff, mit dem man im 16. Jahrhundert schlicht das Weströmische Reich bezeichnete. Im 19. Jahrhundert wurde der Begriff mit romantischen Vorstellungen aufgeladen: Das Abendland, in sich einheitlich und zusammengehalten durch die katholische Kirche, wurde zur Kulturgröße, die mit der römischen Antike begann und sich bis ins Mittelalter fortsetzte. So leitete Novalis seine Schrift »Europa« (veröffentlicht unter dem Titel »Die Christenheit oder Europa«) mit den folgenden Worten ein: »Es waren schöne glänzende Zeiten, wo Europa ein christliches Land war, wo *eine* Christenheit diesen menschlich gestalteten Weltteil bewohnte.« Das seien »echt katholische oder echt christliche Zeiten« gewesen, wobei sich auch Novalis darüber klar war, dass diese Zeiten nicht wiederkehren konnten, sondern mit der Französischen Revolution ein Bruch eingetreten war, der sich nicht mit der Wiederkehr des Alten schließen ließ. Aber eigentlich habe dieser Bruch schon viel früher eingesetzt: »Mit der Reformation war's um die Christenheit getan. Von nun an war keine mehr vorhanden.« Auf die Kirche wartete jedenfalls eine neue, die Völker einende Aufgabe, deren Mittel und Maßstäbe sie der mittelalterlichen Vergangenheit entlehnen konnte.

Nicht nur in der Dichtung, auch in romantischer Malerei wurde das Mittelalter Gegenstand schwärmerischer Verklärung. So auch bei Caspar David Friedrichs »Der Träumer«, um 1835

Letztlich blendete die Vorstellung vom Abendland alles aus, was es an Pluralität und Konfliktstoff im Mittelalter gab. Die Einheit des Mittelalters ist ein romantischer Mythos, der in der Zeit der Romantik nach der Französischen Revolution der Gegenwart entfliehen half. Nach 1945 hatte der Begriff noch einmal eine besondere Konjunktur und ermöglichte wiederum eine Flucht aus der realen Geschichte: Lieber 1000 Jahre Mittelalter als das tausendjährige Reich, ließe sich salopp sagen; lieber Karl der Große als Adolf Hitler. Zum anderen konnte man sich nach den verheerenden Weltkriegen auf das Abendland als eine verbindende Größe berufen, und dafür stand vor allem Karl der Große. Für die deutsch-französische Aussöhnung hatte der Begriff große Bedeutung. Die katholische Messe, an der Konrad Adenauer und Charles de Gaulle 1962 in der Kathedrale von Reims teilnahmen, war ein Symbol für dieses Abendland, was wiederum nicht alle Protestanten guthießen – Abendland und Katholizismus schienen nun eine feste Synthese eingegangen zu sein.

Mittelaltermärkte mit historischen Spektakeln erfreuen sich großer Beliebtheit, vermitteln aber kein authentisches Mittelalterbild.

INFO

Ein erfundenes Mittelalter?

1996 trat der Schriftsteller Heribert Illig mit einer provozierenden These an die Öffentlichkeit und veröffentlichte das Buch »Das erfundene Mittelalter: die größte Zeitfälschung der Geschichte«. Erfunden war Illig zufolge die Zeit zwischen 614 und 911, die ebenso wie der in diese Zeit gehörende Karl der Große eine spätere Erfindung sei. Illigs These erregte Aufsehen. Sie war aber überhaupt nur diskutabel, weil der Mangel an Quellen für diese Zeit auffällig ist und man vieles nicht weiß. Die Fachwissenschaft konnte Illigs These nichts abgewinnen, und tatsächlich spricht alles gegen sie, da es eben doch Quellen gibt, die in diese Zeit gehören. Illigs Behauptung, die Aachener Pfalzkapelle und andere Bauten aus der Karolingerzeit seien erst später entstanden, ließ sich nicht erhärten. Zudem hatte Illig völlig die byzantinische Parallelgeschichte vernachlässigt, die für die fragliche Zeit lückenlos dokumentiert ist. Letztlich blieb eine Verschwörungs- und Fälschungstheorie übrig, die den enormen Aufwand einer angeblichen Fälschung von rund drei Jahrhunderten nicht erklären konnte.

Letztlich blendete die Vorstellung vom Abendland alles aus, was es an Pluralität und Konfliktstoff im Mittelalter gab.

In den letzten Jahrzehnten sind die Begriffe »Finsteres Mittelalter« und »Abendland« durch Zurschaustellungen des Mittelalters überholt worden. Man denke zum Beispiel an die Mittelaltermärkte, die es seit etwa 1980 gibt. Hier wird ein Mittelalter präsentiert, das so nie existiert hat – es handelt sich um ein Spiel in und mit der Geschichte, in dem die Kirche allenfalls durch einen fetten Mönch präsent ist. Allerdings ist die Mittelalter-Fantasykultur schon viel älter und auch romantisch, wie man an der literarischen Figur des edlen Ritters Ivanhoe sehen kann, der durch den 1820 von Walter Scott veröffentlichten gleichnamigen Roman populär wurde. Zu denken ist auch an Robin Hood, eine ebenfalls erfundene Gestalt, deren literarische Darstellung schon im Spätmittelalter begann, aber im 19. Jahrhundert erheblich in popularisierender Weise ausgebaut wurde und auch Scotts Ivanhoe-Roman beeinflusste. Ein populäres Mittelalterbild vermittelte zudem die Rheinromantik des 19. Jahrhunderts mit ihrer Begeisterung für die mittelalterlichen (oder pseudomittelalterlichen) Burgen.

Heutzutage ist die mittelalterliche Fantasykultur in Romanen, Filmen, Spielen, Märkten und anderen Darstellungsformen unüberschaubar. Eine aufklärende Funktion über das Mittelalter wird man ihr kaum beimessen können. Anders ist dies bei den großen Mittelalterausstellungen, die in den letzten Jahren gezeigt wurden. Den Anfang machte die Ausstellung »Die Zeit der Staufer« 1977 in Stuttgart, die 675 000 Besucher anzog. Eine Ausstellung zu Otto dem Großen in Magdeburg 2001 besichtigten über 300 000 Menschen. Viele andere Beispiele ließen sich nennen. Das Mittelalter gewann dadurch erheblich an Glanz, auch wenn dies ja nur eine Seite der Medaille sein kann: »Glanz und Elend des Mittelalters« heißt nicht umsonst ein bekanntes, 1987 erschienenes Buch des Münchner Historikers Ferdinand Seibt.

Andere Regionen, andere Definitionen

Das mit dem Begriff Mittelalter verbundene geläufige Verständnis ist durch die Geschichte Zentraleuropas und nicht zuletzt durch die deutsche Reichsgeschichte geprägt. Während aber die Zeit des Mittelalters für die von den Römern zivilisierten Gebiete einen erheblichen Kulturbruch darstellt, lässt sich das für die Gebiete jenseits der ehemaligen römischen Grenzen so nicht sagen. Hier gab es mit Blick auf Wirtschaft und Gesellschaft wahrscheinlich viel stärkere Kontinuitäten.

Für viele Gegenden Europas lässt sich kaum ermessen, wie vor dem Mittelalter Kultur, Religion, Wirtschaft und Gesellschaft funktionierten. Erst der Anschluss an die christlichen Traditionen führte offensichtlich überhaupt zu einem historischen Selbstbewusstsein. Damit war das, was man Mittelalter nennt, für die summarisch als »Germanen« bezeichneten Menschen der Beginn der Geschichte. In Nord- und Osteuropa gilt das erst für die Zeit um die erste Jahrtausendwende. Was davor lag, war nur noch als Mythos zugänglich. So scheint das Mittelalter eine Zeit kultureller

Die Germanen werden christlich: Die Buchmalerei um 975 zeigt den Missionar Bonifatius, wie er Germanen tauft (links) und wie er 754 den Märtyrertod erleidet (rechts).

Homogenität gewesen zu sein, denkt man allein an die lateinische Sprache und die kirchlichen Strukturen, die Wissenschaft und die Philosophie. Dass die Menschen des Mittelalters sich selbst nicht als Teil einer neuen Epoche wahrnahmen, wurde bereits angedeutet. Tatsächlich verstand man sich da, wo man Geschichte schrieb, als Teil einer historischen Kontinuität mit Anschluss an die römische Geschichte und eine mythologisch rekonstruierte Vorgeschichte der sich nun mit historischem Bewusstsein ausstattenden germanischen Völker.

Die Byzantiner, die 1000 Jahre lang in dem Bewusstsein einer Kontinuität lebten, nannten sich deshalb »Rhomäer«, also Römer (im Westen sprach man von den Byzantinern als »Griechen«). Hier wäre die Bezeichnung Mittelalter auch insofern unsinnig, da das Byzantinische Reich ohne Nachfolgestaat untergegangen ist. Für die Osmanen war die byzantinische Zeit kein »Mittelalter« zwischen ihnen und der Zeit der Römer.

Dass es aus arabisch-muslimischer Sicht kein Mittelalter gibt, dürfte einleuchten, denn der Begriff ist eine Fremdzuschreibung aus europäischer Perspektive.

Beschreibungen wie »der Islam im Mittelalter« können also eigentlich nur beinhalten, dass es um den Islam zu der Zeit geht, die in Europa als Mittelalter bezeichnet wird. Allerdings hat sich die Bezeichnung »islamisches Mittelalter« eingebürgert, mit der sich die Geschichte der islamischen Kultur mit der europäisch-christlichen synchronisieren lässt. Dazu passen Bezeichnungen wie »frühislamisch«, »hochislamisch« und »spätislamisch«, die gelegentlich in Analogie zu den Teilepochenbezeichnungen »frühmittelalterlich«, »hochmittelalterlich« und »spätmittelalterlich« zu finden sind.

Für andere Weltgegenden wie Asien oder die vorkolonialen Kulturen in Amerika eignet sich der Mittelalter-Begriff ohnehin nicht. Hier kann er nur in ungefährer Analogie Anwendung finden. »Mittelalter« ist hier lediglich eine Bezeichnung für die Zeitspanne von ungefähr 500 bis 1500.

Die Grenzen des Mittelalters

Historische Epochenbegriffe sind immer unscharf, vor allem was ihre Anfangs- und Enddaten angeht: Wo liegt die Grenze zwischen Antike und Mittelalter, wo die zwischen Mittelalter und Neuzeit? Und lassen sich überhaupt 1000 Jahre Geschichte unter diesen einen Begriff fassen? Nicht umsonst wird das Mittelalter in Teilepochen untergliedert, deren Abgrenzungen aber ebenfalls problematisch sind und Wertungen voraussetzen: Wie lässt sich die Zeit des »hohen« Mittelalters bestimmen, von deren Abgrenzungen das Ende des Frühmittelalters und der Beginn des Spätmittelalters abhängen? Dafür kommen verschiedene Faktoren infrage, die sich gesamteuropäisch auswirken.

Für den Beginn des Hochmittelalters, der gemeinhin in das 11. Jahrhundert datiert wird, lassen sich eine Phase der politischen Stabilisierung, eine kontinuierliche Bevölkerungsentwicklung, ein wirtschaftlicher Aufschwung und ein kultureller und intellektueller Fortschritt anführen. Bevölkerungszahlen können natürlich nur geschätzt werden. In dieser Hochphase kann man jedoch von einer Verdoppelung von ungefähr 40 auf 80 Millionen Einwohner in Europa ausgehen. In diese Zeit gehören auch die Festigung der Macht des Papsttums durch den Investiturstreit, der Aufstieg des Rittertums in der Folge der Kreuzzüge, das Eintreten Nord- und Osteuropas in die christliche Völkerwelt und die Anfänge der Universitäten. Als Endpunkt wird zumeist das 13. Jahrhundert genannt, in dem die vorhergehenden Prozesse zum Stillstand kamen. Für das Deutsche Reich ist das Ende der Stauferdynastie ein häufig genanntes Datum. Dafür steht vor allem der Tod Kaiser Friedrichs II. im Jahre 1250.

Wenn sich der Begriff Mittelalter letztlich nur so verstehen lässt, dass er die Antike voraussetzt, kann der Beginn dieser Epoche nur in Abgrenzung von der Antike definiert werden. Das Schulbuchdatum 476 n. Chr. – die Absetzung des letzten weströmischen Kaisers – vernachlässigt, dass die Kaisermacht schon länger geschwunden war und sich an den Grenzen des Reiches längst andere politische Kräfte etabliert hatten, zu denen zum Beispiel die Franken zählten. Es wäre deshalb eine Möglichkeit, den Beginn der Epoche auf den Herrschaftsübergang von den Römern auf die »Germanen« – so nannten die Römer alle östlich des Rheins lebenden Menschen – zu datieren. Der erst seit dem späten 18. Jahrhundert gebräuchliche Begriff »Völkerwanderung« beinhaltet die Vorstellung, dass Stämme und Völker sich aufgrund von Wanderungsbewegungen anderer auf einer Art Siedlertreck befunden und wiederum andere verdrängt hätten. Auf historischen Landkarten wurden und werden Siedlungsgebiete einzelner germanischer Völkerschaften lokalisiert, die sich in einer Art Dominoeffekt in Bewegung gesetzt und letztlich das Römische Reich unter sich begraben hätten.

In Wirklichkeit war das Ende der römischen Antike komplexer. Sowohl im Osten des Reiches, an einer immer unsicherer werdenden Außengrenze, für die geografisch der Euphrat steht, als auch an Rhein und Donau bahnte sich dieses Ende schon im 3. Jahrhundert an, ohne dass deswegen vom Beginn des Mittelalters zu reden wäre. Die Gründe für das kommende Ende nicht nur der römischen Expansion, sondern der römischen Antike überhaupt lagen zu großen Teilen im Inneren des Reiches, das von Nachfolgekämpfen um den Kaiserthron erschüttert wurde. Zugleich mussten große Teile der militärischen Ressourcen für die Sicherung der Ostgrenze aufgewendet werden, was es wiederum germanischen Gruppen ermöglichte, Raubzüge über den Rhein zu unternehmen und die römischen Grenztruppen auf die Probe zu stellen. Die Folge war die Aufgabe des Limes im Jahre 260 n. Chr., jenes aufwendigen Bauwerks, das eher eine überdimensionierte Grenzmarkierung als ein Schutzwall war.

Womöglich hätte es gar kein Mittelalter gegeben, wenn die Bemühungen um eine Stabilisierung der inneren Verhältnisse des Römischen Reiches erfolgreich verlaufen wären: Diese Bemühungen verbinden sich mit dem Namen Kaiser Diokletians, der seit 284 regierte und dem es gelang, die Kaisermacht wieder zu festigen. Davon profitierte letztlich auch Kaiser Konstantin, der zwar durch einen Putsch im Westteil des Reiches an die Macht kam, aber auf der Politik Diokletians aufbauen konnte – auch, indem er dem Reich eine verbindliche religiöse Grundlage gab, für die nun nicht mehr wie bei Diokletian Jupiter, sondern der christliche Gott stand. Das 4. Jahrhundert wurde so zu einer eigenen Teilepoche, zur »christlichen Spätantike«, in der Kirche und Christentum die prägenden Kräfte wurden, die sie im Mittelalter blieben.

Das Ende kam mit dem 5. Jahrhundert. Begann aber damit schon das Mittelalter? In dieser Zeit ließen sich die Germanen – vor allem die Franken und Alamannen – nicht mehr wie widerspenstige Eindringlinge zurücktreiben oder mit Bündnisverträgen und finanziellen Mitteln ruhig stellen. Mit Überfällen auf römisches Gebiet ließ sich mehr Profit machen, und so wurde die Rheingrenze immer unsicherer. Gleiches galt für die Donaugrenze, wo die Goten angesiedelt waren. Sie stellten sich 378 bei Adrianopel (Edirne) einem römischen Heer entgegen und schlugen es. 410 plünderten sie Rom – zwei Ereignisse, die nicht notwendigerweise das Ende der römischen Macht bedeuteten, die aber zeigten, dass diese Macht wieder instabil geworden war. Zugleich begann das Reich in zwei große Teile zu zerfallen – einen Westteil und einen Ostteil, aus dem schließlich das Byzantinische Reich werden sollte. Kaiser Konstantin hatte Konstantinopel zur zweiten Hauptstadt erhoben, und schon Diokletian hatte erstmals das Reich aus pragmatischen Gründen geteilt. Nachdem die beiden Hälften im 4. Jahrhundert immer wieder in einer Hand vereint waren, setzte sich die Teilung mit dem Tod Kaiser Theodosius' des Großen im Jahr 395 endgültig durch. Hier liegen die Anfänge der byzantinischen Geschichte.

Der Limes, hier die Rekonstruktion eines Wachturms und der Palisaden bei Wiesbaden, stellte für die einrückenden Germanen im 3. Jahrhundert kein Hindernis mehr dar.

Wann die Geschichte des Byzantinischen Reiches beginnt, ist ebenso strittig wie der Anfang des Mittelalters im Westen Europas. Der Begriff »Oströmisches Reich« kann ein Übergangsstadium markieren, das von Kaiser Theodosius bis zu Kaiser Justinian (527–65) reicht, dessen Politik und selbstbewusste Herrschaft in gewisser Weise die Neugründung eines Reiches beinhaltete – auch wenn die damaligen Zeitgenossen das nicht so sahen. Das Ende des Byzantinischen Reiches – der Untergang des christlichen Konstantinopel im Jahr 1453 – hat durchaus auch Folgen für die Bestimmung des Endes des Mittelalters.

Zeitgleich zur allmählichen Verselbstständigung des oströmischen und dann byzantinisch zu nennenden Reichsteils vollzog sich im 5. Jahrhundert also das Ende des Weströmischen Reiches, das sich ungefähr mit dem Schulbuchdatum 476 bestimmen lässt: Der Germane Odoaker, ein in römischen Diensten stehender Offizier, riss in diesem Jahr in Italien die Macht an sich. Um sich abzusichern, suchte Odoaker zugleich, wenn auch vergeblich, nach Anerkennung durch den oströmischen Kaiser in Konstantinopel. Auf die Kaiserwürde konnte er selbst gut verzichten; er war nun König (*Rex*). Auf ihn folgte 493 der Ostgote Theoderich, der am Kaiserhof in Konstantinopel Karriere gemacht und es zum höchsten militärischen Rang eines Heermeisters (*Magister militum*) gebracht hatte. Ihm gelang es besser als seinem Vorgänger Odoaker, ein Einvernehmen mit dem Kaiser in Konstantinopel zu erreichen.

Ähnlich stellt sich der Aufstieg des Frankenherrschers Chlodwig dar: Sein Vater Childerich war Offizier in römischen Diensten gewesen, hatte aber im Norden Galliens schon seine eigene Herrschaft als König etabliert und war ein relativ unabhängiger Bündnispartner der Römer. Chlodwig konnte daran anknüpfen und seine Herrschaft territorial erweitern. Ein Hindernis stellte das Reich des Syagrius dar, das nördlich der Loire lag. Syagrius entstammte einer gallisch-römischen Familie und setzte als eine Art Warlord die Tradition der römischen Herrschaft in diesem Raum fort, wurde aber im Jahr 486 von Chlodwig besiegt. Dieser wiederum führte offensichtlich nicht nur fränkische Truppen ins Feld, sondern auch Reste der in diesem Gebiet stationierten römischen Armee. So war auch Chlodwig letztlich ein Erbe der römischen Herrschaft.

Der Anfang des Mittelalters ließe sich also als Herrschaftsübergang definieren. Die neuen Könige sahen sich in der Tradition der römischen Herrschaft, und sie waren vor allem auf die alten römischen Eliten angewiesen, die zusammen mit den kirchlichen Institutionen einen Rest von römischer Zivilisation aufrechterhielten. Tatsächlich also ging die Antike nicht einfach zu Ende, und eine neue Zeit begann. Vielmehr bildete die Antike mit ihrer Kultur und ihren Institutionen eine Grundlage, auf der durch Umgestaltung (aber auch durch massive Zerstörung und Nachnutzung) das heranwuchs, was dann Mittelalter genannt wurde. Legt man Wert darauf, dass diese Zeit so etwas wie eine eigene Kultur und politische Eigenart hervorgebracht haben muss, lässt sich die Zeit des Frühmittelalters auch gesondert als eine Transformationszeit in den Blick nehmen. Das eigentliche Mittelalter würde somit erst mit Karl dem Großen und der Etablierung eines stabilen Reiches beginnen, während die Zeit davor durch politische Fragmentierung und einen kulturellen und politischen Niedergang geprägt war.

Leichter als der Beginn des Mittelalters ist sein Ende zu bestimmen, wobei auch hier nicht nur ein Schlüsseldatum in Betracht gezogen werden kann. Das Selbstbewusstsein der Renaissance darf nicht darüber hinwegtäuschen, dass das Mittelalter moderner und reformfreudiger war, als man das im 15. und 16. Jahrhundert wahrhaben wollte. Dabei zeigen ganz neue Ereignisse wie die beginnende Kolonisierung Nord- und Südamerikas, der einsetzende Ostasienhandel, die Reformation, der Beginn des Bankenwesens, das Wachstum der Städte und die Erfindung des Buchdrucks mit wiederverwendbaren Lettern, dass um 1500 eine Dynamik herrschte, die viel Neues hervorbrachte.

Taufe Chlodwigs durch Bischof Remigius von Reims um 500, französische Buchmalerei aus dem 14. Jahrhundert

KLIMA, WIRTSCHAFT, TECHNIK UND VERKEHR

Aus heutiger Sicht ist es banal, dass Geschichte nicht nur als Herrschaftsgeschichte geschrieben werden kann, vielmehr ist eine Orientierung der Geschichtsschreibung an den Themen der Gegenwart deutlich erkennbar: Klimatische Veränderungen sind ebenso ein Untersuchungsgegenstand wie der Fortschritt der Technik und der Ausbau der Verkehrswege. Das angeblich finstere Mittelalter kannte viele lichte Momente und Menschen, die Neuerungen einführten. Dafür steht nicht zuletzt, schon am Übergang zur Neuzeit, der Erfinder und Visionär Leonardo da Vinci. Aber schon die römische Antike hinterließ vieles, was auch Späteren nützlich sein konnte, und ein allmählicher Zuwachs an Wohlstand und Bildung ermöglichte es, über Verbesserungen gezielter nachzudenken.

Das Wetter

Die Existenz von Siedlungen skandinavischer Seefahrer auf Grönland im Mittelalter ist schon länger ein Indiz für milde Klimabedingungen in der Zeit von rund 1000 bis 1400. Grönland war »Grünland«, hier gab es also Vegetation. Fraglich ist allerdings, wie weit sich diese über die Küstenregionen hinaus ins Land ausdehnte. Literarische Quellen werden in ihrem Aussagegehalt gern mit historischer Klimaforschung verknüpft. Demnach könnte »Grünland« als Beweis für eine »Mittelalterliche Warmzeit« herhalten, die etwa zwischen 900 und 1400 bzw. in einer Kernzeit von 950 bis 1250 zu datieren ist. Diese Warmzeitperiode lässt sich nicht eindeutig abgrenzen. Sie begann und endete regional unterschiedlich und scheint

Bauern pflügen und bestellen das Feld, Buchmalerei aus dem flämischen »Breviarium Grimani« um 1510/20.

auch unterschiedlich intensiv gewesen zu sein. Die Mittelalterliche Warmzeit war eher die Ausnahme von der Regel einer in Mitteleuropa durchschnittlich kühlen Witterung. Sie wird heute gern von den Skeptikern einer menschengemachten Erderwärmung als Beweis dafür in Anspruch genommen, dass es in der Erdgeschichte immer schon Wärmephasen gegeben habe.

In vielen Gegenden Europas trug der Temperaturanstieg zu einem Zuwachs der landwirtschaftlichen Produktion bei, wobei dieser Zuwachs nur schwer zu messen ist. Wetter und Klima sind komplexe Phänomene, die sich nicht einfach auf Messgrößen wie Temperatur und Niederschlagsmenge reduzieren lassen. In Deutschland dürften die Einführung der Dreifelderwirtschaft (Brache, Wintergetreide und Sommergetreide im Wechsel) und die Verbesserung der Pflugtechnik durch den Einsatz von Zugochsen sowie den Ersatz des hölzernen Hakenpfluges durch eine eiserne Pflugschar maßgeblicher für eine verbesserte landwirtschaftliche Produktion gewesen sein als die allgemeine Erwärmung.

Diese Warmzeit wurde von einer kälteren Phase im Frühmittelalter und einer »Kleinen Eiszeit« begrenzt, die im Spätmittelalter begann und bis in die Frühe Neuzeit reichte. Natürlich waren die Verhältnisse in Deutschland aber andere als in Südeuropa. Bemerkungen über das Wetter in mittelalterlichen Quellen sind zudem nicht von den persönlichen Befindlichkeiten der Beobachter zu trennen, die Überschwemmungen, Stürme und starke Schneefälle registrierten. In Mitteleuropa war der Boden durch die übertretenden Flüsse ohnehin sumpfig, und Wälder mussten erst gerodet werden, um Ackerland zu gewinnen. Großflächige Überschwemmungen beeinträchtigten den Ackerbau erheblich. An der Nordseeküste waren die Sturmfluten gefürchtet. Diese führten im Spätmittelalter zu Landverlusten, die die Küstenlinie heute noch prägen: Große Einbrüche wie der Jadebusen entstanden in dieser Zeit, und in Nordfriesland gingen große Siedlungsgebiete einschließlich der mythenumwehten Insel Rungholt verloren.

Mehr noch als das kühlere Frühmittelalter hat die im Spätmittelalter einsetzende Kleine Eiszeit Aufmerksamkeit auf sich gezogen. Historische Quellen berichten von zugefrorenen Wasseroberflächen, die sonst eisfrei waren. Allerdings handelt es

Zugefrorene Seen, dicke Schneedecken: Holländische Landschaftsmalereien wie Pieter Brueghels d. J. »Winterlandschaft mit Vogelfalle« um 1600 scheinen Zeugnis der im Spätmittelalter einsetzenden Kleinen Eiszeit zu geben.

sich auch hier wieder um Berichte, die das Außergewöhnliche registrieren, während die Normalität an anderen Orten unerwähnt blieb. Wenn man davon ausgeht, dass mit dem Beginn der Kleinen Eiszeit die Temperaturen sanken und damit die Ernten weniger ertragreich wurden, lassen sich damit wirtschaftliche und gesellschaftliche Entwicklungen in Verbindung bringen, die unter dem Begriff »spätmittelalterliche Agrarkrise« zusammengefasst werden. Dabei handelt es sich ebenfalls um einen durch die Forschungsgeschichte geprägten und umstrittenen Begriff. Für eine umfassende Krise sprechen Hungersnöte und Missernten, ebenso ein Rückgang der Bevölkerung nach der großen Pestwelle Mitte des 14. Jahrhunderts.

Mehr noch als das kühlere Frühmittelalter hat die im Spätmittelalter einsetzende Kleine Eiszeit Aufmerksamkeit auf sich gezogen.

Fraglich ist allerdings, ob sich aus klimatischen Veränderungen wirklich politische, gesellschaftliche und wirtschaftliche Entwicklungen im Mittelalter ableiten lassen. Ein solcher Erklärungsansatz könnte auch zu schlicht sein und das scheinbar Plausible – alles hängt am Klima – überbewerten. Scheinbar »harte« Fakten, die vor allem aus arktischen Eisbohrkernen, der Abfolge von Baumringen, der rekonstruierbar schwankenden Sonneneinstrahlung, der wechselnden Intensität des Golfstroms oder Pollenanalysen gewonnen werden, klingen auf den ersten Blick plausibler als »weiche« (also kulturelle und gesellschaftliche) Faktoren. Die Frage bleibt aber, ob sich Beobachtungen mit regionalem Bezug wie etwa ein Zuviel oder Zuwenig an Niederschlag auf die gesamte mittelalterliche Geschichte anwenden lassen. Vulkanausbrüche irgendwo auf der Welt können Folgen für das Klima in Europa gehabt haben, aber über die Intensität und Dauer dieser Folgen lassen sich nur Vermutungen anstellen. Der Vulkan Samalas in Indonesien schleuderte im Jahr 1257 gewaltige Mengen von Schwefel und Staub in die Atmosphäre. Das führte in Europa zu einem zeitweiligen Temperaturrückgang, da die Sonne verschleiert wurde. Ob das aber ein entscheidender Auslöser der Kleinen Eiszeit war, ist mehr als strittig, da Rückkopplungsprozesse mit anderen Klimafaktoren zwar wahrscheinlich sind, sich aber nicht letztendlich beweisen lassen.

Begriffe wie »Warmzeit« und »Kleine Eiszeit« erwecken ohnehin den Eindruck, als habe es extreme Schwankungen gegeben. Heute wird lieber von »Klimaanomalien« gesprochen, handelt es sich doch um Abweichungen vom Mittelwert um etwa ein Grad Celsius. Dies kann zwar bereits Auswirkungen auf Vegetationszonen haben und zum Beispiel den Anbau von Weinreben beeinträchtigen, die Versorgung mit Grundnahrungsmitteln ist dadurch jedoch noch nicht gefährdet. Da Wetter und Klima mehr beinhalten als die Temperatur, müssten auch Niederschlagsmengen, Stürme und andere Ereignisse einbezogen werden. Im Gegensatz zur einigermaßen rekonstruierbaren Temperaturentwicklung lassen sich diese Faktoren nicht gut erfassen, und der Rückgriff auf einzelne Berichte in den Quellen darf nicht dazu verleiten, diese zu generalisieren. In jedem Falle müssen andere Ereignisse wie Seuchen und Kriege einbezogen werden. Schließlich brachte die Pest im 14. Jahrhundert letztlich Millionen von Menschen ums Leben.

Klimatische Einflüsse auf die Geschichte des Mittelalters sind durchaus wahrscheinlich, sie können aber nicht einfach generalisiert werden. Die Kleine Eiszeit dauerte bis ins 19. Jahrhundert an und ragte somit weit in die Neuzeit hinein, deren wirtschaftliche, kulturelle und gesellschaftliche Dynamik durch winterliche Frostperioden nicht beeinträchtigt wurde. Die relative Wärmephase des Hochmittelalters brachte jedoch offensichtlich Vorteile für die Landwirtschaft mit sich und damit auch für die Ernährung einer wachsenden Bevölkerung.

Erfindungen

Im Vergleich zur Neuzeit ist das Mittelalter keine technisch innovative Epoche. Auffällig ist aber die große Zahl von Weiterentwicklungen oder Neuentdeckungen, die zur Basis weiterführender Neuerungen wurden. So ist etwa die Brille eine mittelalterliche Erfindung, die in das späte 13. Jahrhundert datiert. Der wohl in China erfundene Kompass fand schnell seinen Weg in die europäische Seefahrt. Im 12. Jahrhundert wurden an der windreichen Nordseeküste die ersten Bockwindmühlen gebaut. Das Spinnrad und der mit dem Fuß angetriebene Webstuhl ermöglichten eine effektivere Weiterverarbeitung der geschorenen Wolle.

Ein in seinen Auswirkungen sicher zwiespältiges Beispiel ist die Weiterentwicklung der Waffentechnik, deren bedeutendste Neuerung die Schusswaffen waren. Entscheidend für ihren Einsatz war das Schießpulver, das seiner Farbe entsprechend auch Schwarzpulver genannt wurde, eine Mischung aus Salpeter, Holzkohle und Schwefel. Den als Erfinder immer wieder genannten Mönch Berthold Schwarz hat es vermutlich nie gegeben. Die ersten Berichte über Schwarzpulver stammen aus dem 11. Jahrhundert aus China. In Europa findet sich die erste Erwähnung im 13. Jahrhundert. Vielleicht haben Mongolen oder Araber die Technologie nach Europa gebracht. Die Kanonen des christlichen Geschützgießers Urban schossen jedenfalls die tausendjährigen Mauern Konstantinopels 1453 sturmreif. Die Osmanen hatten Urban für seine Dienste vermutlich mehr geboten als die Herrscher Konstantinopels.

Das Schießpulver wurde nicht von Anfang an als Treibladung für Geschosse

Büchsenmeister mit einem Handrohr, Buchmalerei aus dem militärtechnischen Handbuch »Bellifortis« von Konrad Kyeser, 1402

verwendet, sondern zunächst häufig als Füllung von Wurfgranaten. Später schoss man Pfeile aus den Vorläufern der Geschütze, bevor Pfeile in Europa allmählich durch Kugeln ersetzt wurden. Für das 14. Jahrhundert sind militärische Auseinandersetzungen in Europa bezeugt, bei denen Feuerwaffen eine Rolle spielten. Allerdings war der Umgang mit dem explosiven Pulver und den Waffen selbst noch recht schwierig. Am häufigsten verwendete man Feuerwaffen zum Schutz von Befestigungsanlagen: Sogenannte Hakenbüchsen konnten auf den Befestigungsmauern abgestützt werden. Ihr Rückstoß ließ sich durch einen am Rohr befestigten Haken abfangen. Die klobigen Waffen waren schwer zu transportieren und zu laden. Der erhoffte Effekt bestand wohl eher darin, dass sie Furcht und Schrecken verbreiteten. Zugleich suchte man nach Möglichkeiten, die neue Technik auch im offenen Kampf verwenden zu können. Eine solche mobile Waffe wurde unter anderem unter den Bezeichnungen »Handrohr«, »Faustrohr« oder »Donnerbüchse« bekannt. Es handelte sich um ein geschmiedetes Metallrohr, das an einer Stange befestigt war und das man auf eine Stütze stellen und abfeuern konnte. Auch hier war die Treffergenauigkeit eher gering, aber bei massenhaftem Einsatz – die Rohre waren leicht zu gießen – ließ sich angesichts der hohen Durchschlagskraft durchaus ein militärischer Effekt erzielen. Mit der Verbesserung des Zündmechanismus sowie einer verbesserten Abstimmung von Geschossgröße, Treibladung und Rohrdicke war der Weg zur neuzeitlichen Pistole eingeschlagen.

Geschütze – also Kanonen – waren in dieser Zeit nur schwer zu transportieren und auszurichten. Diese sogenannten Bombarden, die eher Mörser als Geschütze waren, wurden häufig bei Belagerungen verwendet, dienten in Form von Riesengeschützen aber auch repräsentativen Zwecken. Die 1411 in Braunschweig gegossene »Faule Mette« etwa war tatsächlich »faul«, sie konnte mit über acht Tonnen Eigengewicht kaum bewegt werden. Wegweisender war die Entwicklung von mobilen Feldgeschützen, die auf Lafetten transportiert und ausgerichtet werden konnten. Die im 15. Jahrhundert eingesetzten »Feldschlangen« hatten oft kleinere Kaliber zwischen fünf und zehn Zentimetern, aber längere Rohre, die eine höhere Geschossgeschwindigkeit, Durchschlagskraft und Zielgenauigkeit ermöglichten. Dabei ist zu berücksichtigen, dass nicht nur direkte Treffer tödlich enden konnten, auch Verwundungen und dadurch hervorgerufene Infektionen (»Wundbrand«) führten meist zum Tod. Der Reichsritter Götz von Berlichingen hatte Glück, dass er durch einen Treffer nur seine Hand verlor und nicht sein Leben.

»Der Bierbreuwer«. Holzschnitt aus dem Ständebuch von Jost Amman (Bilder) und Hans Sachs (Texte), 1568

Ein ebenso zwiespältiges Beispiel für technologische Entwicklungen im Mittelalter ist die Fortentwicklung der Alkoholproduktion. Die alkoholische Gärung war schon lange bekannt und hatte die Produktion von Wein und Bier ermöglicht, wobei das Bier des Mittelalters kaum mit dem heutigen vergleichbar gewesen sein dürfte. Das galt freilich auch für den Wein, der oft durch Gewürze »veredelt« wurde, um ihm Geschmack zu verleihen. Das heute immer wieder angeführte »Reinheitsgebot« des Bieres wurde aus einer bayerischen Verordnung von 1516 abgeleitet, den Begriff gibt es jedoch erst seit dem 20. Jahrhundert. Die Festlegung, dass Bier nur aus Gerste, Hopfen und Wasser hergestellt werden dürfe, lässt allerdings erahnen, was sonst noch beigemischt worden sein könnte. Verbreitet war zum Beispiel die Zugabe von Grut, einer Mischung aller nur möglichen Kräuter, die die Bekömmlichkeit nicht immer steigerten. Bier hatte im Mittelalter allerdings eine andere Funktion als heute: Es enthielt zumeist weniger Alkohol, war nahrhaft und konnte der Gesundheit förderlicher sein als möglicherweise verschmutztes Trinkwasser, weshalb man auch Kinder Bier trinken ließ.

Aus Gersten sied ich gutes Bier/
Feist und Süß/
auch bitter monier
In ein Breuwkessel weit und groß/
Darein ich denn den Hopfen stoß/
Laß den in Brennten kühlen baß/
Damit füll ich darnach die Faß
Wol gebunden und wol gebicht/
Denn giert er und ist zugericht

Dass sich aus Wein hochprozentiger Alkohol (Ethanol) destillieren ließ, entdeckte man ebenfalls im Mittelalter. Die Destillationstechnik war seit der Antike bekannt und wurde nun auf diese Zwecke ausgedehnt, sodass sich *Aqua vitae* (Lebenswasser) erzeugen ließ – ein Begriff, der sich heute noch in »Aquavit«, aber auch in »Whisky« (gälisch *uisge beatha* für »Wasser des Lebens«) findet. Generell wurde die Destillation durch technische Neuerungen verfeinert, die eine bessere Kühlung und ein besseres Auffangen des flüchtigen Destillats ermöglichten.

In vielen Bereichen musste das antike Wissen erst einmal wiederentdeckt und nutzbar gemacht werden. Dies erfolgte zum Teil unter Einbeziehung arabischer Literatur, die die antiken Erkenntnisse besser bewahrt hatte als die lateinische. In den Klöstern wurde das überlieferte medizinische Wissen gesammelt, fortgeschrieben und auch angewendet. Dabei spielte die Verwendung von Heilpflanzen eine wesentliche Rolle. In der Medizin setzte wie in vielen Wissensbereichen erst im hohen und späten Mittelalter eine echte Fortentwicklung ein. Auch hier wurden neuere Erkenntnisse arabischer Mediziner übernommen. Ebenso wichtig wie die Anwendungen von Heilmitteln und die Wundbehandlung war eine gewisse Institutionalisierung. Es gab Ansätze zu einer Professionalisierung des Arztberufs und frühe Formen der Krankenhäuser, nämlich die Spitäler, die zugleich Altenheime und Wohnheime für Arme sein konnten. Die »Wundarznei«, die Chirurgie, steckte noch in den Kinderschuhen und diente vornehmlich der Entfernung von Fremdkörpern (zum Beispiel Kugeln aus Schusswunden).

Der Handel zu Lande und zur See

Das Römische Reich hatte über ein funktionierendes Verkehrswesen, ein ausgebautes Straßennetz und eine Fluss- und Seeschifffahrt verfügt. Mit dem Ende der römischen Herrschaft verfielen die Straßen und konnten immer weniger genutzt werden. In den Gegenden Europas außerhalb der römischen Kulturzone existierten noch nicht einmal frühere Wege und Straßen, hier gab es bestenfalls Knüppeldämme, die den Weg durch Sümpfe ermöglichten. Erst im Hochmittelalter entstand in Ansätzen wieder ein Fernstraßennetz, das als *via regia*, als Reichsstraße, unter kaiserlichem Schutz stand. Leipzig war der Schnittpunkt einer Nord-Süd-Verbindung von Stettin nach Rom und einer Ost-West-Verbindung von Moskau nach Santiago de Compostela. Im Hochmittelalter erreichte auch die Fahrzeugtechnik wieder römisches Niveau, indem Reisewagen (Kutschen) mit vier Rädern und gefederten Radkästen zum Einsatz kamen.

Für die den Römern Nachfolgenden wurde die Überwindung von Flüssen ein Problem. Erst im 12. Jahrhundert wurde in Regensburg die »Steinerne Brücke« gebaut, die erste Steinbrücke im mittelalterlichen Deutschland.

Auch folgte dem Römischen Reich als einheitlichem Wirtschaftsgebiet mit einheitlichem Geldsystem eine bunte Landschaft von Münzbezeichnungen und Münzwerten. Seit dem 13. Jahrhundert entwickelte sich ein bargeldloser Zahlungsverkehr, dessen Basis der Wechsel war, ein Wertpapier, das dem Inhaber durch Einlösung bei einem Handelspartner den dort eingetragenen Geldwert einbrachte.

> ### Der Karlsgraben
>
> Noch heute zeugen Reste in Franken von dem ambitionierten Projekt eines mittelalterlichen Kanalbaus zur Zeit Karls des Großen. Bei der Ortschaft Graben finden sich Spuren der *Fossa Carolina*, des »Karlsgrabens«, der den Main (und damit auch den Rhein) und die Donau miteinander verbinden sollte. Zu diesem Zweck wollte man eine Verbindung zwischen dem Fluss Altmühl, der in die Donau fließt, und der Schwäbischen Rezat schaffen, die in den Main mündet. Unklar ist, ob der Kanal jemals fertiggestellt worden ist und ob er, wenn er fertig wurde, längere Zeit in Gebrauch war. Neuere archäologische Untersuchungen deuten eher darauf hin, dass die Bauarbeiten in einer schon weit fortgeschrittenen Phase eingestellt wurden. Möglicherweise lag das an einer mangelhaften Stabilität der Uferbefestigungen, wenn man mittelalterlichen Quellen Glauben schenken möchte. So oder so steht der Karlsgraben für ein ambitioniertes ingenieurtechnisches Projekt, das erst im 19. Jahrhundert mit dem Ludwigskanal in anderer Form umgesetzt werden konnte.

Dennoch spielte der Fernhandel im Mittelalter eine wichtige Rolle, und das nicht nur für Luxuswaren wie Seide und Gewürze, sondern auch für Gebrauchsgüter und Textilien. Dabei bildeten sich regionale Produktionsschwerpunkte heraus: Gewebtes Tuch etwa kam aus Flandern, Wein vom Rhein, Fisch aus Skandinavien, das Salz zum Einpökeln aus Lüneburg. Der Handelsplatz Haithabu nahe dem heutigen Schleswig war um 1000 ein für den Ostseehandel bedeutsamer Ort und ein Umschlagplatz für Waren aus Skandinavien, dem Nahen Osten, Russland und anderen Gebieten. Im Osten nahm Nowgorod eine noch viel bedeutendere Rolle ein. Generell war der Wert der Waren und die Nachfrage nach ihnen natürlich ein Grund dafür, mit ihnen überhaupt über weite Strecken Handel zu treiben. Zu den begehrten Waren gehörten auch Salz und Kerzenwachs. Salz war nicht nur als Würze von Bedeutung, sondern vor allem als Konservierungsmittel, und so gehörte es auch zu den bevorzugten Handelsgütern der Hanse. Städte wie Lüneburg, die über Salinen verfügten, konnten zu einigem Reichtum gelangen. Bienenwachs war vor allem zur Beleuchtung von Kirchen in Gebrauch und wurde dort in großen Mengen verbraucht.

Kaufleute konnten es durch den Handel zu Wohlstand bringen, sich aber bei Verlust der Ware auch ruinieren. Der Kaufmannsberuf durchlief ebenfalls gegen Ende des Mittelalters eine Professionalisierung: Mit dem Aufkommen des bargeldlosen Zahlungsverkehrs – Wörter wie Giro und Konto stammen aus dieser Zeit – und der Notwendigkeit, Verträge abzuschließen, mussten die Kaufleute lesen, schreiben und natürlich auch rechnen können. Kaufmannskinder wurden auf Schulen geschickt, die diese Kenntnisse vermittelten, während die klassische Bildung für sie eine geringere Rolle spielte.

Der Reichtum von Handelsstädten wie Lübeck oder Nürnberg lässt sich auch nach den Zerstörungen des Zweiten Weltkriegs noch erahnen. Das Wachstum der Städte an Zahl und Größe in der Hochphase des Mittelalters ging einher mit einer Ausweitung des Handels: Der zentrale Ort war der Markt, auf dem nur mit Genehmigung des Landesherrn oder des Stadtrates zu bestimmten Zeiten Handel getrieben werden durfte. In Leipzig entwickelte sich aus dem Marktwesen der Messehandel: Hier konnten Kaufleute Warenmuster ansehen und Bestellungen aufgeben. Die Handelsbeziehungen in Nordeuropa verdichteten sich im Mittelalter so weit, dass die Hanse seit dem 13. Jahrhundert ein eigenes Netzwerk bildete, in dem Lübeck die führende Stellung innehatte. Welche Städte der Hanse angehörten, ist nicht immer eindeutig, sodass man bei kleineren Städten wie etwa Helmstedt nicht immer weiß, wie lange und mit welchen wirtschaftlichen Folgen sie dazugehörten. Die Ostsee bildete für die Hanse einen Handelsraum, der durch den Handel auf Flüssen und auf dem Landweg ergänzt wurde. Für den Seehandel stellte die Kogge den ersten Standardschiffstyp dar: Ihre Ladekapazität lag bei 80 bis 200 Tonnen. Die Kogge wurde im Spätmittelalter von größeren, tragfähigeren Schiffen abgelöst: Das Kraweel (Karavelle) konnte bis zu 800 Tonnen transportieren. Mit diesem Schiffstyp gelangte Christoph Columbus nach Amerika.

Im Hafen einer Hansestadt, Farblithografie um 1909

DIE GESELLSCHAFT UND DIE POLITISCHE ORDNUNG

Angesichts der rund 1000-jährigen Geschichte des Mittelalters und der unterschiedlichen Staatenentwicklung in Europa ist es kaum möglich, die gesellschaftliche Ordnung – und seien es nur die theoretischen Ordnungskonzepte – in dieser Zeit auf einen Nenner zu bringen. Vieles, was typisch mittelalterlich erscheint, war nur für Teilepochen wie das Hoch- und Spätmittelalter typisch. Zahlreiche Zeugnisse, nicht zuletzt bildliche Darstellungen, stammen aus eben dieser Zeit.

Dazu gehören die im 14. Jahrhundert erstmals bezeugten Totentänze, die eine Ständeordnung abbilden: An der Spitze steht der Papst, darunter kommt der Kaiser, dann folgen hohe geistliche Würdenträger, daraufhin Könige und Fürsten und dann das Volk: Stadtbürger, Bauern, Frauen, Kinder. Einige Totentänze bieten ein Panorama der Berufe und zeigen zum Beispiel Köche, Ärzte, Juristen, Mönche, Einsiedler und Handwerker. Dies ist jedoch nur ein kleiner Einblick in eine funktional schon recht differenzierte Gesellschaft mit einem starken Herrschaftsüberbau. Die Totentänze stellten dar, dass der Tod am Ende alle gleich macht. Dass die Wirklichkeit zu Lebzeiten eine ganz andere war, erschließt sich aber ebenfalls, denn zugleich wurden Unterschiede markiert, die durch sozialen Status, Geschlecht, Herkunft, die Zugehörigkeit oder Nichtzugehörigkeit zur Geistlichkeit und die Fähigkeit, Gewalt auszuüben oder nicht, gegeben waren. Diese Unterschiede, die noch bis in die Frühe Neuzeit hinein deutlich spürbar sind, waren für die Menschen des Mittelalters eine Selbstverständlichkeit, und selbstverständlich war es für die meisten Menschen wohl auch, wenn sie jemandem mit dem Grund und Boden, auf dem sie lebten und arbeiteten, gehörten und nicht frei waren.

Totentanz in der Kirche Maria im Fels im kroatischen Beram aus dem 15. Jahrhundert: Dem Tod fällt am Ende jeder anheim, vom Kind bis zum Greis, vom Bettler bis zum König.

Das Lehnswesen

Ein Lehen wurde »verliehen«, aber nicht im modernen Sinne. Vielmehr stiftete diese »Verleihung« eine Rechtsbeziehung zwischen dem Lehnsherrn und dem Lehnsmann, wobei das »verliehene« Gut meist ein Stück Land war, das weiterhin dem Lehnsherrn gehörte. Dieser trat es zum Nießbrauch an einen Lehnsmann ab, der dafür Gehorsam zu leisten und Dienste zu erbringen hatte. Dieses Element findet sich heute noch im Beamtenrecht wieder: Beamte stehen zu ihrem Dienstherrn in einem öffentlich-rechtlichen Dienst- und Treueverhältnis, das prinzipiell lebenslänglich ist.

Heute gängige Vorstellungen von der mittelalterlichen Gesellschaft sind immer noch stark von der »Lehnspyramide« beeinflusst, in der der König an der Spitze steht und die rechtlosen Bauern die Basis bilden, so als sei die Belehnung mit Gütern der einzige Mechanismus zur Strukturierung der mittelalterlichen Gesellschaft gewesen – wenn auch ein wesentlicher. Güter und Land wären nach dem idealtypischen Modell der Lehnspyramide linear von oben nach unten zur Nutzung weitergereicht worden, und im Gegenzug hätten die Belehnten – die

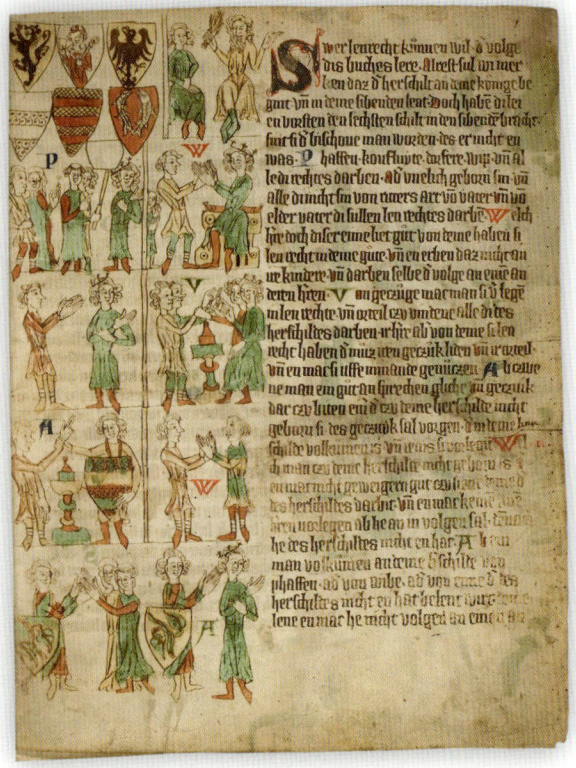

Heerschildordnung im Sachsenspiegel (oben links): An der Spitze steht der König, gefolgt von den Reichsfürsten und nachgeordneten Vasallen. Der siebte Heerschild, das zugleich für das siebte Zeitalter steht, ist unbenannt.

Vasallen – sich zur Dienstleistung gegenüber dem Lehnsherrn verpflichtet bzw. wären als unfreie Bauern einfach verpflichtet worden. Diese idealtypische Vorstellung hat zwar Anhaltspunkte in der mittelalterlichen Geschichte – freilich erst seit dem 9. Jahrhundert –, aber sie entspricht dann schon nicht mehr der Wirklichkeit, als sich die Fürsten seit dem Hochmittelalter zunehmend von der Königs- bzw. Kaisermacht emanzipierten. Das Lehen wurde im Mittelalter zunehmend als Eigenbesitz und Machtbasis betrachtet und nach eigenen Vorstellungen, nämlich als eigener und nicht nur geliehener Besitz, genutzt.

Der Grundzug des Lehnswesens ist das ganze Mittelalter hindurch allerdings tatsächlich tragend gewesen: Herren und Vasallen banden sich also mit der Übertragung von Eigentums- und Nutzungsrechten und einer daraus folgenden Gehorsams- und Treuepflicht aneinander. Das hatte sehr konkrete Folgen, und idealtypisch steht dafür die im Gegensatz zum neuzeitlichen Schema der Lehnspyramide zeitgenössisch-mittelalterliche »Heerschildordnung« des Sachsenspiegels, die sich auf die Verpflichtung, Truppen zu stellen, bezog. Eben diese Verpflichtung folgte den Lehnsverhältnissen. So steht an der Spitze der König bzw. Kaiser, es folgen die geistlichen Reichsfürsten, dann die weltlichen, dann die Grafen, und darunter gliedern sich noch einmal nachgeordnete Vasallen, die über das Lehnswesen eingebunden waren. Damit ist der Zustand des 13. Jahrhunderts wiedergegeben, jedenfalls so, wie ihn der Sachsenspiegel sah. Allerdings handelt es sich dabei insofern um eine Idealisierung, als die sieben Heerschilde als Abbild von sieben Weltzeitaltern angesehen wurden. Diese stellten eine Periodisierung der Menschheitsgeschichte dar. Laut dem Sachsenspiegel begannen diese Zeitalter jeweils mit Adam, Noah, Abraham, Mose, David und Christus. Gemeint war damit eine Einteilung in Jahrtausende. Laut Sachsenspiegel befand man sich im siebten und letzten Zeitalter, also im 7. Jahrtausend, dessen Ende unbestimmt war. Der Sachsenspiegel übernahm damit eine Gliederung, die er von dem im 3. Jahrhundert lebenden Theologen Origenes ableitete, wobei es sich dabei vielleicht auch um eine Verwechslung mit den »Origines« des Isidor von Sevilla handelt – ein Werk, das um 630 veröffentlicht wurde und meistens als »Etymologiae« bezeichnet wird. Jedenfalls ist die Parallele zwischen den Heerschilden und den Weltaltern nur eine ungefähre, und es scheint mehr auf die ideale Siebenzahl anzukommen, die hier im Sinne spätantik-christlicher Gelehrsamkeit abgesichert wird.

Tatsächlich aber wurde das Lehnswesen – wenn man überhaupt diesen stark schematisierenden Begriff gebrauchen kann – im Fortgang des Mittelalters zu einer immer komplexeren Art der Übertragung von Gütern zur Nutzung durch einen anderen, bei der es keineswegs nur um Land ging, sondern auch um andere Einnahmequellen. Im modernen Sinne könnte man also tatsächlich von »Nießbrauchsrechten« an einer Sache sprechen. Schon im Hochmittelalter verlor der zum Lehnswesen gehörende Lehnseid an Bedeutung, auch dadurch, dass Papst und weltlicher Herrscher wie im Investiturstreit in Konkurrenz darum traten, wem von beiden der Lehnseid zu schwören sei. Dieser entwickelte sich in Richtung eines Treueides weiter, der von der Belehnung mit Besitz unabhängig sein konnte. Neben den vertikalen Lehnseid trat außerdem horizontal die *coniuratio* (»Schwureinung«) – das Wort meint hier keine Verschwörung –, mit der sich Menschen gegenseitig einander verpflichteten: Fürsten zum Beispiel in Bündnissen oder Stadtbürger in Zünften.

Das Lehnswesen war auch nicht in ganz Europa bekannt, sondern nur in dessen Kernbereich, also in Deutschland, England und Frankreich. In Nordeuropa wurde zwar auch Grundbesitz an Grafen (Jarle) übergeben, damit diese ihn verwalteten und Abgaben einzogen, es kam aber nie zur Vererbung von Lehen, sondern diese Amtsbezirke wurden immer wieder neu vergeben.

Ähnlich schematisch wie die Lehnspyramide sind Vorstellungen einer mittelalterlichen Ständegesellschaft, die eher aussehen, als seien sie aus der Zeit vor der Französischen Revolution in das Mittelalter zurückprojiziert: Geistlichkeit und Adel hätten demzufolge die ersten beiden Stände gebildet, der Rest der Menschen, also Bürger und Bauern, den dritten Stand. Die Zustände vor der Revolution sollten als finster und ungerecht dargestellt werden, während die Revolution mit ihrem ins Mörderische abgleitenden Egalitarismus eine neue Gesellschaft zu schaffen verhieß.

Aus der Zeit kurz nach der Französischen Revolution stammt denn auch der Begriff »Feudalismus«, in dem der Begriff Lehen (*feudum*) steckt. Damit war eine streng hierarchisch aufgebaute Gesellschaft gemeint, in der der Status einzelner Gruppen durch ihren Anteil am Grundbesitz beschrieben wurde. Ein einheitliches Verständnis von Feudalismus gab und gibt es aber nicht. Die Bandbreite reicht von marxistischen Vorstellungen, in denen der Feudalismus ein Vorstadium zum Kapitalismus darstellt, bis hin zu Konzepten, die sich tatsächlich auf das Lehnswesen konzentrieren, das an sich ohne Zweifel ein wesentliches und teils hoch differenziertes Strukturmerkmal mittelalterlicher Rechtsverhältnisse darstellte – wenn auch nicht in einer Art und Weise, in der es im Sinne der Lehnspyramide gern gesehen wurde und wird. Gerade die Formierung städtischer Gesellschaften seit dem Hochmittelalter passt nicht in dieses Konzept, oder es muss im Sinne eines »Frühkapitalismus« hineinkonstruiert werden.

Die gern angeführte Gesetzgebung Friedrich Barbarossas, mit der er das Lehnswesen befestigen wollte, war gerade eine Reaktion auf dessen Unzulänglichkeiten: Städte in Norditalien wie Mailand ließen sich darin nicht integrieren, und die Reichsfürsten, die Truppen für einen Zug des Kaisers nach Italien stellen sollten, um Druck auf die Städte auszuüben, versuchten sich trotz aller Lehnspflichten zu entziehen. Dass sich Kaiser Barbarossa nun auf Verpflichtungen aus dem Lehnswesen berief, war demnach ein Versuch, etwas in verbindliche Gesetze zu gießen, was bis dahin gar nicht festgeschrieben werden musste, sondern einigermaßen funktioniert hatte. Das war nun offensichtlich nicht mehr gegeben, und auch die nachträgliche Fälschung einer Anweisung Karls des Großen in der gleichen Sache konnte daran nichts ändern. Die Folge war eine Verrechtlichung der Beziehungen zwischen dem Kaiser und den Reichsfürsten.

Das Verhältnis zwischen dem regionalen und lokalen Adel und dem Herrscher an der Spitze war also weniger harmonisch, als es die Lehnspyramide darstellt. Gerade im Deutschen Reich war die Zentralmacht eher schwach: Der König bzw. Kaiser war ohne eine feste Residenz oder ein stehendes Heer und nur aktionsfähig im Bündnis mit dem Adel, der mehr oder minder bereit dazu war, durch die Stellung von Truppen und loyales Verhalten die Macht des Königs zu stützen. Die aus dem Lehnsverhältnis folgenden Pflichten führten eben nicht zu einem Automatismus. Die Kirche, namentlich der Papst, bildete dabei einen zusätzlichen Unsicherheitsfaktor, wie sich insbesondere im Investiturstreit des 11. Jahrhunderts zwischen Kaiser Heinrich IV. und Papst Gregor VII. zeigte – einem Schlüsselkonflikt für das Verhältnis von geistlicher und weltlicher Macht um die Frage, wer die Bischöfe mit ihren geistlichen und weltlichen Rechten belehnte. Die Fürsten gerieten in Versuchung, dem Kaiser die Loyalität aufzukündigen, wenn sie davon ausgehen konnten, dass der Papst dies gutheißen würde.

Untergraben wurden die lehnsrechtlichen Beziehungen dadurch, dass die Fürsten, zumal die dem Kaiser direkt untergeordneten Reichsfürsten, ihr Lehen zunehmend als Eigenbesitz (Allod) ansahen, das sie weitervererben wollten, um es im Besitz der Familie zu halten. Der Rückfall des Lehens an den Kaiser trat in solchen Fällen nicht mehr ein. Das galt selbst für geistliche Reichsfürstentümer, die zwar aufgrund des Zölibats nicht vererbt werden konnten, bei deren Besetzung aber die von adligen Familien durchsetzten Domkapitel ein wichtiges Mitspracherecht hatten, sodass auch diese Territorien faktisch in der Hand des Adels waren. Allerdings gab es auch Strafaktionen gegenüber widerspenstigen Gefolgsleuten. Die aufsehenerregendste war die gegen den sächsischen Herzog Heinrich den Löwen, der Kaiser Barbarossa bei seinen Feldzügen nach Norditalien zuerst unterstützt hatte, ihm dann aber doch den Gehorsam verweigerte, was Barbarossa eine schwere Niederlage einbrachte, da ihm die Truppen Heinrichs fehlten. Zur Strafe wurde Heinrich der Löwe abgesetzt und sein Territorialbesitz neu verteilt. Herzog Heinrich konnte also nicht als der »Besitzer« seiner Territorien gelten, sondern seine Person war austauschbar, wie es dem Prinzip des Lehnswesens entsprach.

In anderen Ländern hatten die Könige ganz andere Zugriffsmöglichkeiten, weil sich hier eine stärkere Zentralgewalt ausbildete. So wurde nach der Eroberung Englands durch den normannischen Herzog Wilhelm im Jahre 1066 fast der gesamte Adel ausgetauscht. Der Grundbesitz wurde unter Wilhelms treuen Gefolgsleuten neu verteilt und tatsächlich in ein System überführt, das wie eine Lehnspyramide funktionierte: Beinahe das gesamte Land gehörte dem König und wurde von

König Sigismund spricht auf dem Konstanzer Konzil Recht und vergibt Lehen an Fürsten. Buchmalerei um 1450

diesem als Lehen weitergegeben. Der Besitz von Eigengut gehörte der Vergangenheit an. Andererseits waren die Lehen erblich, was auch in England zur Entstehung einer Schicht von Hochadligen führte.

Der Adel und das Königtum

Ein Adel im heute geläufigen Sinne entwickelte sich erst im Laufe des Mittelalters. Zwar gab es schon im Frühmittelalter einen herausgehobenen Stand von Menschen, der durch Grundbesitz und Macht und nicht zuletzt durch eine Familien- und Dynastiebildung als Adel bezeichnet werden kann, aber mit dem hoch- und spätmittelalterlichen und letztlich neuzeitlichen Adel hat das wenig zu tun. Während der Adel später vor allem durch seine Herrschaft über Territorien wie Herzogtümer und Grafschaften gekennzeichnet war, spielte das im Frühmittelalter noch keine Rolle.

Hier war es vor allem die Bindung an den König, die adelte, aber auch eigener Grundbesitz war nicht unwichtig. Dabei handelte es sich letztlich um ein römisches Erbe, denn der alte Senatorenadel hatte in den Anfängen des Mittelalters nach wie vor seine Besitzungen in den ehemals römischen Teilen des Frankenreiches. In Frankreich blieb es im Prinzip weiterhin bei der engen Bindung an den König, während sich in Deutschland durch die Territorialisierung eine eigene Machtbasis des Adels herausbildete. Durch eine enge Verschränkung mit der Kirche konnte der Adel auch durch die Übernahme geistlicher Ämter, durch Klostergründungen oder durch Parteinahme für den Papst in Auseinandersetzungen mit dem König an Ansehen und Macht gewinnen. Umgekehrt konnte der König loyale Gefolgsleute mit der Erhebung in den Adel belohnen, was konkret die Übertragung von Ämtern bedeutete, die auch mit Landbesitz ausgestattet werden konnten.

Der Adel als Stand resultierte aus mehreren Faktoren: Es gab alte Familien, die sich durch Grundbesitz und Nähe zur Zentralmacht auszeichneten, und es gab Emporkömmlinge, die durch gesellschaftlich Höherrangige in ihrem Status erhöht wurden und ihren Reichtum und Einfluss dadurch ausbauen konnten. Dazu zählten insbesondere die Ritter, »Reiter« also, die gepanzert und gerüstet hohe militärische Potenz verkörperten, bis die Durchschlagskraft von Schusswaffen ihre Panzerung untauglich machte. Die Ritter hatten von der Erfindung des Steigbügels profitiert, der es ihnen ermöglichte, sich im Sattel zu halten, selbst wenn sie starker Krafteinwirkung von vorn durch einen Lanzenstoß ausgesetzt waren. Das Bild vom Mittelalter (nicht zuletzt in Kinderbüchern) prägen die Ritter bis heute, was auch in einer ausgefeilten Selbst- und Fremddarstellung begründet ist, die sich in Ritterepen oder dem Minnesang niederschlug. Die Ausrüstung, das Pferd und der Panzer waren eine teure Angelegenheit, sodass die Ritter über entsprechende Einkünfte verfügen mussten – manche verarmten auch darüber. Ein anderer Weg bestand darin, als ein in Diensten eines übergeordneten Herrn stehender »Ministerialer« mit einer Ausrüstung ausgestattet zu werden. Gerade die Ministerialen bildeten eine Schicht, aus der sich bei entsprechender Fähigkeit und Förderung ein Funktionsadel rekrutieren konnte, der letztlich selbst über ein eigenes Gebiet herrschte. Hierbei spielte das Lehnswesen eine wichtige Rolle und vor allem die mehr und mehr üblich werdende Erblichkeit des Lehens. Auch ohne die Übertragung von Landbesitz aber konnten die Ministerialen wichtige Ämter bei Hofe wahrnehmen und somit Macht ausüben.

Der Ritter prägt noch heute unser Bild vom Mittelalter. Walther von Klingen im Speerzweikampf, Darstellung im »Codex Manesse«, 14. Jahrhundert

Die deutsche Königs- bzw. Kaisermacht durchlief selbst eine lange Entwicklungsgeschichte: Der Franke Chlodwig hatte auf den Trümmern des römischen Imperiums ein zuerst kleines und dann immer größer werdendes Reich errichtet. Die römische Tradition bot ihm wie anderen ambitionierten Führergestalten einen Rahmen, in dem sie ihre Herrschaft ausüben konnten: Chlodwig war wie schon sein Vater Childerich König (*Rex*), aber um der Sache mehr Glanz zu verleihen, wurde seine Dynastie (die Merowinger) durch die fränkische Geschichtsschreibung mit mehr oder weniger historischen Vorfahren ausgestattet. Im 8. Jahrhundert verdrängte Pippin der Jüngere die Merowinger und schuf neue politische Fakten, die er aber durch den Papst legitimieren ließ. Pippins Sohn Karl der Große ließ sich im Jahr 800 in Rom zum Kaiser krönen und steigerte seinen Anspruch dadurch im Sinne des alten Glanzes römischer Kaisermacht. Otto der Große (ab 962 römisch-deutscher Kaiser) brauchte Jahre, um von den Reichsfürsten anerkannt zu werden. Letztlich war er ein Emporkömmling, dessen Vater Heinrich I. die Königswürde im Jahr 919 mit gewissem Glück errungen hatte. Auch Heinrich hatte schon vor dem Problem gestanden, dass viele Fürsten – vor allem die mächtigen Herzöge von Schwaben und Bayern – seine Macht nicht respektierten. Letztlich war er auch nur einer von ihnen, und seine eigene Macht war erst einmal regional begrenzt. Sein Sohn Otto war also nicht als König geboren worden, sondern musste selbst erst die Dynastie befestigen, die schon nach wenigen Jahrzehnten 1024 ausstarb und einer neuen Dynastie Platz machte, den Saliern, die rund 100 Jahre später wiederum ausstarben und 1138 von den Staufern beerbt wurden.

Im späten 12. Jahrhundert, zur Zeit Friedrich Barbarossas, bildete sich ein höherer und ein niederer Adel heraus, und es grenzte sich eine Gruppe von Reichsfürsten ab, zu denen auch Frauen gehören konnten, sofern sie als Äbtissinnen ein Reichskloster leiteten. Diese Fürsten waren »reichsunmittelbar«, unterstanden also direkt dem Kaiser, was sie gerade dann, wenn sie geistliche Fürsten waren, gegenüber päpstlichen Ansprüchen absichern konnte. Unter ihnen rangierten die Grafen und andere niederrangige Adlige. Diese und andere Abstufungen innerhalb des Adels förderten ein ständisches und familiäres Selbstbewusstsein, das zu eigenen Formen der Repräsentation und zur Anfertigung von Genealogien führte.

Eine Sonderstellung unter den Reichsfürsten nahmen die sieben Kurfürsten ein, die seit dem 13. Jahrhundert den deutschen König wählten (»kürten«). Dazu zählten die drei geistlichen Kurfürsten, die Erzbischöfe von Köln, Mainz und Trier, sowie die vier weltlichen Kurfürsten, der Pfalzgraf bei Rhein (also der Herrscher der Kurpfalz), der Herzog von Sachsen (Kursachsen), der König von Böhmen und der Markgraf von Brandenburg (also der Herrscher über das Kernland des späteren Preußens). Die Übertragung der Königswahl auf dieses recht kleine Gremium war letztlich eine pragmatische Entscheidung der Reichsfürsten, nachdem es zuvor etliche Unstimmigkeiten gegeben hatte. Die Kurfürsten schlossen sich im »Kurverein« zusammen und koordinierten so ihre Politik. Wer zum König gewählt werden wollte, musste ihnen Zugeständnisse machen, was ihre Macht noch steigerte.

Die Goldene Bulle

Bullen waren »bullierte«, also besonders gesiegelte Dokumente. Der Goldenen Bulle gaben sieben Siegel aus Gold ihren Namen, allerdings erst rund 100 Jahre nach ihrer Entstehung. Diese 1356 von Kaiser Karl IV. erlassene Verfügung, später gern als »Reichsgrundgesetz« bezeichnet, schrieb das Vorgehen bei der Wahl des deutschen Königs (der dann ja zum Kaiser gekrönt wurde) endgültig und bis zum Ende des Heiligen Römischen Reiches im Jahre 1806 fest. Es handelte sich dabei also um die schriftliche Fixierung schon längst gebräuchlicher Verfahrensweisen. Neu war hier aber, dass die sieben Kurfürsten sich nicht mehr einig sein mussten, sondern dass eine Mehrheitsentscheidung genügte. Vor allem aber stärkte die Bulle die Stellung der Kurfürsten als Kollegium und schrieb die Erblichkeit ihres Titels sowie des damit verbundenen Territoriums fest. Gestärkt wurde auch die Stellung der Stadt Frankfurt als Ort der Königswahl und Königskrönung, die in der Bartholomäuskirche (dem Frankfurter Dom) stattfinden sollten.

Das Titelbild der Goldenen Bulle in der Münchner Druckausgabe von 1515 zeigt den Kaiser mit den drei geistlichen (links) und vier weltlichen Kurfürsten (rechts).

Die Erlangung der Kaiserwürde war für die deutschen Könige alles andere als ein Automatismus. Die Königswürde konnte dynastisch vererbt werden, so lange das eben ging und nicht eine andere Adelsfamilie diese für sich beanspruchte. Die großen Geschlechter – Karolinger, Ottonen, Salier, Staufer – waren nicht für die Herrschaft prädestiniert, sie mussten sie sich aneignen und konnten mit der Übertragung der Kaiserwürde die Legitimität dieser Herrschaft unterstreichen. Dass es der Papst war, der diese Kaiserwürde vergab, verlieh der Sache einerseits einen religiösen Zug, andererseits war dadurch die Frage offen, ob und wie der Papst Gegenleistungen erwarten würde. Dieses Abhängigkeitsverhältnis sollte sich erst im Spätmittelalter ändern, als die Habsburger das Kaisertum dauerhaft an sich zogen.

Die Geistlichkeit

Schon in der Antike bildete sich die Vorstellung eines Unterschiedes zwischen den »Laien« (dem Kirchenvolk) und dem »Klerus« heraus, der sich selbst Sakralität zuschrieb und zugleich immer mehr weltlichen Einfluss erhielt. Durch die Entstehung des Mönchtums in der Spätantike bildete sich eine Personengruppe, die sich ebenfalls Sakralität zuschrieb, zumal die Mönche mehr und mehr zu Priestern geweiht wurden. In gewisser Weise hatten auch die Nonnen an dieser Selbstüberhöhung teil. Sie waren zwar nicht zum liturgischen Dienst zugelassen, konnten aber immerhin Einfluss auf kirchliche Dinge nehmen, zumal wenn sie adliger Herkunft waren.

Schon seit der Antike hatte die Geistlichkeit ihre Sonderstellung auch damit befestigt, dass sie Menschen exkommunizieren konnte, was dem Wortsinne nach den Ausschluss aus der Gemeinschaft bedeutete, wobei der im geistlichen Sinne eigentlich gemeinte Ausschluss aus der Abendmahlsgemeinschaft den aus der sozialen Gemeinschaft unmittelbar nach sich zog. Selbst für Adlige und Könige bedeutete die Exkommunikation höchste Gefahr, nämlich für ihre Legitimation. Wer exkommuniziert wurde, verlor seinen Platz in der sozialen Gemeinschaft und – wenn man es ernst nahm – sein Seelenheil.

Die Geistlichkeit war letztlich in sich hoch differenziert.

Zwischen mächtigen Bischöfen und einfachen Priestern gab es ein breites Spektrum von Funktionen und Stellungen, die Kleriker innehaben konnten. Auch hier ist im Verlauf des Mittelalters eine Entwicklung zu beobachten: Bis zur Ausprägung der Territorialherrschaft von Bischöfen (die damit zu Reichsfürsten wurden) dauerte es Jahrhunderte. Die Bedeutung von Äbten wuchs mit der Größe und Ausstattung der Klöster an Grundbesitz. An der Spitze stand der Bischof von Rom, der aus seinen spätantiken und frühmittelalterlichen Ansprüchen, als universales kirchliches Oberhaupt anerkannt zu werden, Kompetenzen ableitete, die tief in die Fragen der politischen Herrschaft reichten. Allerdings waren Geistliches und Weltliches auch auf politischer Ebene nicht getrennt. Könige und Kaiser wurden gesalbt, Bischöfe hatten weltliche Macht. Der Investiturstreit zeigte, dass hier klarere Abgrenzungen notwendig waren.

Die Bauern

Während das Lehnswesen jedenfalls ideell die Beziehungen zwischen den Adligen strukturierte, waren die Bauern Teil des Systems der Grundherrschaft. Sie waren rechtlich an den Grundherrn, also den Landbesitzer, gebunden und letztlich Teil seines Besitzes. Stellt man sie sich als unteren Teil der Lehnspyramide vor, entsteht leicht der

Eindruck, sie seien allesamt unterdrückt und unfrei gewesen. Tatsächlich bildete ihre Arbeitskraft die Basis einer zu großen Teilen agrarischen Wirtschaft, und ihre Abgaben ermöglichten ihren Herren erst ihren Lebensstil und ihre Macht. Eine Last stellten neben den Abgaben an den Grundherrn die ihm zu leistenden Frondienste dar, also Arbeiten, die auf dessen Gutshof zu leisten waren. Unfreiheit ist aber nicht mit einer erniedrigenden Sklaverei gleichzusetzen, sondern bezieht sich auf die Rechtsfähigkeit eines Menschen. So sollten Bilder »zinsender«, also Naturalerträge überbringender Bauern nicht darüber hinwegtäuschen, dass es auch unter den Bauern ein Selbstbewusstsein gab und je nach Ertragslage einen bescheidenen Wohlstand.

Dass Bauern als ein eigener Stand wahrgenommen wurden, hatte auch mit der funktionalen Differenzierung der Gesellschaft zu tun. Die einen bekamen Grundbesitz zugewiesen, um als Ritter kämpfen zu können, die anderen, um landwirtschaftliche Erzeugnisse herzustellen. Dementsprechend war im Bauernkrieg des 16. Jahrhunderts die Kampfkraft sehr ungleich verteilt, denn Bauern besaßen in der Regel keine Kriegswaffen.

In manchen Regionen waren die Bauern persönlich frei. »Lever dod as slav« (Lieber tot als Sklave) schrieb man später den Friesen als Motto zu. Am Ende des Mittelalters wehrten sich die Friesischen wie die Dithmarscher Bauern militant gegen die Bedrohung ihrer Freiheit, wobei das hier zutage kommende bäuerliche Selbstbewusstsein das einer Oberschicht von Großbauern war. Die Dithmarscher hatten sich zwar der Lehnsoberhoheit der Bremer Erzbischöfe unterstellt, diese waren aber weit weg, sodass sich eine faktisch unabhängige »Bauernrepublik« hatte bilden können. Als dann der dänische König Johann I. vom Kaiser die Lehnsrechte übertragen bekam und die Herrschaft über Dithmarschen beanspruchte, formierte sich der Widerstand. Dem vieltausendfachen Heer gedungener und landfremder Söldner des dänischen Königs, der »Schwarzen Garde«, hatten die Bauern militärisch wenig entgegenzusetzen. Die Schwarze Garde war als Spezialtruppe zur Niederschlagung von Bauernaufständen gefürchtet. Nur der aus dem Geist ihrer Freiheit geborene Todesmut und die Kenntnis der geografischen Eigenheiten ihrer Heimat – so könnte man es mit dem Pathos späterer Zeiten

Ein Bauer liefert seinen Zehnten ab. Holzschnitt von Leonhard Schäufelein um 1520

> »Als Adam grub und Eva spann, wo war denn da der Edelmann?«

INFO

Diese spätmittelalterliche Frage stellte der englische Priester John Ball 1381 in einer Predigt. Ball war ein Radikaler, ein Revolutionär, der die Abschaffung aller Standesunterschiede verkündete und Propagandist eines Bauernaufstands war. Dafür wurde er hingerichtet und sein Leichnam geviertelt. Ball war nicht der einzige Priester, der im Spätmittelalter die Revolution predigte, und die Frage, die er stellte, war nicht nur revolutionär gemeint. Ein ähnlicher Gedanke findet sich bereits im Sachsenspiegel: Gott hat alle Menschen frei und gleich geschaffen, aber das ist nun Geschichte, denn die gottgegebenen naturrechtlichen Zustände sind durch das Gewohnheitsrecht überholt worden. Der Gedanke der natürlichen (oder schöpfungsmäßigen) Gleichheit aller Menschen existierte also bereits, es sollte aber noch viele Jahrhunderte dauern, bis er sich durchsetzte. Bis dahin, also nicht nur im Mittelalter, konnte die Verschiedenheit der Menschen gemäß ihrem Stand (Geistlichkeit, Adel, Bürger, Bauern) als ebenso gottgegeben angesehen werden.

sagen – half den Dithmarscher Bauern. So lockten sie die Söldner in das von Abzugsgräben durchzogene Landesinnere, öffneten die Schleusen zum Meer, sodass einsetzendes Hochwasser das Land flutete, und stellten die durch das eindringende Wasser in ihrer Bewegungsfreiheit eingeschränkte Garde am 17. Februar 1500 bei Hemmingstedt. Unter dem Schlachtruf »Wahr di Garr, de Bur de kumt« (Pass auf, Garde, der Bauer kommt) griffen die für dumm und wehrlos gehaltenen Bauern an und vernichteten die scheinbar unbesiegbare Garde.

Bauer war, im modernen Sinne gesprochen, ein Beruf, durch den man für den eigenen Lebensunterhalt und den der Angehörigen aufkam, durch den aber auch Abgaben erwirtschaftet werden mussten. Dabei halfen die Verbesserung der Pflugtechnik und die Einführung der Dreifelderwirtschaft bei ansteigender Bevölkerungszahl in ganz Europa. Um immer mehr Menschen zu ernähren, musste auch immer mehr Land bebaut werden. Dazu wurden Wälder gerodet und Flüsse begradigt.

Die Bauernschaft bildete keine geschlossene soziale Gruppe, sondern war ebenfalls hoch differenziert. Es gab Groß- und Kleinbauern, freie und unfreie Bauern sowie unter den Unfreien auch Leibeigene, die zum persönlichen Besitz ihres Grundherrn gehörten. »Frei« und »unfrei« sind im Blick auf das Mittelalter zwar gängige Unterscheidungen, aber sie umfassen viele Schattierungen von Abhängigkeitsverhältnissen. Zwischen einem Adligen und einem kriegsgefangenen Sklaven existierte eine ganze Bandbreite an Abstufungen von Freiheit bzw. Unfreiheit. Auch Grundherren waren wenigstens teilweise unfrei, wenn sie sich wiederum in einem Lehnsverhältnis zu einem Lehnsherrn befanden. Was die Bauern betrifft, gab es – wie in Friesland und Dithmarschen – einige, die fast wie Kleinadlige Verfügungsgewalt über ihr Land hatten, während die meisten Bauern dieses nur zur Bebauung übertragen bekamen und insofern unfrei bzw. »Hörige« waren. Der Grundherr hatte Besitzrechte an ihnen, weil ihm das Land gehörte, auf dem sie lebten und das sie bearbeiteten. Die im Übrigen erst neuzeitliche Kategorie »Leibeigenschaft« wird demgegenüber auf Menschen angewendet, die als Arbeitskräfte direkt einem Herrn gehörten, also eigentlich keine Bauern, sondern Landarbeiter waren. Die wenigsten Bauern bearbeiteten also Land, das ihnen gehörte, und wenn sie eigenes Land besaßen, war

Der Meyerhof in Scheeßel ist heute Teil des Heimatmuseums.

dieses von sehr unterschiedlicher Größe. Regional unterschiedlich vollzog sich auch die Vererbung von Land: In manchen Regionen Deutschlands ging es ganz und gar an den bevorrechtigten Erben über, in anderen wurde es unter die Erben verteilt. An einer geschlossenen Vererbung hatten vor allem die Grundherren ein Interesse, um ihren Besitz auch in der Erbfolge besser kontrollieren zu können und Loyalität innerhalb von Familien zu erzeugen.

Innerhalb der Dörfer bildete sich eine starke soziale Differenzierung heraus, die heute noch an der Größe von historischen Bauernhäusern erkennbar ist, wie man sie in Heimatmuseen findet. Durch die Vergabe von Land zur Bewirtschaftung konnten weltliche und geistliche Herren auf dem Dorf ihre Herrschaft ausüben. Zwischen dem prächtigen Hof des »Meiers«, des *Maiors*, also des vom König eingesetzten »Großen«, und den kleinen Katen der »Kötner« oder »Häusler«, die nur einen Anteil an einer Hufe bewirtschafteten, lagen Welten. Eine Hufe war wie viele Maße des Mittelalters regional unterschiedlich groß und umfasste nach heutigen Maßstäben zwischen zehn und 20 Hektar. Dem Meierhof (oder Meyerhof) gegenüber waren die Kleinbauern abgabenpflichtig, und der Inhaber des Meierhofes leitete den größten Teil dieser Abgaben weiter an seinen Grundherrn. Zur bäuerlichen Bevölkerung zählten auch die Knechte und Mägde, die zumeist Leibeigene waren und über keinerlei Anteil am Landbesitz des Grundherrn verfügten.

Die Sklaverei war allgemein üblich, und das nicht nur auf dem Land. Der Begriff »Sklave« ist von »Slave« abgeleitet. Viele Sklaven waren bei kriegerischen Auseinandersetzungen gefangen genommen worden, mit ihnen wurde Handel getrieben. Auch andere Gefangene wurden versklavt – ein überall übliches Vorgehen. Anstoß nahm daran niemand, seit sich auch die christliche Kirche in der Antike mit der Sklaverei abgefunden hatte. Die mittelalterliche Sklaverei ist nur bedingt mit der neuzeitlichen vergleichbar, sondern eher mit der im römischen Imperium: Sklaven hatten die Chance, freigelassen zu werden, um wiederum auf dem Landbesitz eines Grundherrn als Bauern zu arbeiten.

Die Bürger

»Bürger« lebten im Schatten der Burg oder jedenfalls in einer befestigten Stadt. Das Bürgertum entwickelte sich also mit dem Städtewesen, das erst nach vielen Jahrhunderten zu seiner mittelalterlichen Blüte kam. Die Parole »Stadtluft macht frei« war eine Verheißung für Menschen, die vom Lande kommend nach Freiheit suchten, die ihnen mit dem Bürgerrecht zuteilwurde. Allerdings waren nicht alle Menschen in der Stadt frei; vielmehr hing das Bürgerrecht lange am Besitz, so wie auch auf dem Lande

»Stadtluft macht frei!«

Rechtsgrundsatz des Mittelalters

gewisse Rechte an Grund und Boden gebunden waren. Immer lebten in den Städten Menschen, die das Bürgerrecht nicht erlangen konnten, weil es ihnen aufgrund ihrer Herkunft oder ihres sozialen Status verwehrt wurde. Das galt prinzipiell auch für Juden. Innerhalb der Bürgerschaft bildeten sich soziale Differenzierungen heraus. Der städtische Adel, das Patriziat, stellte die Führungsschicht dar, die erst allmählich zu Reichtum gekommenen Kaufleute versuchten als Emporkömmlinge, Anteil an der Macht zu erhalten.

Die im Mittelalter an Zahl und Größe wachsenden Städte boten Möglichkeiten der Vergemeinschaftung, die auf dem Land so nicht praktizierbar waren. Dort existierten zwar Klöster und Priesterbruderschaften, aber keine organisierten Vereinigungen von Nichtgeistlichen. In den Städten entstanden für solche Zwecke die Zünfte, Gilden und Bruderschaften, die in manchem (wenn auch nicht in ihren religiösen Dimensionen) an heutige Service-Clubs wie Rotary erinnern. Das religiöse Leben war hier Bestandteil eines Gemeinschaftslebens, das durch Statuten geregelt war. Handwerker und Kaufleute sammelten sich in Zünften bzw. Gilden, die jeweils eigene Kapellen unterhielten oder in den Kirchen eigene Seitenkapellen hatten. Man nahm auch zunftweise an Prozessionen teil, die oft vom Rat organisiert wurden. Solche Organisationsformen waren zudem für das Beerdigungswesen wichtig, denn die Sorge um eine würdige Bestattung beschäftigte die Menschen. Außerdem waren sie Hilfsvereine auf Gegenseitigkeit, deren Mitglieder sich auch bei Krankheit oder bei finanziellen Engpässen halfen. Die Bruderschaften wiederum waren Genossenschaften ganz unterschiedlichen Zuschnitts ohne berufsspezifische Ausrichtung wie die Zünfte und Gilden. Viele der Bruderschaften organisierten außerdem die Pflege in den Spitälern. Sie hatten oft die Stadtviertel zur organisatorischen Grundlage und bildeten so eine Vorstufe der kommunalen Selbstverwaltung. Auch Frauen konnten hier Mitglieder werden. Als die Bettelorden – also vor allem die Franziskaner – in die Städte kamen, knüpften die Bruderschaften gern Verbindungen zu ihnen und suchten hier geistlichen Rückhalt.

Das Recht

Das römische Recht wirkte im Frühmittelalter weiter, wurde aber ergänzt und überformt durch Rechte einzelner »Stämme«, der Salfranken (*Lex salica*) und der Westgoten (*Lex Wisigothorum*) etwa. Dabei handelt es sich um Rechtssammlungen, die aus der Rechtspraxis entstanden waren, so wie es heute noch im angelsächsischen Recht der Fall ist. Neben dem schriftlich niedergelegten Recht existierte aber auch eine mündliche Rechtstradition. Die Rechtsanwendung stand also auf einem anderen Blatt, und es ist nicht zu ermessen, ob und wo das schriftlich fixierte Recht angewendet wurde. Richter waren ohnehin nicht überall greifbar, und so mussten privatrechtliche Streitigkeiten häufig auch privat geklärt werden – notfalls mit Gewalt. Wo kein Richter urteilte, erledigten Standgerichte aus gerade Anwesenden die Sache. Hier waren die Übergänge zum Wirken von Laienrichtern und Laienschöffen wahrscheinlich fließend.

Die Selbstjustiz war in einer Zeit, in der es an einem staatlichen Gewaltmonopol und einem geordneten Rechtswesen fehlte, oft das einzige Mittel, und einer ihrer Bestandteile war das Fehdewesen, das im Hoch- und Spätmittelalter durch die Gottes- und Landfriedensbewegung allmählich kanalisiert wurde: Zu bestimmten Tagen konnte man sich sicher sein, nicht (vielleicht sogar unbeteiligtes) Opfer einer Fehde zu werden. Die Fehde als Mittel zur Rechtsdurchsetzung stand nur Adligen offen. Mit widerspenstigen Untergebenen ging man anders um. So bestand im Rechtswesen auch eine starke Ungleichheit der Handlungsmöglichkeiten. Wer als Rangniedriger einen Adligen schädigte, hatte härtere Konsequenzen zu fürchten als umgekehrt.

Ein Juristenstand entwickelte sich erst mit der Herausbildung der Universitäten, wo letztlich eine Vereinheitlichung des Rechts stattfand. Entscheidende Impulse für die Rechtsbildung kamen nicht zuletzt aus dem kanonischen Recht, dem Kirchenrecht also, das für eine Europa umspannende Institution Gültigkeit haben sollte und einer inneren Systematik bedurfte. Das kanonische Recht stellte auch eine Brücke für die Übernahme römischer Rechtsvorstellungen dar, die aber auch sonst schon ins weltliche Recht integriert worden waren. Das Recht war wesentlich weniger »germanisch«, als man sich das im 19. Jahrhundert vorstellen wollte. Die Kirche beanspruchte für sich einen eigenen Rechtsraum, der ihren Angehörigen »Immunität«, also Schutz vor dem Zugriff weltlicher Richter, verlieh. Das weltliche Recht musste diesen Schutzraum berücksichtigen. Dies kam auch jenen zugute, die sich der Strafverfolgung durch die Flucht in den kirchlichen Rechtsbereich, also in eine Kirche, aber auch auf einen Friedhof, entzogen. Sie genossen hier Asyl. Der Missbrauch dieses Privilegs führte schon im Mittelalter zur Einschränkung des kirchlichen Asylrechts. Dieses galt zumindest als zeitlich begrenzt. Der eigentliche Sinn des Asyls bestand darin, denjenigen, die es in Anspruch nahmen, zu einer besseren Rechtsposition zu verhelfen. Sie konnten sich nun besser auf ihre Verteidigung vorbereiten, und die Strafverfolger waren daran gehindert, kurzen Prozess zu machen.

Die Eingrenzung des Asylrechts war ein Zeichen für eine Säkularisierung des Rechts und den Anspruch auf ein staatliches Rechtsmonopol. Es sollte freilich noch Jahrhunderte dauern, jedenfalls in katholischen Gegenden, bis das Rechtswesen gänzlich der weltlichen Gewalt unterstellt werden konnte. Im Spätmittelalter wurden im Zuge der Ausbildung der Territorialherrschaft der Reichsfürsten Landesrechte erlassen. Über die Reichweite ihrer Gültigkeit lassen sich aber kaum Aussagen treffen. Auch in den Städten entwickelten sich einzelne Rechtsordnungen, wobei es hier führende Städte wie Lübeck gab: Das »Lübische Recht« setzte sich in vielen Städten im Ostseeraum durch.

Titelblatt des von Kaiser Karl V. auf dem Reichstag zu Worms 1521 erlassenen Landfriedens

INFO

Der Sachsenspiegel

Der auf Deutsch verfasste, um 1230 entstandene Sachsenspiegel ist das bekannteste mittelalterliche Rechtsbuch, das auf eine lateinische Vorlage zurückgeht. Es als normativ anzusehen, wäre eine Fehlinterpretation, denn es handelt sich letztlich um ein privates Werk, das bestehendes Recht festschreibt. Der Autor war Eike von Repgow – der Ort ist nicht eindeutig zu identifizieren, die Person ist aber durch andere Quellen mit Aktivitäten im heutigen Mitteldeutschland bezeugt. Dokumentiert wird das in dieser Gegend gebräuchliche sächsische Recht, und zwar im Blick auf das Leben auf dem Lande. Im Mittelpunkt stehen das Strafrecht (Landrecht) und das Lehnsrecht. Hinzu kommen privatrechtliche Bestimmungen, vor allem für Beziehungen innerhalb der Familie. Dabei wies der Verfasser ein Bewusstsein für die historische Rechtsentwicklung auf, wie sich auch an seinen Bemerkungen zur Heerschildordnung zeigt, wenn er darauf hinweist, dass die Laienfürsten zu Lehnsmännern der Bischöfe geworden seien und dadurch ihre eigene Stellung herabgemindert hätten.

Das größte Problem der mittelalterlichen Rechtsfindung war die Beweisführung. Angesichts des Fehlens polizeilicher Ermittlungen konnten Indizienprozesse kaum geführt werden. Umso wichtiger war die Befragung von Zeugen, einer schwierigen und beeinflussbaren Klientel. Dies galt auch für die nächste Personengruppe, die eingeschaltet werden konnte, nämlich die Eideshelfer, die den Angeklagten unterstützen konnten, also letztlich für seinen guten Ruf eintraten. Eide und Schwüre spielten ohnehin eine große Rolle im Rechtswesen. Hier zeigt sich wieder die enge Verbindung mit der religiösen Sphäre, denn selbst ein kaltblütiger Lügner konnte sich hier auf Gott berufen.

War die Wahrheit auf diese Weise nicht zu ermitteln, griff man seit dem Frühmittelalter zum Instrument des Gottesurteils. Wenn bei Gott das letzte Urteil im Jüngsten Gericht lag, konnte er sich womöglich auch schon in dieser Zeit zu Schuld und Unschuld äußern. Für die christliche Kirche war das natürlich kein abwegiger Gedanke, zumal das Alte Testament ebenfalls von solchen Gottesurteilen berichtet. Erst im Hochmittelalter kam es im Zuge der Systematisierung des kanonischen Rechts zu kirchlicher Kritik. Diese mündete 1215 auf dem IV. Laterankonzil in dem Verbot für Geistliche, sich an Gottesurteilen zu beteiligen. Ein klassisches Verfahren für ein Gottesurteil war die Wasserprobe, die auch als »Kesselfang« bekannt wurde: Die Beschuldigten mussten einen Gegenstand aus einem Kessel mit heißem

Wasser holen. Wenn ihre Verbrühungen abheilten, waren sie unschuldig. Dass solchen Beweiserhebungsverfahren nicht zu trauen war, wusste oder ahnte man auch schon im Mittelalter, und so verschwanden sie allmählich aus dem Gebrauch, wurden aber in den frühneuzeitlichen Hexenprozessen wieder verwendet. Aus kirchlicher Sicht war die Befragung (die *inquisitio*) der Angeklagten effektiver – dies ist der Beginn der Inquisition, die später in Verruf geriet.

Der Wahrheitsfindung sollte auch die Folter dienen, die seit dem 13. Jahrhundert zum Bestandteil des Strafprozesses wurde. Davor war man sich sehr wohl bewusst, dass die Folter kein geeignetes Mittel der Wahrheitsfindung war, sondern zu Denunziationen und Falschaussagen führte. Dass man von der Folter, die schon eine antike Vorgeschichte hatte, wieder Gebrauch zu machen begann, hing mit einer gewissen Hilflosigkeit der Justiz zusammen, die die bedroht erscheinende öffentliche Ordnung aufrechterhalten wollte. Hinzu kam, dass das Kirchenrecht nach Jahrhunderten der Ablehnung die Folter für legitim erklärte. Ein Grund dafür lag in der Notwendigkeit eines erhöhten Aufwandes zur Verfolgung von Ketzern, die auf diese Weise effektiver dingfest gemacht werden sollten. So wurde die Folter auch zum Bestandteil des Inquisitionsprozesses.

Als weiteres Gottesurteil diente die Bahrprobe. So ging man davon aus, dass ein Mordopfer in Anwesenheit des Täters wieder zu bluten anfange. Laut der Chronik des Diebold Schilling, 1513, wurde auf diese Weise Hans Spiess in Ettiswil überführt, der seine Frau umgebracht haben soll.

Kampf, Gewalt und Krieg

Gewalt war im Mittelalter allgegenwärtig und als Mittel zur Konfliktlösung legitimiert, wenn auch nicht in allen gesellschaftlichen Kontexten. Das Fehdewesen konnte wechselseitige Gewaltausübung verstetigen. Umso wichtiger waren rechtliche Regelungen, die die Gewalt begrenzten. Dazu dienten schon seit dem Frühmittelalter Entschädigungszahlungen, die weniger als Geldstrafen zu verstehen sind, sondern als Schadensersatz: Für bestimmte abgeschlagene Körperteile war eine bestimmte Summe zu entrichten, für Tiere je nach Art ebenfalls und für den Tod eines Mannes ein Wergeld (»Manngeld«) – Frauen waren nur die Hälfte wert. In einer Welt, in der es letztlich kein funktionierendes professionelles Rechtssystem und keine Appellationsinstanzen gab, konnte dieses System eine durch Gewaltakte aus den Fugen geratene soziale Ordnung wieder stabilisieren.

Die Wergeldregelungen stellten noch harmlose Varianten im Strafrecht dar, das durch harte Körperstrafen geprägt war. Dabei spielte auch der Gedanke der Abschreckung eine Rolle. Gefängnisse im modernen Sinne gab es nicht, auch wenn Haftstrafen durchaus üblich waren. Meist dienten Gefängnisse aber der Untersuchungshaft, die sich über Jahre ausdehnen konnte, was unter den notorisch schlechten Haftbedingungen zu vielen Todesfällen führte. Körperstrafen konnten sofort und mit langer sowie entehrender Wirkung vollzogen werden: Wer eine abgeschnittene Nase, nur noch eine Hand oder ein sichtbares Brandmal aufwies, war weithin als Verbrecher erkennbar (und konnte froh sein, wenn er die Prozedur überlebt hatte). Jemanden an den Pranger (oder norddeutsch an den Schandpfahl) zu stellen, bedeutete, ihn oder sie öffentlich der Schande auszusetzen: Passanten machten sich gern den Spaß, die hier gefesselt zur Schau gestellte Person zu verspotten und zu bewerfen. Noch härter waren Todesstrafen entehrenden Charakters, die also nicht nur zum Tod des oder der Verurteilten führten, sondern mit grausamen Qualen verbunden waren.

Im Hochmittelalter war es der »Gottesfriede« (*Pax Dei*), der zusammen mit Waffenverboten (*Treuga Dei*) die Gewalt eingrenzen sollte. »Gottesfriede« ist ein Begriff, der schon um das Jahr 1000 aufkam und zuerst einmal ein von geistlichen und weltlichen Obrigkeiten ausgerufenes Gewaltverbot meinte. Diese Idee verbreitete sich dann in Deutschland und Frankreich. Sie hatte ihre eigentliche große Zeit im 11. und 12. Jahrhundert, formte sich dann aber in den Gedanken des staatlich verbürgten Landfriedens um. Im späten Mittelalter beanspruchte der Staat damit bereits eine Art Gewaltmonopol, und so wurde die Gewaltausübung eingedämmt. Dies kam vor allem in der Verkündung des »Ewigen Landfriedens« durch Kaiser Maximilian auf dem Reichstag zu Worms 1495 zum Tragen. Streitigkeiten sollten jetzt grundsätzlich vor Gericht geklärt werden.

Der Ewige Landfriede betraf bereits Auseinandersetzungen, die über den privaten Bereich hinausgingen. Fehden und kriegerische Konflikte sollten unterdrückt und stattdessen auf dem Rechtsweg geregelt werden. Solche Konflikte ergaben sich immer wieder, und sie betrafen strittigen Besitz oder gingen aus persönlichen

Kränkungen hervor. Gefochten wurde bis zum bitteren Ende, und wenn es noch so viele Opfer forderte. Ritterlichkeit war ein Ideal, die Tötung des Gegners oder seine Gefangennahme zur Erpressung von Lösegeld das reale Ziel. Wenn dann noch wie in den Kreuzzügen eine religiöse Motivation hinzukam, blieben die Rationalität und die Frage nach dem Nutzen des Aufwandes ganz auf der Strecke. Die Opfer unter den Kämpfern kamen ohnehin zumeist nicht aus dem Ritterstand, sondern aus den Reihen der Bauern, die rekrutiert worden waren und als Fußtruppen kämpften. Zur Kriegsführung gehörte mit der Entstehung großer Befestigungsanlagen auch die Belagerung und Unterminierung von Stadtmauern und Burgen. Kämpfe zu Wasser hatten eine eher untergeordnete Bedeutung, auch wenn Auseinandersetzungen um skandinavische Throne gelegentlich auf der Ostsee ausgetragen wurden. Wesentlich bedeutsamer waren Seeschlachten zwischen Byzantinern und Arabern im östlichen Mittelmeerraum.

Die Belagerung von Ribodane 1475. Französische Buchmalerei aus dem späten 15. Jahrhundert

DAS PRIVATE LEBEN

Freiräume boten sich Frauen im Mittelalter nur selten. Äbtissinnen zum Beispiel konnten verhältnismäßig selbstständig agieren. Bildnis von Margarete von Bayern, Äbtissin des Benediktinerinnenklosters von Neuburg an der Donau um 1528

Wer im Mittelalter von »Familie« sprach, meinte damit einen sozialen Verband, der nicht primär durch Elternschaft bestimmt war. Erst in der Neuzeit wurde *familia* zu einem Begriff, der die »Kernfamilie« bezeichnete. Davor war »Familie« alles, was zu einem Haushalt oder zu einer sozialen Einheit wie einem landwirtschaftlichen Betrieb gehörte: der Hausherr, seine unmittelbaren Angehörigen, das Personal und dessen Anhang. Man sprach darum auch seit der Antike eher vom »Haus« – ein Begriff, der heute noch in »Pfarrhaus« weiterlebt, zu dem in der Reformation alle gehörten, die unter dem Dach des Pfarrers lebten. Familien konnten also größere soziale und wirtschaftliche Verbände sein, zu denen Menschen verschiedener Generationen und unterschiedlicher sozialer Stellung gehörten. Natürlich handelte es sich nicht um kommunitäre Lebensformen, vielmehr war hier wie in der ganzen Gesellschaft eine stark vertikale und patriarchale Gliederung sichtbar. Möglich waren solche größeren »Familien« nur dann, wenn entsprechende Mittel und auch Wohnraum zur Verfügung standen. Andererseits gab es auch die bäuerliche Kleinfamilie, denn eine überschaubare Zahl von Familienangehörigen garantierte, dass der den Bauern zustehende Ertrag des Bodens in guten Zeiten auch zur Versorgung aller ausreichte. Gleiches galt für Handwerker.

Generell war jedes Familienmitglied als Arbeitskraft willkommen. Strukturierend für das Familienleben war ohnehin die Arbeit, die wiederum den Zwängen der Jahreszeiten unterlag.

Ob es überhaupt ein Privatleben gab, könnte man fragen. Jedenfalls waren die Sphären »privat« und »öffentlich« nicht so getrennt wie in der Neuzeit. Die »einfachen« Menschen waren durch die Grundherrschaft abhängig von Höhergestellten und konnten ihr Leben nur begrenzt selbst gestalten. Der Adel war auf Repräsentation aus und brachte seine familiären Beziehungen und seinen Wohlstand zur Darstellung, wobei die mittelalterliche Kunst gute Dienste leistete. Menschen waren in der Gesellschaft nie privat, sondern bekamen eine soziale Rolle zugewiesen, und so war auch Kleidung keine Privatsache, sondern dokumentierte den sozialen Status eines Menschen: Kleider machten Leute.

Das (Zusammen-)Leben der Geschlechter

Zwischen den Geschlechtern herrschte ein asymmetrisches Verhältnis: Männer hatten das Sagen, Frauen waren ihnen untergeordnet. Dies wirkte sich in der öffentlichen und rechtlichen Sphäre deutlich aus und prägte das Zusammenleben der Geschlechter: Frauen waren nur das halbe Wergeld wert, sie kamen in bestimmten gesellschaftlichen Bereichen gar nicht vor, aßen im Adel getrennt von den Männern und waren – mit Ausnahme der Leitung eines Nonnenklosters als Äbtissin – von kirchlichen Ämtern ausgeschlossen. Die faktischen Machtverhältnisse in Haus und Hof können jedoch andere gewesen sein. Beispiele wie die prominenter Nonnen oder Äbtissinnen und in städtischen Gemeinschaften lebender Beginen zeigen, dass Frauen ohne die Anwesenheit eines Mannes durchaus selbstständig agieren konnten. Das galt auch für Frauen des Stadtbürgertums, deren Männer verstorben waren. Hier gab es denn auch gelegentlich anerkannte Meisterinnen. Auf dem Lande sah alles noch einmal anders aus, denn hier zählte die Arbeitskraft, und das Zusammenleben der Geschlechter war vielleicht pragmatischer als es in Recht, Gesellschaft und Religion vorgesehen war.

Nun ist dieser Befund eher typisch für eine Ergänzungsgeschichte der Geschlechter: Männer hatten das Sagen, und Frauen waren gelegentlich wichtig. Dabei ist relativ klar, wie Männer Frauen sahen – nämlich als ihnen unterlegen –, aber wie Frauen Männer sahen, ist aus den Quellen kaum herauszuarbeiten. Die Selbstqualifizierung, schwach zu sein, lässt sich als Zugeständnis an männliche Erwartungshaltungen lesen. Selbst Autorinnen des Mittelalters wie Hildegard von Bingen drangen nicht zu einer emanzipatorischen Selbstwahrnehmung durch, sondern stellten sich als schwache Frauen hin. Das Christentum machte es den Frauen schon seit der Antike nicht leicht, da die Bibel dazu herangezogen werden konnte, eine Unterordnung von Frauen zu begründen. Dafür schien schon die Schöpfungsgeschichte zu sprechen. Und Maria, hochverehrt als Mutter Gottes, taugte nicht als emanzipatorisches Rollenvorbild. Im Übrigen starben Frauen bis in die Neuzeit hinein früher als Männer.

INFO

Das »Recht der ersten Nacht«

Zu den populären Auffassungen über das Mittelalter gehört, dass Grundherren das Recht gehabt hätten, die »erste Nacht«, also die Hochzeitsnacht, mit der Braut eines zum Grundbesitz gehörenden Bauern zu verbringen. Dieses angebliche Recht schien von der Verwerflichkeit des mittelalterlichen Feudalismus zu zeugen und wurde darum von Voltaire und anderen Aufklärern kritisiert. Noch der französische Antiklerikalismus des 19. Jahrhunderts bediente sich gern dieser Vorstellung, und auch August Bebel griff in seinem Buch »Die Frau und der Sozialismus« darauf zurück. Zugleich machte die rechtsgeschichtliche Forschung des 19. Jahrhunderts deutlich, dass dieses angebliche Recht eine Erfindung war, für die es keine glaubwürdigen Quellen gab. Offensichtlich handelte es sich um eine schon in der Frühen Neuzeit zu findende Überzeichnung der mittelalterlichen Praxis, dass Menschen, wenn sie heirateten, dem Grundherrn eine Abgabe zu leisten hatten.

Jede Schwangerschaft schwächte den Körper, jede Geburt konnte durch Komplikationen tödlich enden. Frauen, die die Phase der Fruchtbarkeit überlebt hatten, also etwa 40 Jahre alt waren, hatten das Schlimmste überstanden.

Ehen wurden nicht primär aus Liebe geschlossen, sondern um Nachkommen zu legitimieren und die rechtmäßigen Erben zu bestimmen. Die Liebe wurde dort zum Thema, wo man Zeit und Muße hatte, über sie nachzudenken und das Liebesleid zu pflegen, im höfischen Kontext also. Die »Minne« wurde zum Thema der Dichtung, und dabei ging es oft um illegitime Liebe. Wo aber mangels Erbmasse nichts zu verteilen und niemand zu legitimieren war, bedurfte es letztlich auch keiner Ehe, und so unterhielten viele Menschen sexuelle Beziehungen, ohne eine Ehe zu schließen. Es war ein wesentliches kirchliches Anliegen, das Eheverständnis zu normieren und die Ehe überhaupt durchzusetzen, nachdem es noch lange im Mittelalter Rechtsformen gegeben hatte, die letztlich auf einem lösbaren Vertrag zwischen Mann und Frau basierten. Eben darum wurde die Eheschließung durch einen kirchlichen Akt öffentlich gemacht: Es sollte bekannt werden, wer zu wem gehörte. Damit wurde auch die Scheidung immer schwieriger, denn die Ehe wurde zum Sakrament, das lebenslänglich gelten sollte. Dieser Prozess war im 12./13. Jahrhundert abgeschlossen, als der Grundsatz des römischen Rechts, dass die Übereinkunft der Brautleute die Ehe stiftet (*consensus facit nuptias*), theologisch überhöht wurde: Der Konsens der Eheleute sollte nun lebenslänglich gelten. Während davor der Grundsatz galt, dass der Konsens der Eheleute auch erlöschen konnte und somit Scheidungen durchaus möglich waren (wenn auch von der Kirche nicht gern gesehen), war die Trennung einer ehelichen Verbindung jetzt nur noch erlaubt, wenn ein Grund dafür gefunden wurde, dass sie nie bestanden hatte, zum Beispiel weil die Ehe nicht durch den Geschlechtsverkehr »vollzogen« worden war.

Sexualität war, schon der christlichen Lehre dieser Zeit wegen, ein heikles Thema. Offiziell sollte sie nur der Fortpflanzung dienen, was der Lebenspraxis kaum je entsprochen hat und was eine scharfe Sozialkontrolle erforderte. Frauen galten als sexuell gefährdet und gefährlich. Generell stellte die Sexualität als nur schwer zu kontrollierende Begierde eine stete latente Gefahr dar – wenigstens aus der Sicht der kirchlichen und weltlichen Obrigkeit. Hier und da wurde mit Lust und Drastik über Sexualität geschrieben. Sie wurde auch offen und mit Lust praktiziert, das aber nur in bestimmten Kontexten: im Bordell zum Beispiel, das oft als Badehaus firmierte.

Sexualität war, schon der christlichen Lehre dieser Zeit wegen, ein heikles Thema.

Ritterepen zeigen, zu welchen erotischen Verwicklungen es – jedenfalls in der Fantasie der Autoren – kommen konnte. In einer Satire, die der Konstanzer Jurist und Hofmeister Heinrich Wittenwiler um das Jahr 1400 verfasste, wird der Bauernstand lächerlich gemacht, dessen Vertreter tölpelhaft und – was das weibliche Geschlecht angeht – auch sexbesessen sind. Die weibliche Protagonistin »Mätzli« ist eine Metze, letztlich eine Hure. Das mochte kirchlichen Vorstellungen von Keuschheit und Sublimierung der Sexualität nicht entsprochen haben, es war aber auch ein Teil einer – hier nur literarisch gedachten und ins Groteske übertriebenen – Wirklichkeit, die sich kirchlichen Normierungen nicht unbedingt unterwarf.

Darstellung einer häuslichen Szene: eine spinnende Frau und ihr Mann, der sich am Kaminfeuer die Füße wärmt. Französische Buchmalerei aus dem 15. Jahrhundert

Die Zweipoligkeit der Geschlechter als Mann und Frau ließ sich im Kontext von Sexualität und Ehe kaum durchbrechen. Travestie war da möglich, wo sie ausdrücklich erlaubt wurde, nämlich bei Fastnachtsspielen, wenn Männer in Frauenkleider schlüpften. Das umgekehrte Beispiel sind Frauen, die Männerkleider trugen, wobei es sich nicht um ein Spiel, sondern um eine heroische oder zur Heiligen qualifizierende Tat handelte. Das prominenteste Beispiel hierfür ist die Rüstung tragende Jeanne d'Arc, die »Jungfrau von Orléans«. Vereinzelt sind im Mittelalter auch Transvestiten bezeugt, die, wenn sie entdeckt wurden, öffentlich bloßgestellt und hingerichtet wurden.

Weil die Geschlechter auf »Mann« und »Frau« fixiert waren und diese Fixierung die Sexualität bestimmte, die der Fortpflanzung dienen sollte, wurde Homosexualität scharf geahndet, wobei es vor allem um homosexuelle Männer ging, weniger um lesbische Frauen, die relativ unbehelligt blieben. Sexualität unter Frauen galt als selbstgewählter Notbehelf, wenn kein Mann zur Verfügung stand. Wo und in welchem Maße Homosexualität praktiziert wurde, lässt sich kaum ermessen. Bis in die Neuzeit hinein war mit ihr keine Lebens-, sondern eine Verdrängungs- und Verfolgungsgeschichte verbunden. Freilich war der Anteil homosexueller Menschen im Mittelalter nicht geringer als heute. Insofern wurden immer wieder Menschen deswegen verfolgt, gequält und verbrannt. Homosexualität galt als Sünde und wider die natürliche Bestimmung des Menschen. Bis in die Neuzeit hinein wurden Homosexualität und Sodomie (Geschlechtsverkehr mit Tieren) begrifflich gleichgesetzt. Der Verdacht lag immer wieder nahe, dass auch in geistlichen Gemeinschaften, in denen ja nur Menschen gleichen Geschlechts lebten, Homosexualität praktiziert wurde. Homosexuelle wurden aktiv durch Stadträte und die Inquisition verfolgt; ihr Verhalten galt als Gefährdung der öffentlichen Ordnung und gelegentlich gar als Ketzerei. Homosexuelle Paare versuchten, ihre Beziehung verdeckt zu leben.

Der Gang des Lebens und der Tod

Die meisten Kinder starben unmittelbar nach der Geburt oder in den ersten zwei Lebensjahren. Kinder waren überall dabei, wurden aber angesichts der hohen Arbeitsbelastung nicht beaufsichtigt. In einer Welt ohne Kindersicherungen fielen Kinder ins Herdfeuer, wurden von Tieren zertreten oder ertranken, wenn sie die Mutter beim Wäschewaschen im Bach begleiteten. Alle diese Schicksale sind aus Heiligenlegenden überliefert, in denen die Heiligen den Kindern das Leben zurückgeben. Aber auch Schwierigkeiten beim Stillen konnten tödlich enden, kleinkindgerechte Nahrung war nicht zu jeder Jahreszeit verfügbar, feuchte und verqualmte Häuser oder Hütten schwächten die Abwehrkräfte. Die hohe Kindersterblichkeit ließ oft nur eine Kleinfamilie übrig: Von zehn oder 15 Kindern überlebten jeweils nur wenige.

Die ersten sechs oder sieben Jahre eines Menschen machten seine Kindheit aus. Danach verlief der Lebensweg recht schnell in Richtung Erwachsensein. Die Kindheit galt als Vorstufe dazu. Kinder waren in den Wergeldtabellen auch weniger wert als Erwachsene. Ob Eltern ihre Kinder liebten, ist eine Frage, deren Beantwortung davon abhängt, welche Maßstäbe man anlegt. Kinder wurden ins Kloster gegeben, damit sie bessere Bildungschancen erhielten, und wenn Kinder starben, trauerte man. Kinder mussten arbeiten, wie es ihren körperlichen Möglichkeiten entsprach, aber diese Arbeit war nötig, um den Lebensunterhalt der Familie zu sichern. Erwachsen im rechtlichen Sinne wurde man früh, nämlich mit der Sichtbarkeit der sich in der Pubertät ausbildenden körperlichen Merkmale. Im

»Von der Furcht des Todes«, der Kinder im Mittelalter und in der Frühen Neuzeit häufig ereilte, handelt dieser Holzschnitt des sogenannten Petrarcameisters in seinem Werk »Von der Artzney bayder Glück«, 1532.

Übrigen wussten nur wenige Menschen, wann sie geboren waren, denn die Feier des Geburtstags ist eine neuzeitliche Entwicklung. Wichtig war das Geburtsdatum vor allem, wenn es um die Erstellung von Horoskopen ging.

Das Gegenbild der Kindheit war das Greisenalter, in dem die Bedürftigkeit wieder prägend wurde. Krankheiten und körperliche Einschränkungen standen einer Hochschätzung der Würde des Alters gegenüber. Nur selten lebten drei Generationen unter einem Dach, und die Versorgung nicht mehr arbeitsfähiger Großeltern war eine Last. Dementsprechend wurden Alte misshandelt oder auch getötet. Die Sorge, den

---

Mitten im Leben
sind wir im Tod.
Welchen Helfer suchen wir
als dich, Herr,
der du wegen unserer Sünden
mit Recht zürnst.

Heiliger Gott,
heiliger starker,
heiliger und barmherziger Erlöser:
überlass uns nicht dem bitteren Tod.

Beginn eines gregorianischen Chorals (um 750)

Hof zu früh den Erben übergeben zu müssen und dann rechtlos gestellt zu sein, führte schon im Mittelalter zum Abschluss von Verträgen über das Altenteil. Gern wäre man in den Jungbrunnen gestiegen, dessen Existenz man sich erträumte. »Media vita in morte sumus«: Mitten im Leben sind wir im Tod, so sang man seit dem 8. Jahrhundert. Die durchschnittliche, allerdings durch die hohe Kindersterblichkeit statistisch verzerrte Lebenserwartung im Mittelalter lag bei rund 30 Jahren.

Seit der Karolingerzeit entwickelte sich eine kirchlich-christliche Sterbeliturgie.

Es wurde für Priester verpflichtend, in der letzten Stunde da zu sein und sich um den Sterbenden und sein Seelenheil zu kümmern. Er sollte dem Sterbenden helfen, seine Seele Gott anzuempfehlen. Das Sterben war eine familiäre Angelegenheit, allerdings stand das Sterbebett auch Nachbarn und Freunden offen. Mittelalterliche Darstellungen von Sterbeszenen zeigen, dass sich oft einzelne Personen oder kleine Gruppen dem Sterbenden zuwenden, während andere sich mit Lesen, Beten oder weiteren Vorbereitungen für das Sterberitual beschäftigen. Riten zielten auf den Schutz vor Anfechtungen und Dämonen. So wurde der Sterbende zu seinem Schutz mit Weihwasser besprengt.

Ars moriendi

INFO

Die »Kunst des Sterbens« war eine spätmittelalterliche Literaturgattung, die zeigen sollte, wie man in einem religiös und gesellschaftlich erwünschten Sinne stirbt. Diese Bücher konnten auch mit Holzschnitten ausgestattet sein, die bildlich zusammenfassten, wie man einen »seligen« Tod starb. Das Sterben geschah idealerweise im Beisein eines Priesters, der ein letztes Mal die Sünden vergeben sollte. Als schwere Verfehlung galt es, wenn die beim Sterben Anwesenden oder gar der Priester dem Sterbenden falsche Hoffnung auf Genesung machten. Dies verführte ihn nur dazu, sich nicht mehr ernstlich auf das Ende vorzubereiten. Ärzten war es verboten, sich um Sterbende zu kümmern, bevor nicht ein Geistlicher am Sterbebett erschienen war. Von Ärzten war allerdings in dieser Zeit auch nicht viel zu erwarten. Diese Literatur war aus Handbüchern für Priester hervorgegangen, und so enthielt sie auch Anweisungen über den Ablauf der Sterbeliturgie, besonders im Blick auf die Eucharistie und die letzte Ölung.

Der Umgang mit Verstorbenen war bis in die Neuzeit hinein eher schlicht, und Friedhöfe wie der spätmittelalterliche Johannesfriedhof in Nürnberg bildeten die Ausnahme. Bestattungen wurden nicht immer fachgerecht durchgeführt, viele Tote bestattete man ohne Särge und nur knapp unter der Erde. Knochen lagen auf dem Friedhof herum, oder der Regen schwemmte die Leichen heraus. Erst spät umfriedete man den Kirchhof mit einer Mauer und machte ihn zum Friedhof. So konnten wenigstens die Schweine des Küsters nicht mehr die Gräber aufwühlen und an den Leichen fressen. Friedhöfe waren mit Weihwasser geweiht und blieben Gehenkten und Selbstmördern verschlossen. Juden verfügten über eigene Friedhöfe. Aber auch wenn viele Tote kein würdiges Grab fanden, spielte die Nähe von Lebenden und Toten doch eine große Rolle. Die Toten, so dachte man, brauchten die Fürbitte und das Gedächtnis, die *memoria*, der Lebenden. Die Toten konnten sehr präsent sein, den Lebenden erscheinen, sie warnen, sie ärgern und Schabernack mit ihnen treiben – so wird es jedenfalls in Quellen immer wieder berichtet.

Die Buchmalerei aus dem 12./13. Jahrhundert zeigt das Paradies, in der Mitte das Fegefeuer und unten die Hölle. Im Fegefeuer sollten die Seelen gereinigt und für den Himmel vorbereitet werden, sofern sie nicht unmittelbar gen Himmel fuhren.

Die *memoria* integrierte die Toten in die Gemeinschaft der Lebenden. Sie brachte Tote wie Lebende in ein geistliches Abhängigkeitsverhältnis. Die Sorge um das Seelenheil war für beide Seiten wichtig: Die Lebenden hofften, durch Fürbitte und Totenmessen den Toten zu helfen, und sie erwarteten als Gegenleistung, dass die Toten auf ihrer Seite für die Lebenden sprechen würden. Die Heiligen, die Gott am nächsten standen, sollten als Helfer fungieren, denn sie hatten Einfluss in der Sphäre des Todes wie in der Sphäre des Lebens. Durch die memoriale Vergegenwärtigung der Toten wurde die Vision zu einer Brücke zwischen Lebenden und Toten. Wer als Lebender eine visionäre Seelenreise ins Jenseits machte, sah dort meist nicht das Paradies, sondern die Schrecken des Gerichts und der dort gepeinigten Sünder und kehrte erschüttert zurück. Die Hoffnung richtete sich nun auf das *purgatorium*, also das Fegefeuer, das die Seelen läutern sollte, um sie für den Himmel bereit zu machen. Diese schon im Frühmittelalter bezeugte Vorstellung wurde wie so manche andere erst nach und nach Bestandteil der offiziellen kirchlichen Lehre und seit dem 13. Jahrhundert auch ein wichtiger Grund für die Praxis des Ablasses, durch den die Strafen im Fegefeuer gemindert werden sollten.

Die Totenmemoria hatte aber auch die Funktion, die Verstorbenen im Gedächtnis zu behalten. Sie verknüpft sich mit dem Nachruhm. Als der Mönch Einhard um das Jahr 830 die Lebensbeschreibung Karls des Großen verfasste, wollte er die *memoria* des großen Herrschers bewahren und dessen Taten nicht der Vergessenheit anheimfallen lassen. Der Kaiser wurde somit zu einer Art säkularem Heiligen. So wurden auch die Gräber von Herrschern prachtvoll gestaltet, die damit eine Parallele zu Heiligengräbern bildeten.

Veränderungen in der Todesdeutung ergaben sich noch einmal durch die große Pestwelle, die Europa 1347 bis 1351 fest im Griff hatte. Des Todes mitten im Leben war man sich nun umso mehr bewusst. Die Pest tötete ungefähr ein Drittel der europäischen Bevölkerung. In den dicht besiedelten Städten war die Sterbequote oft noch höher. Der Pesttod war der »schwarze Tod«, denn das sich unter der Haut auflösende Gewebe färbte sich schwarz. Die bis auf Apfelgröße anschwellenden Lymphknoten verunstalteten die Kranken und Sterbenden, die überdies noch blutigen Schaum spuckten. Fast alle Erkrankten starben, die Ärzte waren ratlos. Das Aufschneiden der Pestbeulen konnte das Leid allenfalls mildern. Man versuchte es mit Kräutern und Tinkturen. Angeblich soll sogar das Eau de Cologne auf solche Wässerchen zurückgehen. Als Ursache sah man unglückliche Planetenkonstellationen und üble Dünste, die schon aus der Antike bekannten Miasmen. Natürlich wurde auch der Zorn Gottes als Ursache angesehen. Und wenn gar keine Erklärung mehr half, mussten wohl die Juden die Brunnen vergiftet haben. Immerhin hatte man eine Ahnung davon, dass die Krankheit durch Ansteckung verbreitet wurde, und isolierte die Kranken, sei es in ihren eigenen Häusern, sei es im Falle Venedigs auf vorgelagerten Inseln, sei es in Spitälern oder Siechenhäusern vor den Toren der Städte. Dazu gehörte oft eine Kapelle, die dem Heiligen Georg geweiht war – auf Niederdeutsch: St. Jürgen.

Der Pesttod war grausam und eindrücklich. Die Pest zerstörte die sozialen Bindungen, das Verhältnis der Lebenden untereinander sowie das Verhältnis zwischen Toten und Lebenden. Ganze Familien wurden binnen Tagen ausgerottet, die Toten auf Pestkarren geworfen und eilig in großen Gruben verscharrt. Die geistliche Begleitung der Sterbenden entfiel, und die Sterbenden selbst konnten sich nicht auf den Tod vorbereiten, da dieser innerhalb von wenigen Stunden nach Auftreten der ersten Symptome eintreten konnte.

Essen und Trinken

Die Esskultur war abhängig vom sozialen Status. Den (jedenfalls seit dem Hochmittelalter) ausgeprägten Tafelfreuden des Adels stand die schlichte Kost der einfachen Bauern gegenüber. In Klöstern wurde ebenfalls gut gegessen, denn auch diese übten Grundherrschaft aus und wurden von den Bauern mit Abgaben beliefert. Nur die Angehörigen der Grundherrenschicht konnten auf die Jagd gehen. Ihnen stand ein breites Fleischangebot von Wild- und Weidetieren zur Verfügung. Die meisten Menschen lebten vorwiegend vegetarisch, weil Fleisch, jedenfalls das von Schweinen und Rindern, teuer war und den sozial Höhergestellten zustand. So war der Fleischkonsum bei den meisten Menschen auf Geflügel, wild lebende Vögel und Kaninchen beschränkt. In Küstenregionen oder an Seen und Flüssen verzehrte man selbstverständlich auch Fisch. Das Volk ernährte sich hauptsächlich von Getreideprodukten und Gemüse, während Getreide für die Ernährung der sozial Höhergestellten eine geringere Rolle spielte. Getreide, vor allem Weizen, wurde vorwiegend in Form von Brot verzehrt, aber auch als Brei gelöffelt oder als Bier getrunken. Hinzu kamen im Spätmittelalter Teigwaren, die wie Spätzle geschabt wurden. Auch Makkaroni sind schon früh, nämlich im 12. Jahrhundert, bezeugt. An Gemüse standen vor allem Kohl- und Lauchgewächse sowie Hülsenfrüchte zur Verfügung, beim Obst waren es Äpfel, Birnen und Kirschen. Adlige aßen eher Obst, das einfache Volk eher Gemüse. Nüsse boten eine willkommene Ergänzung.

Die Speisen verzehrte man gern kräftig gewürzt, wobei Salz erst im späteren Verlauf des Mittelalters in größeren Mengen in Gebrauch kam. Dazu musste es erst einmal gefunden, gefördert und gehandelt werden. Das war seit dem 12. Jahrhundert in zunehmendem Maße durch die Erschließung von Salzvorkommen der Fall. Ansonsten baute man zum Würzen Kräuter und Gewürzpflanzen in Gärten an. Gewürze wie Pfeffer kamen aus dem Asienhandel nach Europa und waren entsprechend teuer. Seit dem Hochmittelalter konnte man Zucker in größeren Mengen aus Zuckerrohr erzeugen und damit den Honig ersetzen. Zusätzlich diente Zucker wie heute auch als Konservierungsstoff. Gesüßt wurden auch Fleisch- und Fischspeisen, wie dies schon in der Antike üblich war. Zimt spielte für die Würzung solcher Gerichte ebenfalls eine wichtige Rolle. Vorwiegend aus Gewürzen und Früchten wie Zitronen oder Trauben konnte man Saucen herstellen, die eher säuerlich schmeckten.

Darstellung eines fürstlichen Banketts. Französische Buchmalerei um 1416

Nicht nur das Essen selbst, sondern auch die Ausstattung mit Geschirr unterschied sich erheblich je nach sozialem Status. Essen und Trinken dienten der höfischen Repräsentation. Man zeigte, was man hatte und wen man einladen konnte, und man speiste lange und in mehreren Gängen, weil man nicht arbeiten musste. Für die Zubereitung der Speisen war ein hoher Aufwand und eine erhebliche technische Ausstattung nötig: Kochen und Backen erforderten zudem einen hohen Energieeinsatz durch Brennmaterial, also Holz und Holzkohle. Ungeschicktes Hantieren konnte leicht zu Bränden führen. Vorwiegend Männer verrichteten die schweißtreibende Angelegenheit des Kochens. Schon die ersten bekannten Meisterköche waren Männer, die an größeren Adelshöfen über einen eigenen Stab von Unterköchen verfügten. Aus dieser Zeit sind bereits Kochbücher überliefert, die in adligen Häusern verwendete Rezepte enthalten. Eines von ihnen ist »Le Viandier«, was in dieser Zeit so viel bedeutete wie »Der Fachmann für Lebensmittel«. Zugeschrieben wird das Buch meist Guillaume Tirel, der schon eine längere Karriere hinter sich hatte, als er 1381 Küchenmeister des französischen Königs Karl V. wurde. Das Werk greift auf ältere Rezepte zurück und lässt ahnen, dass zur Zeit seiner Entstehung bereits eine kulinarische Tradition bestand, die großen Köche andererseits aber ein Interesse daran hatten, innovativ zu sein. Vom Adel strahlte die gehobene Esskultur auf das Stadtbürgertum aus, wobei der Aufwand hier mangels Personal und Küchenausstattung reduziert werden musste.

Im Spätmittelalter wurde es üblich, zum Essen auch das Messer zu nutzen, während man vorher nur Tranchiermesser und Fleischgabeln gekannt und ansonsten mit der Hand gegessen hatte. Aber auch das Messer diente nur dem Zerteilen. Gabeln gab es noch nicht. Diese wurden erst in der Frühen Neuzeit üblich, während sie im Spätmittelalter noch mit Argwohn betrachtet wurden und nur in Byzanz in Gebrauch waren. Der Löffel als ältestes Besteckteil diente vorwiegend zum Essen von Suppen oder Getreidebrei. Mit ihm aß man häufig gemeinsam aus einer Schüssel, auch wenn man eingeladen war. Die Tischsitten waren sicher nicht so primitiv, wie man es sich heute bei nachgestellten Mittelaltermahlzeiten vorstellt. Schon damals zeigte sich am Verhalten bei Tisch, ob man gesellschaftsfähig war. Vor allem in der höfischen Kultur achtete man auf eine gewisse Ästhetik beim Essen, auch wenn es sich dabei offensichtlich um einen Kampf gegen vielerlei Unsitten handelte, die sich in entsprechenden Regelkatalogen niederschlugen. Zu diesen Unsitten zählte es, angebissene Stücke wieder in die Schüssel zurückzulegen, zu viel zu essen oder sich zuerst zu bedienen. Manche dieser Unsitten sind demnach schon im Mittelalter so »unhöflich« gewesen, wie sie es heute sind.

Volksfest und Narrentreiben: Der Nasentanz in Gimpelsbrunn. Holzschnitt von Hans Sebald, 1534

Es gab auch Gasthäuser, die allerdings qualitativ nicht mit modernen Restaurants zu vergleichen sind. Hier trank man vor allem und aß kleine Speisen dazu. Unterwegs konnte man sich an Ständen mit Pasteten und Waffeln versorgen. Bier und Wein waren die gängigen Getränke, wobei es auch hier erhebliche Qualitätsunterschiede gab.

Das Fasten gehörte selbstverständlich zum mittelalterlichen Leben. In der Fastenzeit vor Ostern war die Nahrung ohnehin knapp, die Vorräte weitgehend verzehrt. Hinzu kamen andere Fastentage im Jahr wie der Freitag als Gedenktag der Kreuzigung Jesu. Umso ausgelassener feierte man die Fastnacht. Die

Fastenzeit war gerade für die Klosterköche eine Herausforderung. Immerhin durfte Fisch gegessen werden, und gebackene Fastenküchlein glänzten durch einen hohen Fettgehalt. Unbeabsichtigtes Fasten verursachten die immer wieder auftretenden Missernten und Hungersnöte, die nicht allein durch widriges Wetter oder Klimaveränderungen, sondern auch durch Kriege verursacht wurden.

Die Arbeit und das Fest

Arbeit war im Mittelalter körperliche Arbeit, die vor allem in der bäuerlichen Wirtschaft geleistet wurde. Für den Getreideanbau musste der Boden gepflügt, das Saatgut ausgebracht und das Getreide schließlich geschnitten und gedroschen werden. Das alles erforderte den Einsatz vieler Arbeitskräfte: Frauen, Männer, Kinder. Die Arbeit der Handwerker war ebenfalls anstrengend. Hilfe boten die Windkraft mit den ersten Windmühlen und die Wasserkraft, die Hammermühlen oder Getreidemühlen antreiben konnte. Im Winter ruhte die landwirtschaftliche Arbeit, karge Zeiten brachen an.

Die Arbeit ruhte generell an kirchlichen Festtagen, die in einer Zeit ohne Urlaub großen Wert hatten.

Insgesamt enthielt das Jahr 80 bis 100 arbeitsfreie Tage, darunter die 52 Sonntage. Man achtete strikt auf die Einhaltung der Arbeitsruhe. Wo sie gebrochen wurde, wurde das auch geahndet. Wichtig war der sonntägliche Kirchgang, der das korrekte Verhalten zur Schau stellte. Zu den kirchlichen Feiertagen gehörten neben den Hochfesten Ostern, Pfingsten und Weihnachten, die jeweils mehrere Tage dauerten, auch die zahlreichen Heiligentage oder der Kirchweihtag. An ihnen war das Volk durch Prozessionen und Messen in den religiösen Vollzug eingebunden. Bruderschaften und Zünfte hatten eigene Heilige, deren Gedenktage ebenfalls festlich begangen wurden.

Eine andere Kategorie von Festtagen stellten Feiertage im Jahresverlauf dar, die eng mit dem Landleben verbunden waren, weil an ihnen Abgaben geleistet werden mussten. Dazu zählten vor allem der Michaelis- und der Martinstag. Märkte dienten nicht nur dem Kauf und Verkauf, sondern waren mit einem »Rahmenprogramm« verbunden, bei dem sich Zauberer, Wahrsager und Gaukler ihr Geld verdienten. Auf dem Lande brachten Feste die Dorfgemeinschaft, die sozial stark differenziert war, zusammen.

Natürlich gab es auch private Feste wie Hochzeiten und Beerdigungen. Der hierfür zu treibende Aufwand wurde durch obrigkeitliche Vorgaben (Mandate) geregelt, damit er nicht überhandnahm. Die Trauung selbst war noch kein großes Fest, und die kirchlichen Zeremonien gestalteten sich eher karg, aber wer es sich leisten konnte, lud danach zu einem Festmahl ein. Gefeiert wurde auch die Taufe, an der aber nur Frauen beteiligt waren, da die Feier, sofern im Haus genug Platz war, in der Wochenstube stattfand. Das Begräbnis konnte in einem sozial höhergestellten Kontext ein öffentliches Ereignis sein, bei dem die gesellschaftliche Stellung des Verstorbenen noch einmal zur Geltung kam.

In der höfischen Kultur spielten Bankette als Inszenierung der Tischgemeinschaft eine wichtige Rolle. Da es noch keine festen Speisezimmer gab, wurden Holzplanken auf Böcke gelegt und mit Tischdecken verkleidet. Wenn man fertig war, konnte die Tafel wieder »aufgehoben« werden. Zur höfischen Kultur gehörten ebenfalls Turniere, die zunehmend auch in Städten veranstaltet wurden. Musik und Tanz wurden zum Bestandteil einer alle sozialen Gruppen übergreifenden Festkultur, und im höfischen Bereich wurde auch Tafelmusik gespielt.

Zum Fest gehörte seit jeher der Exzess. Man trank, sang und tanzte. Dabei kam es auch zu Entgleisungen und Unbotmäßigkeiten oder zur Parodierung von religiösen Riten. Dafür boten sich besonders die Fastnachtsspiele an. Die Fastnacht stellte einen sozial akzeptierten Ort für Grenzüberschreitungen dar, sei es im Blick auf Geschlechterrollen oder Standesgrenzen.

Ausgesetzt? Die soziale Bedeutung von Krankheit und Behinderung

Wer im Mittelalter an einer chronischen Krankheit litt, Opfer einer Seuche wurde oder von Geburt an oder durch einen Unfall behindert war, dem blieb als Hoffnung oft nur ein Wunder. Dementsprechend sind Heilungen solcher Einschränkungen häufig Teil von Heiligenlegenden. Allerdings entwickelten sich in den Städten des Spätmittelalters auch Fürsorgeeinrichtungen, die Spitäler, die alte, kranke und behinderte Menschen aufnahmen. Diese wurden also nicht einfach aus der menschlichen Gemeinschaft ausgestoßen und alleingelassen, sondern ihnen wurde eine gewisse Fürsorge im Geist der christlichen Nächstenliebe zuteil. Das war selbst dann der Fall, wenn es sich um schwerwiegende Krankheiten handelte. Diese Fürsorge dürfte davon abhängig gewesen sein, inwieweit kranke und auch behinderte Menschen sozial vernetzt waren. Sie zu verspotten und zu misshandeln war aber ebenso gängig wie ihnen das Leben, wenigstens mit bescheidenen Mitteln wie einem Laufwagen, zu erleichtern. In den Städten wurde ihnen das Betteln erlaubt.

Einen besonderen Schrecken stellte die Lepra dar, die seit biblischer Zeit bekannt, aber nur *eine* Erscheinungsform des im Alten und Neuen Testaments erwähnten Aussatzes ist. Der Prozentsatz der an Lepra erkrankten Menschen war sehr gering, und die Krankheit brachte auch nicht unmittelbar den Tod. Ihre entstellenden Begleiterscheinungen führten jedoch zu einer deutlichen Ausgrenzung (»Aussetzung«) aus der menschlichen Gemeinschaft: Die an »Aussatz« Erkrankten wurden in Leprosorien oder Siechenhäuser außerhalb der Städte eingewiesen, die manchmal auch eine eigene Kapelle und einen Friedhof hatten. Hier konnten sie sich selbst ihren Lebensunterhalt verdienen, vor allem mit landwirtschaftlicher Arbeit.

Das Nürnberger Heilig-Geist-Spital

INFO

Bis heute wird das 1339 gegründete Heilig-Geist-Spital in Nürnberg als Altersheim genutzt und erfüllt damit weiterhin einen Zweck, den es teilweise bereits im Spätmittelalter hatte. Der Geldgeber, der Nürnberger Kaufmann Konrad Groß, wollte mit seiner Stiftung das Gebot der Nächstenliebe erfüllen und zugleich etwas für sein eigenes Seelenheil bewirken – ein typischer Gedanke dieser Zeit. Das Spital war darum zugleich eine karitative wie geistliche Einrichtung, und so gab es einen Spitalarzt und eine Apotheke, aber eben auch eine geistliche Versorgung durch Priester. Vorgesehen war das Spital für 200 Bewohner: zum Teil Alte, zum Teil »Sieche«, also chronisch Kranke. Durch weitere Stiftungen konnten die Gebäude bis auf ihre heute noch (bzw. nach dem Wiederaufbau nach 1945 wieder) sichtbare Größe erweitert und die Zahl der aufgenommenen Bedürftigen vergrößert werden. Ein wichtiger Stifter für das Spital war im 15. Jahrhundert Herdegen Valzner, dessen Grab wie das von Konrad Groß heute noch vor Ort zu sehen ist.

Das Heilig-Geist-Spital in Nürnberg

DIE STADT

Das hoch entwickelte Städtewesen der römischen Antike ging im Frühmittelalter weitgehend zugrunde: Einst blühende Städte wie Köln verloren an Bevölkerung, die repräsentativen Bauten und die Wohngebäude zerfielen, die Infrastruktur von gepflasterten Straßen und Wasserleitungen brach zusammen. Städte in der Antike mit teils mehreren Zehntausend Einwohnern schrumpften auf nur einige Tausend Einwohner im Frühmittelalter. Andererseits blieben Siedlungskerne übrig, die sich auch wieder belebten, sodass antike Städte wie London, Paris und nicht zuletzt Rom im Mittelalter erneut großen Aufschwung nahmen. Prägend waren im Frühmittelalter für die Bedeutung der Städte aber einstweilen die Verhältnisse der Agrarwirtschaft und damit der Grundherrschaft. Die Städte bildeten Zivilisationsinseln in einem Meer von bäuerlicher Arbeit. Sie waren als Zentren von Bildung und Verwaltungskenntnissen nützlich, sodass die neuen, auf die Römer folgenden Herrscher sie bestehen ließen. Jenseits von Rhein und Donau, also außerhalb der ehemals römischen Gebiete, gab es gar keine Städte. Sie erwuchsen erst aus Siedlungen, die sich an Bischofskirchen, Burgen und Märkten anlagerten und von Herrschern gefördert und mit Rechten ausgestattet wurden.

Im Hochmittelalter begann eine Entwicklung, die – nicht nur in Deutschland – eine Konsolidierung und den Ausbau des Städtewesens mit sich brachte. Im 12. Jahrhundert taucht der deutsche Begriff »Stat« auf, als Entsprechung zum lateinischen *Civitas*. Während es um das Jahr 1100 in Deutschland nur etwa 30 Städte mit höchstens 5000 Einwohnern gab, explodierte die Zahl und Größe der Städte danach geradezu. In dieser Zeit wurden die meisten Städte gegründet, die Deutschland bis heute prägen, darunter zum Beispiel Lübeck im Norden, Freiburg im Süden und Leipzig in der Mitte Deutschlands. Diese Städte wurden im 12. Jahrhundert planmäßig aus älteren Siedlungskernen heraus entwickelt, und zwar durch Fürsten, die sich Vorteile davon versprachen. Nachdem sich die Städte vergrößert und sich ihre inneren Verhältnisse stabilisiert hatten, strebten sie bald danach, sich von der Bevormundung durch auswärtige Stadtherren zu befreien. Das gelang unterschiedlich gut. Für die deutsche Geschichte nicht unerheblich ist auch die Rolle des Deutschen Ordens mit Blick auf die Expansion des Städtewesens: In Preußen, das heißt im späteren Ostpreußen, gründete der Orden

Bau einer Stadt. Französische Buchmalerei aus dem 14. Jahrhundert

im Zuge der Durchsetzung seiner Herrschaft im 13. Jahrhundert eine ganze Reihe von Städten, darunter Thorn, Kulm, Marienwerder und Elbing. 1286 kam Königsberg hinzu.

INFO

Die Ebstorfer Weltkarte

Die vermutlich im Kloster Ebstorf in der Lüneburger Heide im 13. Jahrhundert hergestellte und dort aufbewahrte Weltkarte zeigt in idealtypischer Kartografie in ihrer Mitte die ideale Stadt: Jerusalem. Im Wesentlichen handelt es sich dabei um eine Deutschlandkarte, denn verzeichnet sind in ihr eine ganze Reihe von Städten, die vor allem in Norddeutschland liegen, aber auch Nürnberg, Bamberg und Prag sind zu erkennen. Besonders hervorgehoben ist Braunschweig, das symbolisch mit einem Löwen kenntlich gemacht ist. Darum wurde die Karte auch gelegentlich in das 12. Jahrhundert, die Zeit Heinrichs des Löwen, datiert. Die Welt besteht aus Sicht des Herstellers der Karte aus Städten, während das Land überhaupt keine Rolle spielt. Vor allem aber präsentiert die Karte ein theologisches Programm: Die Welt ist der Leib Christi, in dessen Mitte Jerusalem liegt. Das mit einem Durchmesser von rund dreieinhalb Metern riesige Werk dürfte einmal einen repräsentativen, weniger einen praktischen Wert gehabt haben.

Die mittelalterliche Stadtgründungswelle brach im 14. Jahrhundert ab, und auch das Wachstum der Städte stagnierte seit dieser Zeit. Schuld daran waren nicht zuletzt die Epidemien, die man unter dem Begriff der Pest zusammenfasste. Für die folgenden Jahrhunderte blieb es in Deutschland bei einer Zahl von 3000 bis 4000 Städten unterschiedlichster Größe – Köln war mit ungefähr 40 000 Einwohnern die bevölkerungsreichste. Allerdings waren andere Städte in Europa wesentlich größer: Mailand etwa dürfte rund 100 000 Einwohner gehabt haben. In den Städten wohnten zu dieser Zeit je nach Region durchschnittlich zehn Prozent der Bevölkerung. Gebiete mit älterer Stadttradition wie West- und Südwestdeutschland wiesen einen höheren städtischen Bevölkerungsanteil auf. Die nächste große Gründungswelle folgte erst mit der Industrialisierung im 19. Jahrhundert.

Je mehr die Urbanisierung im Mittelalter voranschritt, desto stärker wurden die Differenzen zum Dorf. Schon der Bau einer Stadtmauer signalisierte nicht nur Verteidigungsbereitschaft, sondern auch eine gewisse Form der Absonderung, obwohl die wirtschaftlichen Verbindungen in das umliegende Land weiterhin unentbehrlich für das städtische Leben waren. Nicht nur in Ackerbürgerstädten, wie sie der Soziologe Max Weber nannte, also in Städten mit einem großen Anteil von Menschen, die von der Landwirtschaft im Umland lebten, sondern in allen Städten spielte die Landwirtschaft außerhalb und innerhalb der Stadtmauern eine große Rolle: Gemüsegärten und Viehhaltung gab es innerhalb der Mauern, größere landwirtschaftliche Flächen zur Versorgung außerhalb. Worin man sich unterschied, war das Selbstverständnis: Man war Bürger oder Bauer, und Stadtluft machte eben frei.

Die Ebstorfer Weltkarte aus dem 13. Jahrhundert: Der Leib Christi umspannt die aus Städten bestehende Welt mit Jerusalem im Zentrum.

Die Emanzipation der Städte

Seit der Spätantike hatten die christlichen Bischöfe in der Stadt eine Führungsposition. Sie sorgten denn auch für eine gewisse Kontinuität des Städtewesens von der Antike zum Frühmittelalter. Die Bischöfe retteten nicht nur die Kirchenorganisation durch die Zeiten der Völkerwanderung, sondern das Städtewesen überhaupt. So entwickelten sich im weiteren Verlauf des Mittelalters oft zwei Zentren: der Sitz des Bischofs, der unter der Oberherrschaft des Kaisers die formale Hoheit über eine Stadt hatte, und die durch Zuzug wachsende bürgerliche Siedlung, wo die Kaufleute und Handwerker das gesellschaftliche und wirtschaftliche Zentrum bildeten. Die bischöfliche Domkirche und die Gebäude der bischöflichen Verwaltung bildeten einen eigenen Bezirk, die Domfreiheit. Die Grundherrschaft der Bischöfe begründete ihre Macht über die Siedler in und außerhalb der Stadt. Damit war das Aufsichtsrecht über Markt, Münze und städtisches Zollwesen verbunden, und so fanden die Märkte oft vor der Bischofskirche statt. Ähnlich verhielt es sich dort, wo eine Stadt unter der Aufsicht eines weltlichen Herrn stand, der ebenfalls Markt, Münze und Zollwesen kontrollieren wollte. Dazu diente dann oft die Besatzung einer Burg.

Solche Bevormundung aber ließen sich die Einwohner der wachsenden Städte nicht gefallen. Sie verfügten als Kaufleute und Handwerker nicht nur über wirtschaftliche Potenz, sondern waren durchaus in der Lage, ihre Siedlung selbst zu verwalten. So gründeten sie auch eigene Märkte. Diese Konstellation führte im Hoch- und Spätmittelalter zu heftigen Konflikten. Das wachsende bürgerliche Selbstbewusstsein drängte auf die Selbstverwaltung der Städte. Besonders in Oberitalien

In italienischen Städten wurden die ersten Rathäuser errichtet. Mit dem Bau des Palazzo Pubblico in Siena begann man 1297. Das Wahrzeichen Sienas, der 102 Meter hohe Torre del Mangia, kam im 14. Jahrhundert hinzu.

verstanden sich die Städte als »Kommunen«, also als soziale Gemeinschaften: Die Bürger machten die Stadt aus, ihr rechtlicher Konsens, ihre Gemeinschaft, nicht die Macht des Bischofs. Unter den Bürgern sind dabei in erster Linie die Angehörigen der Oberschicht zu verstehen, die nun in Konkurrenz zum Bischof und dem Domklerus ein eigenes Verständnis als Stadtadel, als Patrizier, entwickelten. Die Bürger verstanden sich als *Coniurati*, als Angehörige einer »Schwureinung«. Sie sahen sich als Teilhaber einer Rechtsgemeinschaft, und das führte langfristig zur Etablierung von Stadträten, die diese Rechtsgemeinschaft verkörpern sollten. Diese Bewegung erreichte von Italien aus bald Deutschland. Jetzt wurde es zum Problem, dass der Bischof und seine Kleriker rechtlich und fiskalisch außerhalb der städtischen Gemeinschaft standen. Der Satz »Stadtluft macht frei« konnte so lange nicht gelten, wie man zwar durch den Umzug in die Stadt einem ländlichen Grundherrn entkam, sich dafür aber die Grundherrschaft des Bischofs oder eines anderen adligen Stadtherren einhandelte. Die bürgerliche Freiheit in der Stadt musste also erst einmal erkämpft werden. Erst wenn die Städte »freie Städte« waren, waren auch die Bürger wirklich frei. Symbolisiert wurde das neue städtische Selbstbewusstsein durch den Bau von Rathäusern. Die ersten wurden im 12. Jahrhundert in norditalienischen Städten errichtet, allerdings dauerte es noch lange, bis jede Stadt ein Rathaus hatte.

Rückhalt bekamen die Städte in Deutschland durch die Kaiser, die zwar in Oberitalien die kommunale Selbstverwaltung bekämpften, sie aber in Deutschland förderten, da ihnen die Bischöfe hier zu mächtig wurden. Freiheit war für die Städte darum am besten zu erreichen, wenn sie sich dem Kaiser unterstellten. So wurden in Deutschland viele Bischöfe, aber auch andere adlige Stadtherren aus den Städten verdrängt. Ein dramatisches Beispiel dafür stellt Köln dar: Hier kam es im Jahre 1074 zu einem Aufstand der Bürger gegen ihren Bischof Anno. Der Bischof wurde vertrieben, kam aber mit einem Heer zurück und schlug den Aufstand nieder. Die Bürger mussten sich einstweilen fügen, konnten aber in der Folgezeit die Macht des Bischofs weiter schwächen. 1180 bauten sie gegen den Willen des Bischofs eine neue Stadtmauer und beanspruchten damit das Recht für sich, die Stadtverteidigung zu organisieren. Im gleichen Jahr erkannte Kaiser Friedrich Barbarossa die Rechte der Kölner Bürger an. 1288 kam es zu einer Entscheidungsschlacht zwischen der bischöflichen Armee und einem Bürgerheer, und die Bürger gewannen: Der Erzbischof Siegfried von Westerburg wurde vertrieben. Im späten 16. Jahrhundert wählten die Kölner

Erzbischöfe schließlich Bonn zu ihrer Residenz. In Mainz war es einfacher: Hier hatten die Bürger den Erzbischof schon im 11. Jahrhundert gezwungen, einen Rat aus Klerikern und Laien zu akzeptieren, der seine Entscheidungen kontrollierte. Dies war das Ergebnis einer Schwureinung von Klerus und Volk gegen den Bischof. 1244 musste der Mainzer Erzbischof endgültig die Wahl eines Stadtrates erlauben, der seine Macht in der Stadt übernahm.

Die Städte, die die Macht des Bischofs abschütteln konnten, nannten sich nun »Freie Städte«. Darunter waren Köln und Mainz, aber auch Straßburg und Basel. Der häufig gebrauchte Begriff »Freie Reichsstadt« müsste eigentlich gegliedert werden in »Freie und Reichsstadt« – bei den Reichsstädten handelte es sich um Städte, die einst vom Kaiser gegründet worden waren bzw. diesem direkt unterstellt waren. Das prominenteste Beispiel hierfür ist Nürnberg. Erst im 16. Jahrhundert erhielten die Freien und die Reichsstädte den gleichen Rechtsstatus, als auch die Freien Städte auf den Reichstagen vertreten waren. Danach setzte jedoch bald ein Niedergang städtischer Freiheit ein, denn die sich entwickelnden deutschen Teilstaaten versuchten diese Freiheit zugunsten eigener Machtausübung über solche Städte zu beschneiden.

Neben den Freien und Reichsstädten gab es immer auch die Territorial- oder Landstadt, die dem Territorium eines Landesfürsten eingegliedert blieb. Diese Städte machten die weitaus größte Zahl aller Städte in Deutschland aus, allerdings ist das Bild, das heute von der mittelalterlichen Stadt gezeichnet wird, entscheidend von den Reichsstädten geprägt, die auch in der Reformation eine wichtige Rolle spielten. Die Bürger konnten aber auch in den anderen Städten die Freiheit zur Selbstverwaltung durch einen Stadtrat erreichen – sie machten sich frei von der Grundherrschaft, blieben aber einer übergeordneten Landesherrschaft unterworfen. So versuchten auch die Leipziger Bürger, ihren Stadtherrn, den Markgrafen Dietrich von Meißen, loszuwerden. 1215 wagten sie einen Aufstand mit dem Ziel, die Stadt dem Kaiser zu unterstellen, und zerstörten die zu ihrer Kontrolle errichtete Burg. Schon 1216 aber begann der Markgraf mit dem Bau einer größeren Burganlage, der Pleißenburg. Die Bürger blieben also zunächst in der Abhängigkeit vom Markgrafen, gaben aber keine Ruhe und setzten diesem weiter zu, der schließlich 1270 die Einsetzung eines Stadtrates als Selbstverwaltungsgremium zugestehen musste.

Im 15. Jahrhundert erreichte das bürgerliche Selbstbewusstsein in den Städten einen Höhepunkt. Das ganze Mittelalter hindurch waren die Städte literarisch verherrlicht worden, nämlich in der auf die Antike zurückgehenden Literaturgattung der »Laudes urbium«, also des Stadtlobs. Die Bürger sahen sich nun als diejenigen an, die ein geistiges Ideal in ihrem Zusammenleben verwirklichten. Hinzu kam, dass die Städte innerhalb des Heiligen Römischen Reiches Deutscher Nation durch die Emanzipationsbestrebungen der Bürger einen neuen Stellenwert erhielten. Sie waren eben nicht mehr Bischofssitze und Kontinuitätsfaktoren wie im Frühmittelalter, sie waren nicht mehr nur wirtschaftliche, kirchliche oder missionarische Zentren. Sie waren vielmehr politische Größen eigener Ordnung geworden. Die Bürger hatten ihre politische und wirtschaftliche Handlungsfreiheit erkämpft.

Weltliche und religiöse Akteure in der Stadt

Stadtansicht Nürnbergs in der »Schedelschen Weltchronik« von 1493

Ohne Märkte sind Städte kaum vorstellbar. Dabei sind Marktplätze oft älter als die Städte selbst. Im Schatten einer Burg oder einer Bischofskirche konnten sich Umschlagplätze für den Handel etablieren, wofür es aber in Deutschland eines kaiserlichen Privilegs bedurfte. Erst allmählich entwickelte sich dann eine Stadt daraus. Regensburg, Passau, Salzburg und Würzburg etwa waren Bischofssitze, lange bevor aus diesen bedeutende Städte erwuchsen. Der Bildungsprozess einer Stadt konnte

INFO

Nürnberg

Die erste Siedlung wurde hier in Form einer Burg um 1050 gegründet. Sie unterstand dem Kaiser und sollte ein Gebiet überwachen, das Heinrich III. dem Bamberger Bischof entzogen hatte. Unterhalb der Burg wurde im Tal der Pegnitz ein Königshof angelegt. Beide Siedlungskerne zogen Menschen an, und hier bildeten sich auch zwei Pfarrgemeinden aus: St. Lorenz und St. Sebald. Mit dem wachsenden Selbstbewusstsein der Bürger stellten sich Konflikte mit dem kaiserlichen Burggrafen ein. Diese manifestierten sich darin, dass die Bürger eine eigene Burg neben die Kaiserburg setzten, um diese zu kontrollieren. Unterdessen wuchs unterhalb der Doppelburg die Stadt an, und zwar einstweilen als Doppelsiedlung: Um die Pfarrkirchen bildeten sich zwei Stadthälften mit jeweils einer Stadtmauer. Erst nach 1320 wurden beide Hälften vereinigt. Da sich immer mehr Menschen ansiedelten, wurde die Stadtmauer bis 1452 noch einmal erheblich erweitert. Das Stadtbild dieser Zeit ist in der »Schedelschen Weltchronik« von 1493 in einem Holzschnitt festgehalten.

langwierig und kompliziert sein. Wenn aber eine Stadt erst einmal als solche erkennbar war, also mit einer Mauer umgeben, mit einem Markt ausgestattet und mit einer gewissen Zahl an Menschen bevölkert, übte sie einen Reiz auf Zuzügler aus, die sich hier eine lichtere Zukunft als auf dem Lande erhoffen konnten, schon aufgrund besserer wirtschaftlicher Möglichkeiten.

Die Hauptakteure des städtischen Lebens waren die Bürger, jene Menschen – also jene Männer –, die das Bürgerrecht innehatten und sich auch in verschiedener Weise organisierten: berufsständisch nach Kaufmannsgilden und Handwerkerzünften, im Rahmen des Stadtviertels in Bruderschaften, dem sozialen Status nach als Patriziat. Gerade darin stellte sich eine Verfestigung im Sinne einer Art städtischen Adels ein, die aber vonseiten der aufstrebenden kleineren Kaufleute und der Handwerker nicht unangefochten blieb. So kam es immer wieder zu Kämpfen um die Besetzung von Stadträten. Eine nicht unwichtige Aufgabe bürgerschaftlicher Selbstorganisation war die Stadtverteidigung.

Wo die Städte unabhängig, also frei von einem Stadtherrn wurden, war man unter sich. Wo das nicht gelang, ragte die Führungsschicht des Landesherrn in die städtische Bürgerschaft hinein, also die Besatzung einer Burg, wo es sich um einen weltlichen Herrn handelte, oder ein Domkapitel, wenn der Stadtherr ein Bischof war. Nicht alle Bewohner einer Stadt waren also Bürger und damit frei. Manche Grundherren wollten von ihren Ansprüchen auf die Bestimmung über ihre »Eigenleute« (Hörige oder letztlich Leibeigene) nicht verzichten. Vor allem aber gab es eine Unterschicht in der Stadt, die das Bürgerrecht gar nicht erwerben konnte: Bettler, Prostituierte, Arme, Obdachlose. Sie waren Objekte städtischer Reglements oder im besten Falle kommunaler und kirchlicher Fürsorge.

Im Spätmittelalter war ein hoher Bevölkerungsanteil in der Stadt dem Klerus zuzurechnen, mochte es sich um Priester, Mönche oder Nonnen handeln. Durch neue religiöse Strömungen in der Stadt, besonders durch die Bettelorden, wuchs dieser Anteil weiter an – ohne dass man dies prinzipiell negativ sah: Eine Vielzahl von Geistlichen garantierte eine gute geistliche Versorgung und eine gute Möglichkeit, durch Stiftung von Messen für das eigene Seelenheil zu sorgen. Ein Dorn im Auge war den Bürgern aber die Abgabenfreiheit des Klerus, also dessen Immunität. Hinzu kam, dass das Kirchenvermögen durch Vererbungen und Stiftungen immer weiter anwuchs. Dieses Vermögen war dem städtischen Wirtschaftskreislauf entzogen, es gehörte der »Toten Hand«. Dabei war die Geistlichkeit wirtschaftlich nicht untätig. Geistliche betrieben Handel und Gewerbe, so etwa in der Textilherstellung, im Getreidehandel und auch im Bier- und Weinhandel.

Das 13. Jahrhundert ist die Entstehungszeit der großen Bettelorden, unter denen die Franziskaner und die Dominikaner hervorzuheben sind. Sie prägten das religiöse, aber auch das soziale Leben in den Städten bis zur Reformation. Franz von Assisi stammte zwar aus dem städtischen Bürgertum, hatte damit aber radikal gebrochen und die Sesshaftwerdung seiner Anhänger verboten. Schon wenige Jahrzehnte nach der Gründung des Ordens aber, um 1250, waren die Franziskaner in vielen Städten zu finden. Die Dominikaner standen von Anfang an mit der Stadt in Beziehung, denn der

Selten, aber nicht unüblich: Frauen führten das Geschäft des Mannes während seiner Abwesenheit oder nach seinem Tod fort. Die englische Buchmalerei um 1330 zeigt eine Frau, die Nägel schmiedet.

Ordensgründer Dominikus selbst hatte den Weg in die Stadt gesucht und 1215 eine erste Gemeinschaft in Toulouse gegründet. Dominikus und auch seine ersten Anhänger sahen die Städte von vornherein als ihre Welt an. Thomas von Aquin, der große Theologe des Dominikanerordens, verstärkte diese Sicht: Die Stadt war für ihn die vollkommene Form menschlicher Vergesellschaftung, ein Ort der Tugenden und der Gotteserkenntnis. Allerdings gab es auch immer stadtkritische Tendenzen in den Bettelorden: Die Stadt konnte in der Folge der Offenbarung des Johannes als Verkörperung der Hure Babylon gesehen werden, als Ort der Unzucht und der Ketzer. Nachdem man in den Kreuzzügen den Gedanken des himmlischen Jerusalems neu entdeckt hatte, hoben sich für manche Theologen die realen Städte umso stärker von diesem Ideal ab.

Die Bettelmönche waren der Pfarrgeistlichkeit in ihrem Engagement für Bürger wie für Arme weit voraus. Dementsprechend sah der alteingesessene Klerus die Mönche als Konkurrenz an. Stiftungen und Schenkungen der Bürger flossen auch den Bettelmönchen zu. Die Bettelorden prägten die Frömmigkeit in den Städten enorm: So verbreiteten erst die Franziskaner den Kreuzweg, den Rosenkranz, die Verehrung der Heiligen Anna und auch die Aufstellung von Weihnachtskrippen in den Kirchen (mit lebensgroßen Figuren). Da es noch keine Kirchturmuhren gab, gliederte oftmals das Läuten zu den Stundengebeten den Tagesablauf der Städter. Öffentliche Uhren, die Zeitglocken, setzten sich erst ab der zweiten Hälfte des 14. Jahrhunderts durch. Bei den Bettelmönchen suchte man die wahre Frömmigkeit, und so ließ man sich auch gern auf ihren Klosterfriedhöfen bestatten.

Wo es noch keine Rathäuser gab, fanden die Ratssitzungen oft im Speisesaal des Franziskanerklosters statt, dem Refektorium, oder auch in der Klosterkirche selbst. Sie diente auch zum Vollzug sakraler Akte im städtischen Leben. Hier konnte zum Beispiel der Rat vereidigt werden. Im Kloster wohnten manchmal Gäste des Rates. Die Dominikaner waren in dieser Hinsicht weniger engagiert. Dementsprechend sahen die Bürger gerade die Franziskanerklöster als Einrichtungen städtischen Interesses an. Sie förderten oft die Ansiedlung solcher Klöster, stellten Baugrund zur Verfügung und bereicherten durch Stiftungen und Schenkungen das klösterliche Leben. Nicht zuletzt traten viele Bürger auch in diese Klöster ein – so ergaben sich familiäre Beziehungen zwischen Stadt und Bettelordenskloster. Bettelmönche führten oftmals sogar die Stadtchronik. Auch die Zünfte konnten im Kloster tagen und hier ihr Archiv einrichten. Darüber hinaus mussten die Mönche, wenn ihr Kloster denn in der Nähe der Stadtmauer lag, dafür sorgen, dass das entsprechende Mauerstück intakt und bemannt war.

Ketzer waren in den Städten ebenfalls präsent. Darunter gab es Erneuerungsbewegungen, die das kirchliche und christliche Leben nach dem Vorbild der Apostel, also der Urkirche, reformieren wollten: Zu ihren Vertretern zählten im 12. Jahrhundert Heinrich von Lausanne und Arnold von Brescia, die die Lebensführung der Priester scharf kritisierten. Die Bettelorden machten es sich zur Aufgabe, die Ketzer durch Gegenpredigten zu bekämpfen.

»Priester, die Güter haben, Bischöfe mit Lehen und Mönche mit Eigentum werden verdammt.«

Arnold von Brescia

Auch wenn Frauen generell wenig zu sagen hatten, fanden sie doch im Rahmen der bürgerlichen Freiheit in den Städten einen gewissen Freiraum. Frauen partizipierten allerdings in erster Linie an den Privilegien der männlichen Stadtbürger. Ihre rechtliche Stellung besserte sich aber allmählich. Das galt vor allem für das Erbrecht, denn ursprünglich waren es die Kinder und nicht die Witwen, die das Familienvermögen erbten. So wurde im Laufe der Zeit ein bestimmter Pflichtteil für die Witwe festgelegt. An den wirtschaftlichen Aktivitäten ihrer Männer konnten Frauen teilhaben. Typischer war die Ausübung eines Kleingewerbes neben der Haushaltsführung. Frauen betätigten sich im Textilgewerbe, im Verkauf von Lebensmitteln oder in der Bierherstellung sowie im Gastgewerbe. Allerdings wirkten sie auch als Ärztinnen und Hebammen oder waren in kraftaufwendigen Handwerken zu finden. In den städtischen Führungsschichten gab es Frauen, die selbstständig Handelsverträge abschlossen, Geschäftsreisen unternahmen und das Geschäft ihres Mannes weiterführten. Die Witwen der Handwerksmeister wurden oft de facto als Meisterinnen betrachtet und konnten so in den Zünften mitbestimmen. Insgesamt aber blieb die wirtschaftliche und persönliche Vormundschaft des Mannes über die Frau bestehen.

Nach einer eigenen Form von Freiheit in den Städten suchten Frauen, die sich in religiöser Vergemeinschaftung zusammenschlossen und in Keuschheit, Armut und Demut leben wollten. Diese Bewegung ist seit dem 12. Jahrhundert unter dem Namen »Beginen« bekannt. Die Beginen kamen oft aus dem Bürgertum und wohnten in Wohngemeinschaften zusammen, den Beginenhöfen. Natürlich wurde diese Lebensweise argwöhnisch beobachtet und auch angefeindet. Die Vorwürfe lauteten auf religiösen Hochmut oder gar auf Ketzerei. Der Rat oder die kirchliche Hierarchie versuchten, die Bewegung unter ihre Kontrolle zu bekommen. In Köln wurden zwischen 1250 und 1350 ca. 100 Beginenhäuser gegründet, in denen rund 1000 Frauen wohnten. Später versuchte man, die Beginen zu domestizieren, indem man sie in die weiblichen Zweige der Bettelorden hineindrängte.

Die technische, soziale und kulturelle Infrastruktur

Das städtische Leben brachte eine hohe Verdichtung der Bevölkerung mit sich. Mehrstöckige Bauten wurden errichtet. Wasser musste zum Trinken, zum Bierbrauen und für die Versorgung der Bäder zur Verfügung stehen. Zu diesem Zweck hob man öffentliche Brunnen aus oder leitete Wasser durch Zuleitungen von außen in die Stadt – ein störanfälliges System, das hohen Wartungsaufwand erforderte. Ein noch größeres Problem stellte die Entsorgung der Abwässer und Exkremente dar, die durch Sickergruben nur unzureichend erfolgte. Diese lockten Ratten und Ungeziefer an und mussten regelmäßig durch Personal geleert werden. Dessen Bezeichnung reichte von »Scheißhausfeger« bis »Goldgräber«. Der Inhalt der Gruben wurde meistens in Bäche und Flüsse gekippt, was gerade im Sommer zu übler Geruchsbelästigung führte. Die mittelalterlichen Straßen in den Städten waren zumeist unbefestigt und verdreckt, da die Bewohner ihren Unrat auf die Straße warfen. Außerdem herrschte auf ihnen oftmals ein Verkehrschaos, da nicht nur Menschen zu Fuß und zu Pferde unterwegs waren, sondern auch Schweine, Esel und wilde Hunde herumliefen. Man betrieb Landwirtschaft auch in den vornehmsten Städten und hielt Schlachtvieh für den Eigenbedarf. Erst im späten Mittelalter leisteten sich einige Städte Abwasserkanäle, die aber vorwiegend der Ableitung von Regenwasser dienten.

INFO

Der Pont du Gard

Nîmes (Nemausus) in Südfrankreich war in der Spätantike eine Großstadt mit rund 25 000 Einwohnern. Um sie mit Wasser zu versorgen, wurde schon im 1. Jahrhundert n. Chr. eine 50 Kilometer lange Leitung gebaut, die das Wasser einer ergiebigen Quelle aus den Cevennen in die Stadt leitete. Dazu war es nötig, das Tal des Flusses Gard (Gardon) mit einem Aquädukt zu überwinden – dem Pont du Gard. Nach dem Zusammenbruch der römischen Zivilisation im 5. Jahrhundert wurde die Leitung nicht mehr gewartet und war schließlich nicht mehr brauchbar. Nîmes entvölkerte sich, sodass sich die Restbevölkerung im Frühmittelalter in den Mauern des gewaltigen römischen Amphitheaters einrichten konnte, die damit zu Stadtmauern wurden, welche auch der Verteidigung dienten: Die Stadt lag im Frühmittelalter in einer Kampfzone zwischen den Spanien beherrschenden Westgoten und den Franken. Noch lange war die Stadt zwischen spanischen und französischen Grafen umstritten, bis sie im 13. Jahrhundert unter die Oberhoheit des französischen Königs gelangte.

Den Stadträten kam bei der Errichtung und Kontrolle der Infrastruktur eine wichtige Rolle zu. Sie hatten bereits eine gewisse stadtplanerische Arbeit zu leisten, um Lärm und Gestank zu begrenzen. Die Ansiedlung von bestimmten Gewerken in eigenen Gassen hatte zum Beispiel den Zweck, hier für Ordnung zu sorgen. In der Beckenwerkerstraße wurden Metallgefäße gehämmert, in der Gerbergasse saßen die Handwerker, die die noch mit faulenden Geweberesten behaftete Tierhaut bearbeiteten, und das mit aggressiven Chemikalien. In der Schmiedegasse arbeiteten diejenigen, die Feuer benötigten und Rauch produzierten. Ein wesentliches Ziel war es, solche emissionsintensiven Handwerke vom Stadtzentrum fernzuhalten.

Die städtischen Pfarrkirchen bildeten den Lebensmittelpunkt der Stadt, in geistlicher, aber auch in wirtschaftlicher Hinsicht. Die Zahl der Pfarrkirchen war sehr unterschiedlich und unabhängig von der Größe der Stadt. In Ulm und andernorts gab es zum Beispiel nur eine Pfarrkirche. Dort lag nicht nur der Markt, sondern an die Kirche selbst konnten Geschäfte angebaut sein. Dafür boten sich die äußeren Strebepfeiler der gotischen Kirchen geradezu an, unter denen Platz für solche Buden vorhanden war. Aber auch die Vorhallen von Kirchen und sogar Kreuzgänge von Klöstern boten Geschäften Raum. Dies war ein selbstverständlicher Ausdruck der Symbiose von Kirche und städtischer Wirtschaft und Gesellschaft. Allerdings gab es auch gegenläufige Tendenzen, denn man empfand die Kirche durchaus als Sakralraum, den es vor Profanierung zu schützen galt. So erließ man in Straßburg zum Beispiel ein Verbot, im Münster Gerichtsverhandlungen abzuhalten oder Geschäfte abzuwickeln. Vonseiten der Kirche hatte das II. Konzil von Lyon 1274 weltliche Amtshandlungen und Geschäfte in den Kirchen untersagt – das blieb aber ohne reale Folgen.

Im Spätmittelalter wurden die Friedhöfe wie in der Antike wieder vor die Stadt verlegt, sodass sich der Kirchhof vergrößerte und dementsprechend auch der hier

Der Pont du Gard, über den das südfranzösische antike Nîmes mit Wasser versorgt wurde, ist noch heute ein beeindruckendes Zeugnis römischer Baukunst.

abgehaltene Markt. In der Pfarrkirche lagen nach wie vor die prominenten Toten der Stadt begraben, derer hier auch durch ihre Familien gedacht wurde. Vor allem die Patrizier verewigten sich auf diese Weise, zum Beispiel durch die Einrichtungen von Messstiftungen, also Stiftungen, aus denen Seelenmessen finanziert werden konnten, die an einem der zahlreichen Altäre in der Kirche gelesen wurden. Oft gab es eigene Familienkapellen in der Kirche. In den neuen gotischen Hallenkirchen war genug Platz dafür. Die großen Familien der Stadt dokumentierten hier durch die Stiftung von Kunstwerken ihren gesellschaftlichen Rang. Die Sorge um das Seelenheil spielte eine so große Rolle, dass der Kirche zu diesem Zweck erhebliche Reichtümer vermacht wurden. Im 14. und 15. Jahrhundert wurden die Stiftungen immer zweckgebundener. Man überließ das Geld nicht einfach der Kirche, sondern erstellte konkrete Vorgaben. Das Vermögen großer Stiftungen wurde deshalb auch unter die Verwaltung des Rates gestellt, um es gegen eine kirchliche Vereinnahmung zu sichern.

Wo nicht die Bettelordenskirchen den Versammlungsraum für den Stadtrat boten, in dem er seine neuen Mitglieder und die neu gewählten Bürgermeister vereidigte oder wichtige Sitzungen mit einer Messe begann, da erfüllte diese Funktion die städtische Pfarrkirche. Hier konnte Gericht gehalten werden, und von der Kanzel herab wurden die Beschlüsse des Rates verkündet. In der Pfarrkirche war manchmal auch das Ratsarchiv untergebracht. Die enge Verflechtung von städtischer Pfarrkirche und Rat und Bürgern brachte es mit sich, dass der Rat das Kirchenwesen mehr und mehr kontrollieren wollte. Er sah sich als Aufsichtsgremium für die rechte Verwaltung der Stiftungsvermögen und die rechte Amtsführung der Geistlichen. Zu diesem Zweck bestellte der Rat einen Kirchenpfleger. Dies konnte eine einzelne Person sein oder auch ein Ausschuss des Rates.

Nicht nur die Innenausstattung der Kirchen vermehrte sich durch das finanzielle Engagement der Bürger. Der Kirchenbau überhaupt nahm noch

In Stifterbildnissen verewigten sich die wohlhabenden Stifter von Altarbildern wie der Ratsherr der flämischen Stadt Gent. Gemälde von Jan van Eyck, 1432

einmal einen großen Aufschwung: Gotische Kirchen beherrschten nun das Stadtbild und ersetzten meist ältere romanische Vorgängerbauten. Das Bauvorhaben war oft ein Projekt der Bürger, die sich eine für Gott und sich selbst repräsentative Kirche schufen. Hier engagierten sich auch die Zünfte und Gilden. Eine große Welle des Pfarrkirchenbaus setzte um 1300 ein, als die Städte gewachsen waren. Im 15. Jahrhundert kam der Ausbau des Pfarrkirchenwesens weitgehend zum Abschluss. Die Kirchen, zu denen neben den Pfarrkirchen auch die Klosterkirchen gehörten, bildeten in den Städten eine ganze religiöse Landschaft ab. Die Bettelordenskirchen brachten das neue Armutsideal zum Ausdruck: Es handelte sich um einfache Hallenkirchen ohne Türme.

Eng mit der Kirche verbunden war das Schulwesen.

Seit der Karolingerzeit gab es Pfarrschulen, Domschulen, Klosterschulen oder Stiftsschulen, also Schulen, die geistlichen Gemeinschaften und Institutionen angegliedert waren. Diese Schulen vermittelten zunächst einmal christliche Bildungsinhalte, aber auch Bildungsinhalte der Antike. Ursprünglich sollten in ihnen Geistliche ausgebildet werden. Das änderte sich im Laufe der Zeit, denn die Bürger und gerade die Kaufleute verlangten nach einer alltagstauglicheren Bildung. So bereiteten kirchliche Schulen bald auch auf weltliche Berufe vor. In ottonischer Zeit wurde dieses Schulwesen weiter ausgebaut, und da die Bischöfe nun nicht nur geistliche, sondern auch weltliche Herren in der Stadt waren, sahen sie selbst die Bedürfnisse eines sich entwickelnden weltlichen Gemeinwesens und gründeten verstärkt Schulen.

Andererseits errichteten die städtischen Oberschichten bzw. der Stadtrat mit der Ablösung der bischöflichen Stadtherrschaft seit dem 12. Jahrhundert selbst Schulen, die ihren Ansprüchen entsprechen sollten. Jetzt bekam die Schriftlichkeit eine größere Bedeutung im städtischen und kaufmännischen Leben. Seit dem 13. Jahrhundert wurden städtische Lateinschulen eingerichtet, die gehobenen Bildungsbedürfnissen entgegenkamen, manchmal allerdings auch nur Elementarunterricht boten – dies hing von der Größe der Stadt und der Qualifikation der Lehrer ab. Die Lateinschulen waren an den Stadtkirchen angesiedelt und wurden von der Geistlichkeit betreut. Die außerdem gegründeten Ratsschulen oder Stadtschulen sollten zwar eine nichtgeistliche Elite für die Zwecke der Stadt heranbilden, doch war es die Kirche, die Wissen jeder Art verbürgte. Auch hier wurden meist Geistliche mit niederen Weihen als Lehrer angestellt. Der Stadtrat zog nach und nach das Schulwesen an sich, was durch die Reformation noch intensiviert wurde. Im 15. Jahrhundert wurden verstärkt deutsche Schulen gegründet, die auch von Mädchen besucht werden durften und an denen Frauen auch Lehrerinnen sein konnten. Die zeitgenössische Bezeichnung »Schreibschulen« (man sprach auch von »Winkelschulen«) macht deutlich, dass hier vorwiegend Elementarkenntnisse in Schreiben, Lesen und Rechnen vermittelt wurden.

DAS CHRISTENTUM UND DIE KIRCHE

Die Geschichte des europäischen Mittelalters ist ohne die Geschichte der Kirche als Institution und des Christentums als Religion nicht zu verstehen. Beides ist freilich nicht gleichzusetzen, denn die Institution Kirche spielte oft eine ganz und gar weltliche Rolle, etwa als Grundbesitzerin. Vor allem aber überschnitten sich im Mittelalter (wie auch heute noch) die Sphären des Geistlichen und des Weltlichen stark. Dies betraf das Sozialwesen genauso wie das Schulwesen und nicht zuletzt das Rechtswesen, in dem das Kirchenrecht eine starke Stellung innehatte.

Die Ausübung der christlichen Religion stand natürlich in engem Zusammenhang mit der Institution Kirche: Menschen wurden getauft, empfingen das Sakrament der Firmung, besuchten Gottesdienste, starben mit dem Beistand eines Priesters (oder empfingen zumindest die »Letzte Ölung«) und wurden auf einem kirchlichen Friedhof begraben. Sie lebten in einer Welt, die von Normen bestimmt war, auf deren Einhaltung die Kirche achtete, und sie lebten auf eine Welt hin, in der es Himmel und Hölle geben sollte.

Die Mission

Wäre das Christentum nicht fast im letzten Moment der römischen Geschichte die vom Staat bevorrechtigte Religion geworden, hätte es vielleicht nie die uns bekannte Rolle im europäischen Mittelalter gespielt. Von der Zeit Kaiser Konstantins des Großen bis zum Beginn des Zerfalls des Römischen Imperiums liegt eine Zeitspanne von rund 100 Jahren, in denen das Christentum sich religiös und kirchlich-institutionell im Staat, und das heißt vor allem in den Städten, fest verankerte und aus politischem Interesse auch verankert wurde.

Die Franken, Goten und Burgunder, die das Römische Imperium beerbten, fanden diesen Zustand vor und veränderten ihn nicht. Trotz aller Umbrüche des Frühmittelalters stellte sich eine Kontinuität in kirchlich-institutioneller wie in religiöser Hinsicht ein. Die Taufe des Frankenkönigs Chlodwig um das Jahr 500 war ein Signal dafür, dass das Christentum sich auch im Frankenreich als »Staatsreligion« etablieren sollte – ein Begriff, der eigentlich erst auf die Staaten der Neuzeit anwendbar ist.

Mit der Ausdehnung der fränkischen Herrschaft über den Rhein auf das Gebiet des heutigen Deutschlands gehörten Christentum und Kirche also schon zu den integralen Bestandteilen dieser Herrschaft, auch wenn man in der Zeit des Frühmittelalters nicht von einer planmäßigen Mission sprechen kann. Diese setzte eigentlich erst im 8. Jahrhundert und dann in der Zeit Karls des Großen ein. Eine Reihe einzelner Missionare ist zwar schon vorher nachweisbar, diese waren aber nur regional oder lokal tätig und von Irland und England aus auf den Kontinent gelangt. Zu ihnen zählte Columban, der am östlichen Rand des Frankenreichs im heutigen Südwestdeutschland tätig war. Er und andere stießen dort, wo sie das Christentum verbreiteten, häufig auf eine Bevölkerung, die zum Teil christianisiert war, aber zugleich noch stark den vorchristlichen Religionen verhaftet blieb. Die Missionare waren darum oft damit beschäftigt, ein kirchlich gebundenes Christentum zu vermitteln.

Da die Aktivitäten der frühmittelalterlichen Missionare nur durch ihre zumeist viel später verfassten Heiligenviten überliefert sind, lässt sich schwer ermessen, welchen Einfluss sie wirklich auf die Religiosität der Menschen hatten. Natürlich sind die Lebensbeschreibungen später heiliggesprochener Missionare auch Rekonstruktionen und Überhöhungen. Namen wie Emmeram von Regensburg, Rupert von Salzburg, Korbinian von Freising oder Kilian von Würzburg wurden in späteren Jahrhunderten wichtig, als es um die Verehrung von lokalen und regionalen Heiligen ging, die teilweise auch durch ein Martyrium besonders ausgezeichnet waren.

Anders verhält es sich mit Bonifatius, der später als »Apostel der Deutschen« verehrt wurde. Seine nachhaltige Wirkung entfaltete er durch den Aufbau einer Kirchenorganisation und ihren Anschluss an den Papst in Rom. Nachdem ein erster, 716 unternommener Versuch des in England aufgewachsenen Mönches, in Friesland zu missionieren, gescheitert war, ließ er sich in Rom offiziell mit der Mission

Die ersten Könige der Franken: Faramund (Theudomer), Chlodio, Merowech, Childerich, Chlodwig, Childebert und Chlothar;
französischer Bilderbogen, um 1850

beauftragen (dies sollte er noch dreimal wiederholen) und ging dann nach Thüringen und Hessen. Hier kam es 724 zu der Aktion, die das Bild des Bonifatius nachhaltig prägte: Der tatkräftige Mann fällte bei Geismar eine Eiche, die dem Donar (Thor) geweiht war und baute aus ihrem Holz eine Kapelle. Dies führte aber nicht zu Massenbekehrungen. Bonifatius' Arbeit war geprägt vom Aufbau von Klöstern und Bischofssitzen. Zentrale Rollen spielten dabei Fulda (als Kloster) und Erfurt und Würzburg (als Bischofssitze). Bonifatius selbst wurde 747 Bischof von Mainz. Die »Mission« des Bonifatius bestand nicht zuletzt in einer Reform des Kirchenwesens mit dem Ziel, die Geistlichkeit zu einem ordentlichen Lebenswandel (und somit auch zur Beachtung des Zölibats) anzuhalten. Die Bischöfe, die teilweise von Bonifatius selbst eingesetzt wurden, sollten die Amtsführung der Priester und das Leben in den Gemeinden überprüfen. Dies war ein über das gesamte Mittelalter als wichtig erachtetes Anliegen, das aber nie vollständig verwirklicht wurde.

Im Todesjahr des Bonifatius (754) trafen sich Papst Stephan II. und der fränkische König Pippin der Jüngere auf fränkischem Boden. Dies war der entscheidende Schritt zu einer Christianisierung des Frankenreichs und zum Aufbau einer flächendeckenden Kirchenorganisation, vor allem aber zur Bindung der Kirche im Frankenreich

Bonifatius fällt die Donar-Eiche bei Geismar, Farblithografie um 1900

an Rom. Zugleich wurde das Reformprogramm des Bonifatius weitergeführt. Der seit 768 als fränkischer König regierende Karl der Große wollte eine einheitliche Kirche für sein Reich – für die schon lange christianisierten Teile im späteren Frankreich und für die kaum christianisierten Territorien zwischen Rhein und Elbe. Dazu zählte auch das Land der Sachsen, ein Gebiet, das große Teile des heutigen Niedersachsens und Westfalens umfasste und von Karl erobert wurde. Die Sachsenkriege Karls des Großen werden gerne als herausragendes Beispiel einer »Schwertmission« angesehen, durch die das Christentum mit Gewalt durchgesetzt wurde. Dafür steht vor allem das »Blutgericht von Verden«, das Karl der Große im Jahre 782 bei Verden vollzogen haben soll. 4500 enthauptete Sachsen sind überliefert – eine Vergeltungsmaßnahme für einen sächsischen Hinterhalt, kein Akt der Zwangsmission. Die Opfer wurden zur Abschreckung getötet und nicht getauft.

> **Generell aber war der sächsische Widerstand auch ein Widerstand gegen das Christentum, ohne das die fränkische Macht nicht zu denken war.**

Einige Sachsen sympathisierten durchaus mit dem Christentum. Ihr Anführer Widukind ließ sich schließlich 785 taufen. Generell aber war der sächsische Widerstand auch ein Widerstand gegen das Christentum, ohne das die fränkische Macht nicht zu denken war. Die Sachsenkriege begannen 772 denn auch mit einer Symbolhandlung: Karl der Große ließ die Irminsul zerstören, ein sächsisches Heiligtum, das sich auf oder bei der sächsischen Festung Eresburg auf dem Obermarsberg befand, einem Hügel südlich von Paderborn. Anstelle ihrer errichtete man eine Kirche. Die Sachsen griffen daraufhin die südlich der Eresburg gelegenen fränkischen Stützpunkte Fritzlar und Büraburg an, wo schon Bonifatius gewirkt hatte. Die Sachsenkriege waren aus fränkischer Sicht ein Kampf zwischen Recht und Unrecht, Zivilisation und Chaos, Christentum und Heidentum – und sie dauerten über 30 Jahre. Parallel dazu verlief die Missionierung der Sachsen, für die neue Bischofssitze gegründet wurden, nämlich Paderborn, Verden und Hildesheim, die dem Erzbistum Mainz unterstellt wurden, sowie Minden, Münster, Osnabrück und Bremen, die dem Erzbistum Köln zugeordnet wurden.

Nach den Sachsen traten die nördlich und östlich der Elbe siedelnden Slawen in den Blick der expandierenden karolingischen und dann auch ottonischen Herrschaft. Als Otto der Große im 10. Jahrhundert plante, die Grenzen seines Reiches weiter nach Osten über die Elbe hin auszudehnen, war dies nicht denkbar ohne eine Ausbreitung des Christentums. Ein wichtiges Zentrum für die Ostexpansion wurde Magdeburg. Weiter östlich wurden die Bistümer Brandenburg und Havelberg gegründet, die noch durch die Bistümer Merseburg, Meißen und Zeitz ergänzt wurden. Die Slawen aber sahen diese Bischofssitze eher als Zwingburgen an und zerstörten 983 Brandenburg, Zeitz und Havelberg. Selbst ein Kreuzzug 1147 führte zu keiner tieferen Christianisierung, aber immerhin zu einer besseren Kirchenorganisation, die eine effektivere Missionierung ermöglichte. Das Christentum festigte sich hier also erst allmählich.

Auch in anderen Gegenden Deutschlands und Europas aber dürfte gegolten haben: Erst die Etablierung eines engen Netzes von Pfarrkirchen führte zur Annahme der christlichen Religion durch die Bevölkerung. Priester garantierten die Präsenz des Christentums im Alltag, durch das gottesdienstliche Leben und durch die Seelsorge, die vor allem aus der Sterbeseelsorge bestand. In den Klöstern boten Mönche und Nonnen ein Vorbild geistlichen Lebens.

Das Papsttum und die weltliche Macht

Über die römischen Bischöfe der ersten zwei Jahrhunderte ist fast nichts bekannt. Der Anspruch, dass diese Bischöfe eine besondere »päpstliche« Autorität haben sollten, bildete sich erst im 5. Jahrhundert heraus, wobei die Erhebung von Ansprüchen ja noch nicht bedeutet, dass diese auch allgemein akzeptiert wurden. Als der römische Bischof Siricius am Ende des 4. Jahrhunderts damit begonnen hatte, anderen Bischöfen schriftliche Anweisungen zu geben, hatte er zwar auf seine Autorität gepocht, doch entfalteten päpstliche Rechtsentscheide in Form der »Dekretalen« erst im Verlauf des Mittelalters ihre kirchenrechtliche Wirkung. Auf Siricius folgte Anfang des 5. Jahrhunderts Innozenz I., der behauptete (und mehr als eine Behauptung war es nicht), er sei das Oberhaupt über alle Bischöfe im Weströmischen Reich.

Der erste Bischof, dem man den Titel »Papst« wirklich beilegen könnte, war Leo I., der später »der Große« genannt wurde. Leo war der einzige Papst mit diesem ehrenvollen Beinamen neben Gregor I., der Ende des 6. Jahrhunderts amtierte. Leo erhielt 445 die Vollmacht des weströmischen Kaisers Valentinian III., die Oberaufsicht über die ganze Kirche im Westreich auszuüben. Der Kaiser führte die Petrustradition und die Würde der Stadt Rom als Begründung dafür an. Allerdings gab es für diese Vollmacht einen konkreten Hintergrund: Der Bischof der südfranzösischen Stadt Arles wollte seine

Bildnis der Päpstin Johanna mit Kind, deutscher Holzschnitt, um 1490, spätere Kolorierung

> ### Die Päpstin Johanna
>
> Die Päpstin Johanna (die je nach Variante der Erzählung auch andere Namen tragen kann) gehört in den Bereich der Fantasie, und ihre Existenz wird durch moderne Verschwörungstheorien nicht wahrscheinlicher. Sie ist eigentlich eine zeitlose Gestalt, wurde aber im 13. Jahrhundert in einer Chronik nach dem 855 gestorbenen Leo IV. angesetzt. Ein gewisser Johannes Anglicus, der in Wirklichkeit eine Frau gewesen sei, soll demnach in Rom zwei Jahre, sieben Monate und vier Tage Päpstin gewesen sein. Die Erzählung, die überhaupt erst im 13. Jahrhundert nachweisbar ist, hat verschiedene Varianten, sowohl was die Herkunft dieser Frau wie ihre Enttarnung angeht. Aufgedeckt wurde der Schwindel, darin herrscht Einhelligkeit, als sie schwanger wurde und ein Kind gebar und dann, hier gibt es wieder Varianten, starb oder vom Volk umgebracht wurde. Nach anderen Versionen konnte sie ihren Lebensabend auch in einem Kloster verbringen oder miterleben, dass ihr Sohn es zum Bischof von Ostia brachte, der sie dann auch feierlich begrub.

Macht ausweiten und hatte eigenmächtig einen Bischof abgesetzt, der prompt Leo um Unterstützung bat.

Mit kaiserlicher Rückendeckung konnte Leo dann seine Macht in Gallien festigen, während der Bischof von Arles zurückstecken musste.

Bedeutsamer als das war Leos Intervention in einem theologischen Konflikt, der den Ostteil des Reiches erschütterte. Inhaltlich ging es dabei um die Frage, wie man sich das Verhältnis von Gottheit und Menschheit in Jesus Christus vorzustellen habe. Im Spiel waren außerdem Rivalitäten zwischen dem Bischof von Alexandria und dem Bischof von Konstantinopel, und Leo sah sich zum Schlichter berufen. Seinen Bischofskollegen in Konstantinopel, immerhin der zweiten Reichshauptstadt, belehrte er über die römische Position in diesen Dingen, konnte aber erst Gehör finden, als im Ostteil des Reiches mit Markian ein neuer Kaiser auf den Thron kam, der dann ein Konzil einberief, das die Sache klären sollte. Dieses fand 451 in Chalkedon in der Nähe von Konstantinopel statt, und tatsächlich spielte die römische Position hier eine wichtige Rolle. Als allerdings die Delegierten aus dem westlichen Reichsteil abgereist waren, beschlossen die verbliebenen östlichen noch, Konstantinopel zum gleichberechtigten Bischofssitz neben Rom zu erheben. Damit begann eine Rivalität, die immer wieder zu Zerwürfnissen zwischen Ost- und Westkirche führen sollte.

Diese Rivalität trieb auch die Entwicklung des päpstlichen Selbstverständnisses voran. Der römische Bischof Gelasius I. erklärte dem oströmischen Kaiser Anastasios I. am Ende des 5. Jahrhunderts, die weltliche wie die geistliche Herrschaft seien wie zwei Schwerter von Gott verliehen, und in kirchlichen Dingen habe sich die weltliche Gewalt (der Kaiser also) der geistlichen unterzuordnen. Daraus machte sich der Kaiser in Konstantinopel zwar wenig, allerdings wurde die Theorie von den zwei Schwertern im Mittelalter immer wieder von römischer Seite ins Spiel gebracht.

Erst später, nämlich im Investiturstreit, entfaltete ein Grundsatz seine Wirkung, der auch schon früh, nämlich am Anfang des 6. Jahrhunderts, erstmals formuliert worden war: *prima sedes a nemine iudicatur* – der erste Bischofssitz (also der römische) darf von niemandem verurteilt werden. Dieser Grundsatz gehört zu den Symmachianischen Fälschungen, mit denen der nicht unangefochtene römische Bischof Symmachus seine Stellung zu befestigen versuchte. Hier wie auch in den im 9. Jahrhundert verfassten Pseudoisidorischen Dekretalen wurden kurzerhand ältere Entscheidungen römischer Bischöfe erfunden, und es wurde somit eine Traditionskette gebildet, die zu großen Teilen fiktional war. Zur Zeit des Symmachus lag Rom nach dem Untergang des Weströmischen Reiches im Reich der Ostgoten, und der Ostgotenkönig Theoderich betrachtete mit Argwohn die Aktivitäten der hier residierenden selbstbewussten Kirchenmänner.

Noch 1903 wurde von Symmachus ein Heiligenbild hergestellt.

Investitur

Die Investitur („Einkleidung") ist die Übertragung von Rechten, und sie gehört eigentlich in den Zusammenhang des Lehnsrechts. Die Übertragung einer Kirche an einen Priester durch den Grundherrn etwa geschah durch eine formelle Einsetzung, die Investitur eben. In größerem Maßstab fanden solche Akte statt, wenn der König einen neuen Bischof investierte und ihn dabei nicht nur in seine weltlichen Rechte, also den Nießbrauch am weltlichen Besitz, sondern auch in seine geistlichen Rechte einsetzte. Diese „Laieninvestitur" wurde von kirchlicher Seite aus zunehmend als Übergriff angesehen. Dies war letztlich die Grundlage des Investiturstreits, der durch das Wormser Konkordat von 1122 beendet wurde: Der Papst bzw. ein Beauftragter sollte nun durch die Übergabe von Bischofsstab und Bischofsring die geistlichen Rechte des Bischofs verleihen, der König (bzw. Kaiser) durch die Übergabe des Zepters die weltlichen Besitzrechte. Dennoch beanspruchten die weltlichen Herrscher in Europa weiterhin ein Mitspracherecht bei der Besetzung hoher kirchlicher Ämter.

Nach den Ostgoten kamen die Byzantiner: Seit 536 war Rom eine Stadt im Byzantinischen Reich, und die römischen Bischöfe mussten sich mit der Kaisermacht in Konstantinopel, aber auch mit dem dortigen Patriarchen arrangieren. Davor lag ein längeres kirchliches Zerwürfnis zwischen Rom und Konstantinopel, das von 484 bis 519 dauerte – das »Akakianische Schisma«. Konstantinopel erwartete die Zustimmung des römischen Bischofs zur Religionspolitik des Kaisers, der auf einen Ausgleich mit den Christen in Syrien und Ägypten bedacht war, die zu dieser Zeit zum Oströmischen Reich gehörten. Dieser Ausgleich sollte durch dogmatische Vereinbarungen erfolgen, denen aber der römische Bischof Vigilius nicht zustimmen wollte. Er wurde darum kurzerhand nach Konstantinopel deportiert und dort zehn Jahre lang unter Hausarrest gestellt, bis er doch noch seine Meinung änderte.

Die römischen Bischöfe waren im Frühmittelalter oft nicht mehr als byzantinische Provinzbischöfe, aber sie bauten ihre Ansprüche auf kirchliche Leitungskompetenz weiter aus. Dazu trug um das Jahr 600 Gregor der Große bei. Gregor stammte aus einer altehrwürdigen römischen Familie, die schon zwei Päpste gestellt hatte. Er organisierte den in Italien und Nordafrika weit verstreuten Landbesitz der römischen Kirche und unterstellte ihn der Aufsicht römischer Kleriker und Mönche. Dieser Landbesitz wurde zur Keimzelle des Kirchenstaates. 595 setzte Gregor die Einrichtung einer Regierungsbehörde durch, die nur mit Klerikern und Mönchen, also nicht mit Laien besetzt sein sollte. Daraus wurde die Kurie, die päpstliche Verwaltung. Gregor verfasste Tausende von Briefen an Bischöfe, Beamte, Priester und Kaiser, in denen er kirchliche Fragen regelte.

Auf Gregor folgten schwache Bischöfe in Rom, und immer noch standen die römischen Bischöfe unter der Oberaufsicht der byzantinischen Kaiser.

Zugleich wurde der sich entwickelnde Kirchenstaat von den Langobarden bedrängt, die ihr Machtzentrum in Norditalien mit der Hauptstadt Pavia hatten. Unter byzantinischer Oberherrschaft kam es dann zu einem Ereignis, das Debatten innerhalb der katholischen Kirche bis in die Neuzeit hinein auslöste: Der römische Bischof Honorius hatte um das Jahr 630 die byzantinische Politik dahingehend unterstützt, dass er eine dogmatische Formel propagierte, mit der man von Konstantinopel aus den Christen im Nahen Osten noch einmal entgegenkommen wollte. Den »Monophysiten« dort, denen so viel an einer Einheit von Gottheit und Menschheit in Jesus Christus lag, bot man einen Kompromiss an, indem man davon sprach, Gottheit und Menschheit seien zwar zu unterscheiden, sie hätten aber nur einen gemeinsamen Willen. Mit der Eroberung der im Nahen Osten liegenden Teile des Byzantinischen Reiches durch die muslimischen Araber erledigten sich alle Verständigungsversuche zwischen der byzantinischen Kaisermacht und den dort lebenden Christen. Prompt wurde die Kompromissformel zurückgezogen und ihre Anhänger – darunter auch Honorius – 680/681 posthum auf einem Ökumenischen Konzil verurteilt. In der westlichen Papstüberlieferung wurde das totgeschwiegen oder als Fälschung bezeichnet.

Allmählich emanzipierten sich die römischen Bischöfe mit ihrem päpstlichen Selbstverständnis von der byzantinischen Herrschaft. Als man vonseiten der Byzantiner den römischen Bischof Sergius maßregeln wollte, da er ein Konzil nicht anerkannt hatte, das 691/692 in Konstantinopel die Gleichrangigkeit der Bischofssitze Rom und Konstantinopel bestätigte, verteidigten ihn römische Truppen – der Bischof von Rom war zum Stadtoberhaupt geworden, das man nicht einfach entführen konnte. Sergius dehnte den Einfluss der römischen Bischöfe im Westen weiter aus. Zu einem wichtigen Mittel wurde dabei die Verleihung des Palliums, also der Erzbischofswürde: Einzelne Bischöfe wurden aufgewertet, dafür aber Rom unterstellt. Rom wollte damit direkten Zugriff auf die Kirchenorganisation in den Missionsgebieten haben.

Der nächste römische Bischof, der fast nach Konstantinopel verschleppt worden wäre, war Gregor II. Er sollte von Konstantinopel aus gezwungen werden, der Verurteilung der Ikonenverehrung zuzustimmen, also im »Bilderstreit« Stellung zu beziehen, der 726 begonnen hatte. Das tat er auch, freilich nicht im Sinne der Byzantiner. Auch hier traten römische Truppen als Verteidiger auf. Gregor II. schrieb dem byzantinischen Kaiser Leon III. zwei Briefe, die sein staatskirchliches Programm enthielten: Wie Gelasius I. unterschied er die weltliche und die geistliche Gewalt und kritisierte den Kaiser, weil dieser auch die geistliche Gewalt an sich ziehen wolle. Von Byzanz aus bedrängt, erweiterte Gregor II. seinen Einfluss im Westen, indem er Bonifatius offiziell als Missionsbischof aussandte.

Es war dann Bischof Zacharias, der in der Mitte des 8. Jahrhunderts eine politische Neuorientierung für die römischen Bischöfe einleitete, die sie letztlich erst zu Päpsten machte. Zacharias unterstützte nicht nur die Missionsarbeit des Bonifatius, sondern schloss ein Bündnis mit den Herrschern des Frankenreiches – den Pippiniden, aus denen die Karolinger wurden. Schon längere Zeit gab es einen Konflikt zwischen den merowingischen Königen und ihren Hausmeiern über die Macht im Frankenreich, bei dem die Merowinger immer weiter an Boden verloren. Zacharias erkannte Pippin den Jüngeren, den Sohn Karl

Skulptur Pippins des Jüngeren auf der Mainbrücke in Würzburg

Martells, als legitimen Herrscher mit dem Argument an, derjenige solle König sein, der wirklich die Macht habe. Damit war eine Möglichkeit gegeben, dem langobardischen Zugriff auf Rom zu entgehen (inzwischen hatten die Langobarden die Byzantiner verdrängt), indem der Papst das Frankenreich als Bündnispartner gewann – allerdings gab es keine Garantie, dass dieses Vorhaben gelingen würde. Stephan II., der Nachfolger des Zacharias, befestigte das Bündnis mit den Franken, indem er sich 754 mit Pippin im Frankenreich traf. Dieser sah in Stephan den Nachfolger des Heiligen Petrus. Es war also nicht Stephan in Person, sondern die Institution des Papsttums, die hier als Bündnispartner auftrat. Pippin schenkte Stephan und eigentlich dem Petrus ehemals byzantinische Gebiete in Mittelitalien, bevor diese überhaupt von den Langobarden befreit waren. Diese »Pippinsche Schenkung« war vermutlich der Anlass für die spätere Legende von der Konstantinischen Schenkung, der zufolge Kaiser Konstantin dem Bischof von Rom (dem Papst also nach späterem Verständnis) im Jahr 315 die Hälfte seines Reiches geschenkt habe – eine Geschichte, die schon im Mittelalter niemand richtig ernst nahm. Stephan II. jedenfalls warf sich vor Pippin in den Staub und bat ihn um Hilfe vor den Langobarden. Er ernannte den Karolinger zum *Patricius Romanorum* und erkannte ihn somit als Herrscher über Rom an. Stephans Nachfolger Paul, der sein leiblicher Bruder war, zeigte seine Wahl Pippin und nicht mehr dem Kaiser in Konstantinopel an. Pippin wiederum trug ihm die Patenschaft für seine Tochter Gisela an. So kam es zu einer geistlichen Verwandtschaft zwischen Papst und fränkischem König.

774 besiegte dann Pippins Sohn Karl der Große die Langobarden und wurde damit tatsächlich der Schutzherr Norditaliens und Roms. Auch zwischen ihm und einem römischen Bischof – der nun als Papst anzusprechen war – kam es zu einer geistlichen Verwandtschaft, denn Hadrian I. taufte Karls Sohn Pippin und wurde dessen Pate. Für die Päpste zahlte sich die fränkische Schutzherrschaft aus: Nachdem Leo III. von innerrömischen Feinden überfallen worden war, reiste er nach Paderborn und bat Karl um Hilfe. Karl kam 800 nach Rom, ließ die Gegner Leos verhaften und die Vorwürfe gegen sie untersuchen. Ob gegen den Willen Karls, wie sein Biograph Einhard berichtet, oder geplant: Leo III. krönte Karl am Weihnachtstag zum Kaiser. Damit war dem byzantinischen Kaisertum ein abendländisches entgegengestellt und der politische Anspruch Konstantinopels genauso wie der kirchliche in die Schranken verwiesen. Allerdings handelten sich die Päpste damit eine erhebliche Verstärkung des fränkischen Vormachtanspruchs über Italien ein.

In den folgenden Jahrhunderten folgten wie in denen davor starke Päpste auf schwache. Die Beziehungen zum Frankenreich waren eng und doch immer wieder gespannt. Mit der Teilung des Frankenreiches im Jahre 843 unter die drei Söhne

Kaiser Ludwigs des Frommen wurde eine geschickte päpstliche Politik nötig, um in allen drei neu entstandenen Reichen Einfluss zu gewinnen. Die Päpste beharrten auf dem Recht der Kaiserkrönung, und ihr territorialer Besitz, also die Keimzelle des Kirchenstaats, wuchs durch Schenkungen an. Adel, Klerus und Volk der Stadt Rom wollten die Papstwahl immer gerne unter sich ausmachen, aber die fränkischen Könige versuchten, ihre Vorstellungen durchzusetzen.

In der Mitte des 9. Jahrhunderts amtierte mit Nikolaus I. wieder ein besonders macht- und amtsbewusster Papst.

Inzwischen hatten die Pseudoisidorischen Dekretalen mit ihren angeblichen Zitaten älterer Papstentscheidungen ihre Wirkung entfaltet. Damit konnte Nikolaus vor allem innerkirchliche Konkurrenten in die Schranken verweisen, so auch Hinkmar von Reims, einen Erzbischof, der faktisch als Papst des neu entstandenen westfränkischen Reiches amtierte. Nikolaus I. sah sich als Stellvertreter Gottes auf Erden, als Nachfolger des Petrus mit göttlichem Auftrag. Jeden Einfluss weltlicher Herrscher, ob im Osten oder im Westen, auf kirchliche Belange lehnte er ab. Die geistliche und die weltliche Sphäre sollten streng geschieden sein. Allerdings war darin wieder der Gedanke eingeschlossen, dass die weltlichen Amtsträger sich in entscheidenden Fragen der Kirche und somit dem Papst unterzuordnen hätten.

Ansonsten war man in Rom sehr mit sich selbst beschäftigt. Die Papstwahl wurde zum Spielball regionaler italienischer und stadtrömischer Interessen, und viele Päpste amtierten nur kurze Zeit. Das mündete dann in das *Saeculum obscurum*, das dunkle Zeitalter des Papsttums im 10. Jahrhundert. Mit Otto dem Großen betrat ein Herrscher die politische Bühne, der die römischen Verhältnisse unter seine Kontrolle bringen wollte. Das war freilich nur gegen heftige Widerstände möglich. Als Johannes XII. Otto 962 zum Kaiser gekrönt hatte, kam es sofort wieder zum Zerwürfnis, und Otto vertrieb den Papst 963 aus Rom. Ottos Enkel Otto III. versuchte dadurch Ordnung zu schaffen, dass er einen deutschen Adligen 996 zum Papst wählen ließ, nämlich Gregor V., der aber wiederum keinen Rückhalt beim römischen Klerus und Adel hatte. Die Verhältnisse blieben instabil.

Im 11. Jahrhundert gewannen die Päpste erneut an Selbstbewusstsein. Gregor VII., der mit bürgerlichem Namen Hildebrand hieß, bildete im Investiturstreit den Widerpart Kaiser Heinrichs IV. Sein Machtbewusstsein wird schon durch den *Dictatus Papae* dokumentiert, ein programmatisches Schriftstück,

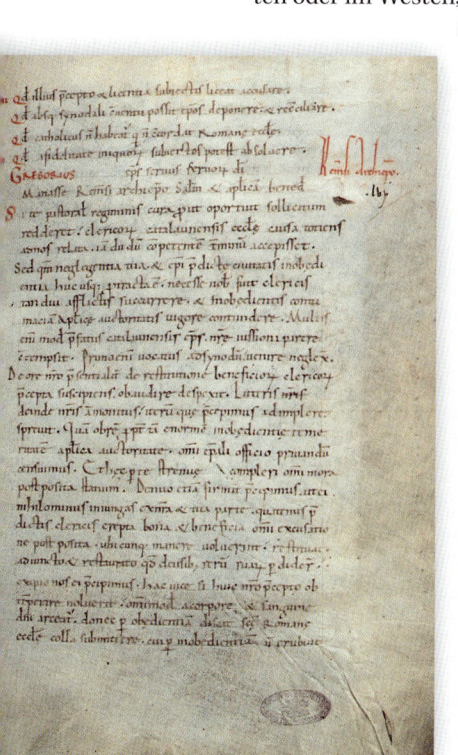

Die 27 Leitsätze Papst Gregors VII., der *Dictatus Papae*

das zwar nur eine private Liste von Leitsätzen ist, aber dennoch den Machtanspruch Gregors klar benennt. Zu diesen Leitsätzen gehörte, dass nur der Papst Bischöfe ein- und absetzen könne, nur er den Kaiser krönen und auch absetzen dürfe und niemand über ihn richten dürfe. Das war die Grundlage für den Investiturstreit. König Heinrich IV., gewarnt durch vorhergehende Konflikte um das Erzbistum Mailand, wollte solche universalen Ansprüche nicht gelten lassen und ließ auf einer Synode in Worms im Januar 1076 durch die deutschen Bischöfe Hildebrand, den »falschen Mönch«, für abgesetzt erklären. Heinrich beklagte sich darüber, dass Hildebrand sich anmaße, über die Königs- und Kaisermacht zu verfügen, die doch von Gott und nicht vom Papst stamme.

»2. Dass allein der römische Papst mit Recht universal genannt wird.
3. Dass er allein Bischöfe absetzen und wieder einsetzen kann.
[...] 12. Dass es ihm erlaubt ist, Kaiser abzusetzen.
[...] 17. Dass kein Rechtssatz und kein Buch ohne seine Autorisierung für kanonisch gilt.«

(aus dem Dictatus Papae)

Der Gegenschlag folgte sofort: Im Februar 1076 ließ Gregor VII. Heinrich IV. unter Anrufung des Heiligen Petrus von einer römischen Synode für amtsenthoben erklären. Die Untertanen Heinrichs entband er von ihrem Treueid. Damit war Heinrich in einer prekären Situation, war er doch auf die Unterstützung der Bischöfe und der anderen Fürsten angewiesen. Nun erwuchs Heinrich in seinem Schwager Rudolf von Schwaben ein Konkurrent, der seinerseits und mit päpstlicher Rückendeckung auf die Königswürde spekulierte. Die Fürsten erklärten, sie würden einen neuen König wählen, wenn Heinrich nicht bis zum Februar 1077 die Aufhebung seiner Exkommunikation und Amtsenthebung erreichen würde. Sie baten Gregor VII., nach Augsburg zu kommen, um die Sache mitzuentscheiden. Heinrich IV. musste handeln, und er tat es, indem er sich im Januar 1077 als bußfertiger Sünder über die Alpen nach Rom aufmachte. Gregor VII., der seinerseits schon auf dem Weg nach Augsburg war, kam ihm allerdings entgegen, und so trafen sich die beiden auf der Burg Canossa in Norditalien, wo König Heinrich vor dem Papst Buße tat und so die päpstliche Vergebung geradezu erzwang – einen ernsthaften Büßer musste man nach mittelalterlicher Vorstellung erhören. Der König hatte durch seinen Bußakt zwar in religiöser Hinsicht das Richtige getan, doch trieb Gregor VII. ein Doppelspiel, indem er weiterhin Rudolf von Schwaben unterstützte und auch behauptete, der Bußakt von Canossa beträfe nur die Wiederaufnahme in die Kirchengemeinschaft, nicht die Wiedereinsetzung in die Königswürde. Tatsächlich wurde Rudolf von Schwaben im März 1077 von den deutschen Fürsten zum König gewählt. Heinrich aber konnte seine Macht in den nächsten Jahren wieder festigen; 1080 fiel Rudolf im Kampf gegen Heinrich. Im selben Jahr ernannte Heinrich seinen persönlichen Vertrauten, den Erzbischof Wibert von Ravenna, zum Gegenpapst. Dieser nannte sich nun Clemens III. Erst 1084 aber konnte Heinrich IV. nach mehreren Belagerungen in Rom einziehen, Clemens III. durch herbeigerufene Bischöfe einsetzen und sich selbst zum Kaiser krönen lassen. Gregor VII. wurde 1084 bei der Eroberung Roms in der Engelsburg eingeschlossen, konnte aber mit Hilfe der Normannen entkommen und starb dann in Salerno.

Das Papsttum konnte insgesamt vom Investiturstreit für eine gewisse Zeit profitieren, allerdings hingen seine politischen Erfolge sehr stark von den jeweiligen Amtsinhabern ab. Ein bedeutender Papst in der Folgezeit war Eugen III., der in der Mitte des 12. Jahrhunderts amtierte. Mit dem großen Zisterziensertheologen Bernhard von Clairvaux war Eugen gut bekannt, und Hildegard von Bingen schrieb an ihn, um ihre Mystik päpstlich beglaubigen zu lassen. Die Bekanntschaft mit dem streitbaren Zisterzienser Bernhard begünstigte auch die Ausrufung des Zweiten Kreuzzugs durch Eugen III.

Rund 50 Jahre nach Eugen III. amtierte eine der herausragendsten Papstgestalten des Mittelalters: Innozenz III. Er legte sich als erster Papst den Titel *Vicarius Christi*, also Stellvertreter Christi, bei. Innozenz war ein gelehrter Mann, der in Paris Theologie und in Bologna Rechtswissenschaft studiert hatte. 1215 hielt er das IV. Laterankonzil ab, das nicht zuletzt für die mittelalterliche Sakramentstheologie wichtig wurde: Seither galt die Transsubstantiationslehre, nach der die Abendmahlselemente zwar ihre äußere Erscheinung (Brot und Wein) behalten, aber ihre Substanz, also ihr inneres Wesen, verändern und so zu Leib und Blut Christi werden. In politischer Hinsicht profitierte Innozenz von der Schwäche der deutschen Kaisermacht. Umso mehr machte den Päpsten dann Friedrich II. zu schaffen, der letzte deutsche Herrscher aus der Dynastie der Staufer. Er verweigerte, als er als König anerkannt war, immer wieder den Gehorsam. So kam es auch nie zu dem Kreuzzug, mit dem die auf Innozenz III. folgenden Päpste Friedrich beauftragen wollten. Was stattfand, war eher eine diplomatische Reise unter militärischem Schutz, durch die Friedrich aber mehr erreichte, als durch einen »echten« Kreuzzug möglich gewesen wäre: Von 1229 bis 1244 kam Jerusalem durch einen Vertrag zwischen dem Kaiser und dem Sultan Al-Kamil noch einmal unter die Herrschaft eines christlichen Oberhauptes, denn Friedrich konnte sich zum König von Jerusalem krönen lassen. Außerdem vergrößerte Friedrich II. seinen Territorialbesitz in Italien und brachte so den Kirchenstaat in Bedrängnis. 1250 starb er als Exkommunizierter.

Papst Innozenz III. bestätigt die Ordensregel des Franz von Assisi, Fresco von Giotto, um 1295, Ausschnitt

Den Gipfel erreichte die Anspruchshaltung der Päpste rund 100 Jahre später durch Bonifaz VIII. Auch er konnte sich eine Schwächung der deutschen Königs- und Kaisermacht zunutze machen. Umso heftiger war sein Konflikt mit dem französischen König Philipp IV. (Philipp dem Schönen). Dieser hatte wegen seines Krieges mit England eine Sondersteuer erhoben, der auch der Klerus in Frankreich unterlag. Dagegen protestierte Bonifaz VIII. und formulierte 1302 in der Bulle *Unam Sanctam* seine grundsätzliche Auffassung vom Verhältnis geistlicher und weltlicher Gewalt. Während bei Gelasius I. die beiden Schwerter der geistlichen und der weltlichen Gewalt direkt von Gott verliehen wurden, war es für Bonifaz VIII. der Papst, der das weltliche Schwert verlieh. Weit kam er mit diesem Anspruch nicht: 1303 wurde er von innerrömischen Gegnern überfallen und starb bald darauf – noch bevor er Philipp IV. exkommunizieren konnte. Seine Nachfolger schlugen einen Frankreich-freundlichen Kurs ein, und Papst Clemens V., bis zu seiner Wahl Erzbischof von Bordeaux, verlegte 1309 sogar seinen Amtssitz nach Avignon. 1311/12 wurde ein großes Konzil in Vienne inszeniert, das den Umschwung dokumentieren sollte. Hier wurden die Templer, ein geistlicher Ritterorden, der sich im Heiligen Land Verdienste erworben hatte, der Häresie, des Götzendienstes und der Sodomie, also der Homosexualität, angeklagt. Ihr Besitz wurde beschlagnahmt und vom französischen Adel, nicht unwesentlich natürlich auch vom französischen König, vereinnahmt. Den ein knappes Jahrzehnt zuvor verstorbenen Bonifaz VIII. verurteilte das Konzil als Ketzer.

Damit begann die Zeit der Päpste in Avignon, von der bis heute der riesige Papstpalast in der südfranzösischen Stadt zeugt. Nachdem die Macht der französischen Könige erneut durch die der deutschen Kaiser überholt worden war, zog Papst Gregor XI. 1377 wieder nach Rom. Damit provozierte er allerdings eine Spaltung des Kardinalskollegiums, denn keineswegs alle Kardinäle (die meisten waren Franzosen) wollten diesen Schritt mitvollziehen.

Der Papstpalast dominiert Avignon seit dem Mittelalter. Kupferstich des 17. Jahrhunderts

Die Folge war ein Papstschisma: Die in Avignon verbliebenen Kardinäle wählten ihren eigenen Papst. Damit gab es zwei Päpste und für die Herrscher in Europa die Frage, welchem sie sich unterstellen sollten, denn ganz ohne Papst schien es nicht zu gehen. Die Lösung dieses Problems war eine wesentliche Aufgabe für eine Bewegung, die auf eine Reform der Kirche »an Haupt und Gliedern« zählte, also nicht zuletzt beim Haupt, dem Papst, ansetzen wollte.

Spätmittelalterliche Kirchenreform

Der Ruf nach einer Besserung des kirchlichen Lebens, also letztlich nach Reformen, durchzog das gesamte Mittelalter und war Thema auf vielen Synoden und Ökumenischen Konzilien. Dass Priester mangels einer geregelten Ausbildung ungebildet waren, dass der Zölibat gebrochen wurde, dass Geistliche sich mit weltlichen Geschäften und der Jagd befassten, dass sie Pfründen, also kirchliche Einnahmequellen, anhäuften, zu viel tranken und den Luxus liebten, wurde immer wieder angesprochen. Die vier Konzilien, die 1123, 1139, 1179 und 1215 in Rom im Lateran tagten, waren unter anderem damit befasst, ohne dass sie einer Lösung näherkamen. Nach dem Investiturstreit waren die Konzilien vom Papst dominierte Versammlungen, auf denen auch Politik gegenüber der weltlichen Gewalt gemacht werden sollte.

Die Konzilien von Lyon (1245 und 1274) und Vienne (1311/12) hatten es mehr mit anderen Themen zu tun, aber auch hier spielte die Geistlichkeit als Reformobjekt eine Rolle: In Lyon wurde 1274 die Residenzpflicht der Kleriker eingeschärft: Bischöfe hatten also bei ihrer Kathedrale, Pfarrer bei ihrer Kirche zu wohnen. Wieder einmal wurde auch die Ämter-, also Pfründenhäufung untersagt. Visitationen sollten von den Bischöfen nicht zur Ausplünderung der Gemeinden missbraucht werden. Ämter sollen schnell wieder besetzt werden, um sie nicht einem Dauerstreit zwischen verschiedenen Interessenten auszusetzen. In Vienne wurde von französischer Seite aus eine Reform des Papsttums und eine Einschränkung seiner Macht verlangt – eine deutliche Reaktion auf die Ambitionen von Bonifaz VIII.

Angesichts des Papstschismas, also des Doppelpapsttums in Rom und Avignon, wurde die Wiedervereinigung des Papsttums zur Hauptfrage einer Kirchenreform. Diesem Projekt sollte ein Konzil dienen, das 1409 nach Pisa einberufen wurde. Hier vereinigten sich immerhin Teile der beiden Kardinalskollegien, und tatsächlich wurde die Absetzung der beiden amtierenden

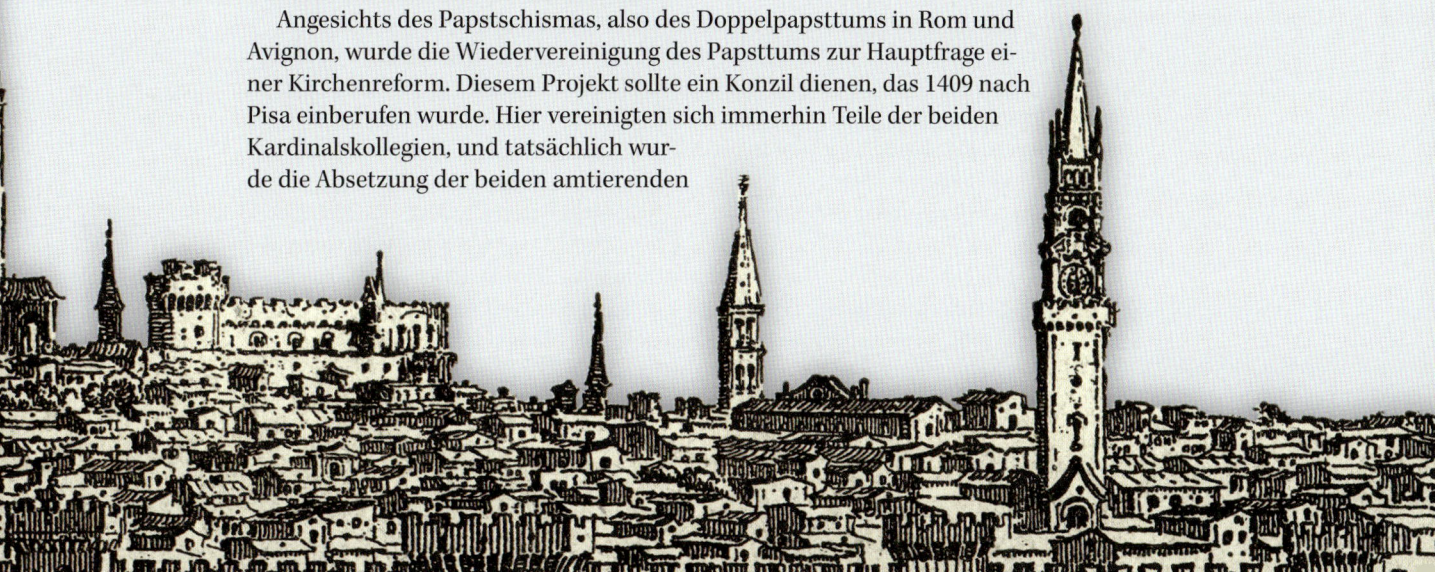

Päpste ausgesprochen, nachdem sie zu Häretikern erklärt worden waren. Damit stellte sich nun die Frage, wer den einen, neuen Papst wählen sollte, und dieses Recht beanspruchten die Kardinäle gegen das Konzil. Schon seit dem 11. Jahrhundert lag das Recht der Papstwahl bei den höchsten kirchlichen Würdenträgern nach dem Papst, und zuletzt war es ihnen auf dem II. Konzil von Lyon 1274 bestätigt worden: Die Kardinäle hatten demnach zehn Tage nach dem Tod eines Papstes zusammenzutreten. Sie wurden in einer Klausur eingeschlossen, dem Konklave. Nach drei Sitzungstagen sollten die Essensrationen vermindert und nach acht Tagen auf Wasser und Brot reduziert werden. Gewählt wurde in Pisa jedenfalls Alexander V. Das Problem wäre damit gelöst gewesen, wenn nicht die beiden Päpste Gregor XII. und Benedikt XIII. ihre Absetzung durch das Konzil schlichtweg ignoriert hätten. So gab es nun statt zwei gleich drei Päpste. Alexander V. starb schon 1410, und sein Nachfolger wurde Johannes XXIII.

Als letzte Hilfe blieb nur noch die weltliche Macht.

Der deutsche König und spätere Kaiser Sigismund ergriff die Initiative und kooperierte vorerst mit Papst Johannes XXIII. Er lud auf das Jahr 1414 zu einem Konzil nach Konstanz ein. Die Spaltung der Kirche hatte sich inzwischen tiefgreifend auf das kirchliche Leben ausgewirkt, und es schien angebracht, neben der Heilung des Schismas endlich eine grundlegende Kirchenreform in Gang zu setzen. Die Abdankung der drei amtierenden Päpste war ein Problem, aber durch die Wahl von Martin V. im Jahre 1417 und dessen Anerkennung durch die weltlichen Mächte wurden diese faktisch funktionslos und verloren somit auch an Rückhalt in der Kirche. Benedikt XIII. verstarb auch schon kurz nach dem Konzil.

An den Päpsten allein hing die Lösung des Problems ohnehin nicht mehr, denn die Krise hatte unterdessen bei vielen Theologen und Kirchenmännern zu der Auffassung geführt, das Konzil sei die eigentliche kirchenleitende Institution. Es war dann ja auch das Konzil, das mit Martin V. einen neuen Papst wählte, nicht die Kardinäle. Der »Konziliarismus« brachte es mit sich, dass das Konzil sich als Repräsentantin der ganzen Kirche verstand. Über dem Konzil stehe nur Gott und nicht der Papst; der Papst hatte dem Konzil Gehorsam zu leisten. Man wollte nun eine Kirchenreform ohne Papst und Kardinäle und eine Institutionalisierung der Konzile, die in regelmäßigen Abständen tagen sollten.

So kam es 1431 zu einem erneuten Konzil, das in Basel tagte. Kaum dass das Konzil, das noch von Martin V. einberufen worden war, zusammengetreten war, widerrief Martins Nachfolger Eugen IV. schon die Einberufung und lud zu einer Konkurrenzveranstaltung nach Bologna ein. Das Konzil von Basel aber sah sich in einer Folge mit dem Konstanzer Konzil und wollte die dort ungelöst gebliebenen Probleme bearbeiten. Die Reform an Haupt und Gliedern wurde gleich in der ersten Sitzungsperiode des Konzils thematisiert. So wurde im Verlauf der Tagungen der Kauf kirchlicher

Ämter verboten, und es durfte im Zusammenhang mit der Übernahme von kirchlichen Ämtern kein Geld mehr nach Rom fließen. Damit wurden die Einkünfte des Papstes radikal eingeschränkt und die Finanzierung der Kurie vom Wohlwollen des Konzils abhängig gemacht. Viele Reformanliegen waren nicht neu und ihre Durchsetzung genauso wenig möglich wie zuvor. Letztlich aber scheiterte das ganze Konzil und mit ihm der Konziliarismus. Papst Eugen IV. gelang es nämlich Anfang 1438, ein Konkurrenzkonzil in Ferrara zu etablieren und die Initiative an sich zu ziehen – ein riskanter Schachzug, der aber glückte, weil viele prominente Konzilsteilnehmer nun nach Ferrara gingen und weil mit dem Tod des deutschen Kaisers und Königs Sigismund 1437 auch ein wesentlicher politischer Rückhalt für den Konziliarismus wegfiel. Zwar tagte das Konzil von Basel weiter und wählte 1439 auch einen Gegenpapst, der aber 1449 sein Amt von sich aus niederlegte. Das Konzil von Basel löste sich auf.

Die Pläne für eine Kirchenreform wurden auf dem Konzil von Trient (1545–1563) wieder aufgenommen und hier entschiedener als im Mittelalter betrieben, allerdings waren auch die tridentinischen Reformen nicht wirklich durchgreifend. Letztlich waren sie eine Antwort auf die Reformation, die viele Missstände beendete, indem sie die Geistlichen zu Bürgern machte, die kirchliche Vermögensanhäufung beendete und vor allem die kirchliche Hierarchie mit dem Papst an der Spitze beseitigte. Ebenso machte die Reformation einer Institution ein Ende, die auch immer wieder Reformen unterzogen wurde, dem Mönchtum nämlich.

Das Mönchtum

Die Benediktiner waren der Ursprung eines in Orden organisierten Mönchtums in Westeuropa – eine vergleichbare Erscheinung ist in den Ostkirchen nicht zu finden, und auch in der christlichen Antike gab es keine Orden. Benedikt von Nursia, Gründer eines Klosters auf dem Monte Cassino im Jahr 529, kam zu Prominenz durch seine Regel und durch die Lebensbeschreibung Gregors des Großen, der dem sonst völlig unbekannten Benedikt überhaupt dazu verhalf, eine Gestalt der Kirchengeschichte zu werden. Mönchsregeln gab es in der Spätantike und im Frühmittelalter einige, aber die Benediktsregel war es, die sich aufgrund der Kirchenpolitik Karls des Großen letztlich als Norm durchsetzte. Ohne Karl bzw. seinen Nachfolger Ludwig den Frommen hätte nicht nur die Regel, sondern auch der Orden

Majestätisch thront die Benediktinerabtei auf dem Monte Cassino.

Bernhard von Clairvaux umarmt den gekreuzigten Christus, Nürnberg 1487

selbst kaum solche Wirkung entfaltet, wie dies im Mittelalter der Fall war, denn das gesamte Mönchtum im Frankenreich wurde nach der Benediktsregel ausgerichtet. Aus den Klöstern kam ein großer Teil des Nachwuchses für die Elite des Reiches, und die Klöster mit ihren sozialen Einrichtungen und ihren Schulen dominierten das kirchliche Leben.

Das ganze Mittelalter hindurch zieht sich der Versuch, nicht nur das kirchliche, sondern auch das klösterliche Leben wieder zu seinen ursprünglichen Zuständen zurückzuführen. Dies scheiterte hier wie dort. Im Klosterleben waren es zuerst die Mönche von Cluny, die zurück zu den Ursprüngen wollten. Der Benediktsregel wurde das Grundprinzip »Bete und arbeite« zugeschrieben (das sich wörtlich in ihr nicht findet), in Cluny ging es vorwiegend um das Beten. Dieses Kloster wurde 910 durch Herzog Wilhelm I. von Aquitanien gegründet. Es erhielt große Freiheiten, da es direkt dem Papst und nicht dem eigentlich zuständigen Bischof unterstellt wurde. Außerdem durften die Mönche ihren Abt frei wählen. Das Beten bekam bald eine eigene Dynamik, denn die Mönche widmeten sich vor allem dem liturgischen Totengedenken, also den Seelenmessen. Das Kloster wuchs und mit ihm auch die Klosterkirche, die vor dem Bau der Peterskirche die größte der Welt war. Cluny bildete in seiner besten Zeit den Mittelpunkt eines Netzwerks von Klöstern, die in ihrer Mutterabtei ein Vorbild sahen. Ein ähnliches Anliegen wie die Mönche von Cluny hatten die des lothringischen Klosters Gorze, das ebenfalls ein Netzwerk mit anderen Klöstern bildete.

Eher auf das Ideal der Arbeit ausgerichtet waren die Zisterzienser, deren Ursprungskloster das burgundische Cîteaux ist. Von hier aus wurden viele andere Klöster gegründet. Die bedeutendste dieser Gründungen war 1115 das Kloster Clairvaux, das durch seinen Abt Bernhard von Clairvaux besonders bekannt wurde. Den Zisterziensern wird gern ein wichtiger Beitrag zur Urbarmachung bisher unbesiedelten Landes zugeschrieben, was so nicht immer stimmt, da die neu gegründeten Zisterzienserklöster manchmal an schon bestehenden Straßen lagen oder durch die Zisterzienser von anderen Orden übernommen wurden. Die einfach gehaltenen Zisterzienserklöster liegen aber auch heute noch oft in abgelegenen Gebieten. Sehr schnell entwickelte sich im 12. und 13. Jahrhundert durch Tochtergründungen ein dichtes Netz von Ansiedlungen der Zisterzienser in Europa.

Die Bettelorden, vor allem die Franziskaner und Dominikaner, stellten dann im 13. Jahrhundert einen Versuch dar, durch das Leben in Armut ein christliches Ideal zu praktizieren, das man bis auf die Apostel zurückführen konnte. Franz von Assisi war eigentlich eher wider Willen zum Gründer eines richtigen Ordens geworden. Der charismatische Franziskus hätte genauso gut zum Ketzer werden können, wenn die von ihm ausgehende Bewegung nicht vom Papst anerkannt worden wäre. Die Predigt von Laien, also Nichttheologen, und der Ruf nach apostolischer Armut passte zwar nicht zur kirchlichen Wirklichkeit seiner Zeit, aber die von Franziskus initiierte Bewegung ließ sich auch kirchlich nutzen, nicht zuletzt, um das kirchliche Leben in den Städten zu intensivieren und die Kirche wieder glaubwürdiger werden zu lassen. Tatsächlich gingen die Franziskaner in vielen Städten tatkräftig daran, zu predigen, seelsorgerlich zu arbeiten und sich um die Armen zu kümmern. Der Predigt vor allem widmete sich der »Predigerorden«, der dann nach seinem Gründer Dominikus als Dominikanerorden bezeichnet wurde. Dominikus war anders als der Kaufmannssohn Franziskus ein gebildeter Theologe und Priester. 1216 wurde der Dominikanerorden von Papst Honorius III. bestätigt, 1223 der Franziskanerorden.

Franz von Assisi

Franziskus (Franz) von Assisi wurde 1181 (oder 1182) geboren und wuchs in einer durchaus wohlhabenden Familie auf – der Vater war Tuchhändler, die Familie konnte sich zur städtischen Oberschicht von Assisi zählen. Pubertäre Entgleisungen – man trank und feierte – gipfelten in der Teilnahme an einem Kleinkrieg gegen die Nachbarstadt Perugia, bei dem Franziskus in Gefangenschaft geriet. Das war für den rund 20-Jährigen der Beginn einer Lebenswende, ähnlich wie Martin Luther sie 1508 erleben sollte, als er in einem Gewitter um sein Leben fürchtete. Halt und Sicherheit schienen nur Gott und die Kirche zu bieten, und die Folge war wie bei Luther ein schwerer Konflikt mit dem Vater, der sich für seinen Sohn eine bürgerliche Karriere wünschte. Franziskus aber wurde Einsiedler und Wanderprediger. Rasch schlossen sich ihm Gleichgesinnte an, und rief er eine Bewegung ins Leben, die sich schnell vergrößerte und zu einem päpstlich anerkannten Orden anwuchs. Franziskus selbst wählte letztlich wieder den Weg der Einsiedelei und starb bereits hochverehrt im Jahre 1226. Nicht einmal zwei Jahre nach seinem Tod wurde er heiliggesprochen.

DAS BYZANTINISCHE REICH

Über die gesamte Zeitspanne, die das westeuropäische Mittelalter ausmacht, hatte das Byzantinische Reich Bestand. Durch die – zwar nicht erste, aber endgültige – Teilung des Römischen Reichs im Jahr 395 entstanden zwei Teilimperien, von denen das westliche in die neuen und sich über Westeuropa ausbreitenden Reiche überging und das östliche einen eigenen, ebenfalls von Wandel geprägten politischen und kirchlichen Stellenwert erlangte. Kennzeichnend dafür wurde die enge Allianz zwischen Kaiser und Kirche, die in Byzanz der Patriarch von Konstantinopel repräsentierte. Diese Allianz lässt sich nur schwer mit den Verhältnissen in Westeuropa vergleichen. Das Papsttum in Rom war insgesamt unabhängiger, allerdings nur phasenweise, denn über weite Strecken der mittelalterlichen Geschichte war es abhängig von wechselnden politischen Kräften – vor allem vom stadtrömischen Adel und vom Kaiser. Einen Investiturstreit gab es in Byzanz aber nie, vielmehr eine »Symphonie« von Kaiser und Kirche, die sich bis heute auf die Rolle der orthodoxen Kirchen in Osteuropa auswirkt.

Konstantinopel

Konstantinopel war nicht nur das politische und kirchliche Zentrum des Byzantinischen Reiches, sondern in Kriegszeiten oft genug der territoriale Rest dieses Reiches, wenn große Teile des Landes schon Feinden in die Hände gefallen waren: Solange Konstantinopel standhielt, gab es auch das Reich – bis 1453 mit der Stadt als letztem Rest alter Herrlichkeit auch das Reich an die Osmanen fiel. Konstantinopel bildete bis dahin einen Mikrokosmos, in dem Politik und Religion eng verwoben waren und Kaiser, Patriarch und Volk ihre Interessen zur Geltung brachten.

Auch wenn die Siedlungsgeschichte schon weit vor dem 4. Jahrhundert beginnt (hier lag eine Stadt mit Namen Byzantion, die dann dem Reich den Namen gab), fängt die glanzvolle Geschichte Konstantinopels doch erst mit Kaiser Konstantin an, der der Stadt auch ihren Namen gab (dies war seit Alexander dem Großen unter antiken Herrschern nicht unüblich) und sie neu gründete. Konstantinopel, mit dessen Bau 324 begonnen wurde, sollte der Gegenpol zur westlichen Hauptstadt Rom werden. Und so stattete man die neue Metropole, die 330 eingeweiht wurde, auch mit prachtvollen Bau- und Kunstwerken aus. Konstantin wurde viel architektonische Symbolpolitik zugeschrieben, die tatsächlich erst seine Nachfolger betrieben. Die Stadt erhielt unter ihm einige christliche Kirchen, etwa die Apostelkirche und die Irenenkirche. Er beauftragte auch den Bau einer Hagia Sophia; der heutige Bau gleichen Namens stammt allerdings aus der Zeit Kaiser Justinians, also aus dem 6. Jahrhundert. Als Konstantin 337 starb, ließ er sich in Konstantinopel in der Apostelkirche im Kreise von zwölf leeren Gräbern bestatten, die die Gräber der zwölf Apostel symbolisieren sollten. Die Kirche zerstörten die Osmanen nach ihrer Eroberung Konstantinopels und bauten an ihrer Stelle eine Moschee, in der der Eroberer Konstantinopels, Mehmet Fatih, begraben ist. Für die Öffentlichkeit hatte das Hippodrom, die Pferderennbahn, eine größere Bedeutung. Es bildete zusammen mit dem kaiserlichen Palast und der Hagia Sophia eine bauliche Einheit: Hier versammelte sich das Volk, hier zeigte sich der Kaiser der Öffentlichkeit.

Auf einer Landzunge gelegen war Konstantinopel weithin vom Meer aus sichtbar. Eine Erweiterung der Siedlungsfläche wurde schon bald aufgrund der steigenden Einwohnerzahlen nötig. Kaiser Theodosius II. ließ zu Beginn des 5. Jahrhunderts jene gewaltige Stadtmauer errichten, die noch heute zu großen Teilen sichtbar ist und Konstantinopel über 1000 Jahre vor Einnahmen schütze. Zur Zeit des Mauerbaus dürften schon über 100 000 Personen in der Stadt gelebt haben, im weiteren Verlauf der Geschichte zeitweise sogar 500 000, allerdings war die Einwohnerzahl sehr von den inneren und äußeren Verhältnissen des Reiches abhängig: In Kriegszeiten konnten viele Einwohner nicht mehr in der Stadt ernährt werden und mussten sich woanders eine Existenzmöglichkeit suchen. Im 6. Jahrhundert suchte eine

Die ursprünglich als byzantinische Kirche errichtete Hagia Sophia in Istanbul gilt als größer Kirchenbau der christlichen Antike und des Mittelalters.

> **INFO**
>
> ### Die Hagia Sophia
>
> Das imposante Gotteshaus, das 537 eingeweiht wurde, galt als Zentrum der byzantinischen Kirche und letztlich auch des Reiches. Noch heute imponiert die Kuppel mit einem Durchmesser von 33 Metern, auch wenn sie nicht das Original ist, denn diese stürzte kurz nach Baubeginn ein. Trotz des betonartigen Werkstoffs und des Erfahrungswissens der römischen Baumeister geriet die erste Kuppel zu flach und musste durch eine höhere ersetzt werden. Weiteren Gefährdungen der Kuppel durch Erdbeben versuchte man zu begegnen, indem man riesige Stützmauern vor die Kirche setzte. Die Kirche war von Anfang an prunkvoll ausgestattet, etliche Schätze sind jedoch von den Kreuzfahrern zur Zeit des Lateinischen Kaiserreichs (1204–61) gestohlen worden. Zu dieser Zeit hielt man hier auch lateinische (und man könnte sagen: katholische) Gottesdienste ab. Nach der Eroberung Konstantinopels wurde die Hagia Sophia zur Moschee und unter Mustafa Kemal Atatürk zu einem Museum umfunktioniert.

Pestwelle die Stadt heim, in deren Verlauf die meisten Einwohner starben. Mit der raschen Expansion der muslimischen Araber im 7. Jahrhundert geriet auch die Stadt in Gefahr, denn sie wurde zweimal belagert, aber nicht eingenommen. Weitere Belagerer, bulgarische und ungarische Heere, folgten. Verheerend war die Inbesitznahme der Stadt durch westliche Kreuzfahrer im Jahr 1204: Plünderungen und Brände führten zu schweren Schäden. Schon zuvor musste Kaufleuten aus Genua, Pisa und Venedig die Ansiedlung erlaubt werden, da diese Städte Großmächte im Seehandel waren und hier Stützpunkte für ihren Handel im östlichen Mittelmeerraum errichten wollten. Die Stadt stand also durch ihren Reichtum und ihre Funktion als Handelsknotenpunkt im Fokus vieler Begehrlichkeiten. Letztlich wurde sie zur Beute der Osmanen.

Kaiser und Patriarch, Staat und Kirche

Die byzantinische Geschichte ist eng mit der Geschichte der christlichen Kirche verbunden, die sich zur Mutter der orthodoxen Kirchen in Osteuropa entwickelte. Die Anfänge dafür liegen schon in der Spätantike. Aber es ist vor allem die Zeit von Kaiser Justinian im 6. Jahrhundert, in der sich diese Verflechtung festigt. Dafür steht vor allem ein Konzil, das 553 in Konstantinopel tagte und auf dem Justinian einen Ausgleich mit den Christen im Nahen Osten (den »Monophysiten«) beschließen lassen wollte. Dabei spielte der römische Bischof Vigilius nicht mit, der ein radikaler Gegner der Monophysiten war – ansonsten war der kirchliche Westen hier ohnehin nur durch einige wenige handverlesene Vertreter präsent.

Justinian stand vor einem Problem, vor dem auch seine Vorgänger schon standen: Die Kirche seines Reiches bildete keine Einheit, vielmehr hatten sich im Byzantinischen Reich verschiedene Kirchen und Konfessionen etabliert. In den östlichen Regionen – in Syrien, Palästina und Ägypten – hingen viele Christen nicht der von Konstantinopel aus favorisierten Glaubensrichtung an, für die die Beschlüsse des Konzils von Chalkedon 451 standen, sondern waren Anhänger einer Lehre, die stark die Einheit von Gottheit und Menschheit in Jesus Christus, dem Sohn Gottes, betonte. Während man in Chalkedon von zwei »Naturen«, also Gottheit und Menschheit sprach und definierte, diese seien weder identisch, noch scharf zu scheiden, wurde im Osten des Reiches ihre Einheit im Sinne eines Ineinander-Aufgehens gelehrt und darum galten die dortigen Christen als »Monophysiten«. Die Politik der Kaiser schwankte zwischen Annäherung und Konfrontation gegenüber diesen Christen, die sich mit eigenen Gemeinden und Bischöfen organisierten. Letztlich löste sich das damit verbundene Problem erst, als die muslimischen Araber im 7. Jahrhundert den Nahen Osten vereinnahmten und die dort lebenden »monophysitischen« Christen damit einer neuen politischen Macht unterstanden, die ihnen, jedenfalls anfänglich, mehr

Justinian I., Mosaik des 6. Jahrhunderts

Freiheiten ließ als die Byzantiner: Solange sie Steuern zahlten und politisch loyal waren, spielte ihre Religion keine Rolle; sie wurden nicht mehr als Ketzer verfolgt. Erst mit der Eroberung der byzantinischen Gebiete in Syrien, Palästina und Ägypten durch die muslimischen Araber wurde das Byzantinische Reich ein fast monokonfessioneller Staat, in dem das Konzil von Chalkedon 451 ein Maßstab der Bekenntnistreue war.

Justinian sorgte in der Tradition des im 5. Jahrhundert unter Kaiser Theodosius geschaffenen Codex Theodosianus für eine Sammlung und Ordnung der Rechtstraditionen. In diese Kodifizierung wurde das Kirchenrecht mit einbezogen, das eben Staatsrecht war. Die Beschlüsse der Synoden, die Canones also, wurden dementsprechend Reichsgesetze. Justinian sah sich als Schutzherr der Kirche und griff immer wieder mit der Gesetzgebung in kirchliche Bereiche ein. Das Verhältnis von Kirche und Staat, Patriarch und Kaiser, wurde dadurch unter Justinian normiert, blieb dabei aber in den Bahnen der spätantiken Einordnung der Kirche in den Staat. Was Kaiser Konstantin und seine Nachfolger im 4. Jahrhundert begonnen hatten, konnte durch die Tatkraft Justinians fest verankert werden.

Die sakrale Überhöhung des Kaisertums durch das spätere kirchliche Zeremoniell verstärkte noch die Ansprüche der Kaiser auf die Kontrolle der Kirchendinge. Der Kaiser war «heilig» und «göttlich». Gekrönt wurde er eigentlich nicht vom Patriarchen, sondern von Gott. Der erste vom Patriarchen gekrönte Kaiser war Leon I. im Jahr 457. Seit 641 fand die Kaiserkrönung in der Hagia Sophia statt. Die Salbung des Kaisers ist erst seit dem 13. Jahrhundert bezeugt, aber wahrscheinlich ist die Praxis schon älter. Die Erhebung zum Kaiser wurde also nach und nach zu einem kirchlich-liturgischen Akt. Der Kaiser verkörperte das Heil der Kirche wie das Heil des Staates. Der Kaiser hatte bei der Wahl von Bischöfen ein Vetorecht, das er umso leichter ausüben konnte, als die Bischöfe in der Regel durch eine Konferenz der gerade in Konstantinopel anwesenden regionalen Oberbischöfe (der Metropoliten) gewählt wurden. Andererseits waren Kirche und Staat personell stark getrennt. Die hohen Reichsbeamten waren oft Eunuchen und

Frühbyzantinisches Kapitell, 6. Jahrhundert

erfüllten somit nicht die kirchenrechtliche Voraussetzung für die Weihe, die körperliche Unversehrtheit.

Immerhin setzte im 6. Jahrhundert eine Selbstdefinition der Kirche ein. Bischöfe begannen, ältere Synodalentscheide, also die darin enthaltenen Canones, zu sammeln und in den »Nomokanones« zu systematisieren. Der Klerus wurde in der Zeit Justinians zugleich formell in den Staatsapparat integriert. Schon seit der Spätantike hatten die Bischöfe eine hohe Bedeutung, weil sie für die Verwaltung von Städten verantwortlich waren. Sie nahmen etwa den Amtseid der Beamten ab. Ihre Bedeutung in der Rechtsprechung wurde noch einmal aufgewertet: Sie konnten Richter vertreten oder als Revisionsinstanz fungieren. Regionale Synoden und große Konzilien befassten sich auch nicht nur mit theologischen und kirchenpolitischen Fragen, sondern mit aktuellen Rechtsfragen in der Kirche, die immer auch Staat und Gesellschaft betrafen.

Von großer Bedeutung hierfür ist das sogenannte Quinisextum, das die Bestimmungen des V. Ökumenischen Konzils von 553 und des VI. Ökumenischen Konzils von 680/681 ergänzen sollte. Dieses Quinisextum von 691/692 sollte das kirchliche Leben im Mönchtum, Klerus und in der Volksreligiosität an vielen Stellen neu ordnen. Es ist nicht zu ermessen, ob dies gelang. Hier wird auch das Zölibat abgelehnt, das im Osten nur für Bischöfe, nicht aber für Priester galt. Zugleich wird deutlich sichtbar, dass (wie auch in der Westkirche) vieles im Argen lag: Die Mönche standen eben nicht unter der Kontrolle der Bischöfe, sondern sorgten in den Städten für Unruhe, Priester und Bischöfe erfüllten ihre Pflichten nicht. So wurden die Bischöfe aufgefordert, am Sitz ihres Bistums zu wohnen und sich nicht daraus zu entfernen. Priestern (die ja im Osten heiraten durften) wurde untersagt, sich von ihren Frauen zu trennen. Priestern, die sich mit Nonnen zusammengetan hatten, wurde die Ausübung ihres Amtes untersagt, ebenso wurden solche gemaßregelt, die außereheliche Beziehungen hatten. Gerade weil es keinen Zölibat gab, wurden Priester zu einem vorbildlichen Leben aufgerufen.

Der sogenannte Bilderstreit im 8. und 9. Jahrhundert führte zu heftigen Konflikten zwischen den Kaisern und den Patriarchen. Der Kampf gegen die religiöse Verehrung von Bildern, also Ikonen, wurde von einem Kaiser gegen den Widerstand seines Patriarchen begonnen. Später war es dann ebenfalls die kaiserliche Politik, die die Bilderverehrung förderte. Kirche und Klerus mussten alle diese Wendungen mitvollziehen.

Die Kaiser betätigten sich also auch als Theologen und Kirchenpolitiker.

Nach dem Ende des Bilderstreits im Jahr 843 entwickelten sich andere Konflikte, die den Kaiser und den Patriarchen von Konstantinopel in eine scharfe Frontstellung zueinander brachten. Im Jahr 847 wurde der aus dem Kaiserhaus stammende Ignatius als Patriarch von Konstantinopel eingesetzt. Treibende Kraft dabei war

Theodora II., die anstelle ihres noch im Kindesalter stehenden Sohnes Michael III. die Regierungsgeschäfte führte. 856 wurde sie von ihrem Bruder Bardas entmachtet und ins Kloster geschickt, und 858 Ignatius als Patriarch abgesetzt. Auf ihn folgte Photios, der von Bardas und Michael III. installiert wurde. Aber auch Photios verlor sein Amt, als Michael III. 867 ermordet wurde – der neue Kaiser, Basileios I., ersetzte ihn durch seinen Vorgänger Ignatius, der 877 erneut durch Photios ersetzt wurde. Die Patriarchen waren dabei nicht allein Opfer, sondern auch Akteure: So hatte Photios Basileios I. die Anerkennung verweigert.

Durchaus symbolisch für das byzantinische Verhältnis von Staat und Kirche ist der sogenannte Tetragamiestreit, in dem es also um eine vierte Ehe ging, die des Kaisers Leon VI., die dieser zu Beginn des 10. Jahrhunderts eingehen wollte. Seine ersten drei Ehefrauen waren verstorben und bis dahin noch kein Thronfolger geboren. Die altkirchliche Tradition sah den Abschluss einer zweiten Ehe nach dem Tod des Ehepartners nur unter starkem Vorbehalt vor. Die byzantinische Ehegesetzgebung hatte diese Beschränkung übernommen, sodass ab dem 9. Jahrhundert häufig der kirchliche Segen für eine zweite Ehe verweigert wurde. Die staatliche Gesetzgebung erlaubte zwar eine zweite Ehe, verbot aber ausdrücklich eine dritte. Zugleich wurde festgehalten, dass auf eine dritte Eheschließung nicht nur kirchliche, sondern auch staatliche Strafen folgen müssten. Bald aber betraf diese Gesetzgebung einen Kaiser persönlich, nämlich Leon VI. Er war tatsächlich eine dritte Ehe eingegangen, was trotz der Rechtslage angesichts seiner Stellung ohne Konsequenzen blieb. Nach dem Tod der dritten Ehefrau hätte eine vierte Ehe eine ungeheure Provokation bedeutet. Diese Ehe war aber dringend nötig, um den 905 geborenen Sohn, den er mit seiner neuen Partnerin Zoe Karbonopsina gezeugt hatte, als Thronfolger zu legitimieren. Der Kaiser plante deshalb, das Kind auf einem Umweg zu legitimieren – durch eine feierliche Taufe, für die der Patriarch von Konstantinopel, Sergius III., bereitstehen sollte. Tatsächlich vollzog dieser im Jahr 906 die Taufe. Als sich Leon VI. aber kurz darauf mit seiner Partnerin durch einen Priester kirchlich trauen ließ und diese nun wirklich zu seiner vierten Frau wurde, verweigerte der Patriarch seine Anerkennung. Immerhin hatte die Taufe des unehelichen Kindes unter dem Klerus schon genug Aufruhr gestiftet; viele Bischöfe standen der Taufe äußerst kritisch gegenüber. Der Kaiser umging die Opposition des Patriarchs Sergius kühn, indem er sich die Rechtmäßigkeit seiner Ehe kurzerhand von einem anderen Patriarchen bestätigen ließ, vom römischen Papst. In den folgenden Jahren spaltete sich die Byzantinische Kirche in Befürworter und Gegner einer kirchlichen Anerkennung dieser vierten Ehe. Damit war aus einer Frage der Loyalität gegenüber dem Kaiser ein handfestes innerbyzantinisches Schisma (Glaubensspaltung) entstanden, das erst 920 durch eine Versöhnung der gegnerischen Parteien wieder geheilt werden konnte. Die Frage war natürlich auch, ob dem Kaiser ein Ausnahmerecht gegenüber der Kirche zustand.

Mochten die folgenden Jahrzehnte auch eine gewisse innenpolitische Stabilität mit sich bringen, so begann doch im 11. Jahrhundert der endgültige Niedergang des Byzantinischen Reichs. Das byzantinische Heer wurde 1071 schwer von einem ganz neuen Gegner, den Seldschuken, geschlagen. Dies war einer der Anlässe für die Kreuzzüge, mit denen man auch die Pilgerwege in den Orient wieder freikämpfen wollte. Die Kreuzzüge und das massive Auftreten der Westkirche gegenüber der Kirche in Byzanz, also die Einsetzung von lateinisch sprechenden Patriarchen in östlichen Bistümern und die Einführung lateinischsprachiger Gottesdienste zeigen, dass in den großen kirchlichen und staatlichen Fragen die Patriarchen von Konstantinopel wenig mitzureden hatten. Im Ernstfall war es der Kaiser, der die Kirche vertrat, so auch auf den Konzilien, auf denen es um eine Wiedervereinigung von West- und Ostkirche ging.

Dies gilt auch für den letzten großen innerbyzantinischen Konflikt, den Streit um die Mystik der Hesychasten im 14. Jahrhundert. Die Hesychasten waren Mönche, die vor allem auf dem Berg Athos lebten und eine heute fernöstlich anmutende Gebets- und Meditationstechnik praktizierten, die ihre Gegner als »Nabelschau« verspotteten. Strittig war, ob es bei dieser Art der Meditation möglich war, das »ungeschaffene Licht«, also letztlich Gott selbst zu sehen, was die Hesychasten behaupteten. Ihre Hauptgegner waren Mönche und Theologen, aber das letzte Wort in dieser Sache sprach der Kaiser, während die Patriarchen eher ein Spielball des kirchenpolitischen Geschehens waren und in dem Jahrzehnte schwelenden Konflikt nach Gutdünken abgesetzt wurden. Die Frage, welche Art der Mystik die richtige sei, war bei weitem keine allein kirchliche, sondern auch eine innenpolitische. Das abschließende Machtwort sprach Kaiser Johannes Kantakuzenos 1347: Er machte die Lehre der Hesychasten, repräsentiert durch ihren Wortführer Gregor Palamas, zu einem Teil der normativen orthodoxen Lehre.

In der Abgeschiedenheit einer Halbinsel im Norden Griechenlands leben seit dem Mittelalter rund um den Berg Athos zahlreiche Mönche.

Der Streit um die Ikonen

Die Frage, wie man mit Heiligenbildern, also Ikonen, umzugehen hatte, war schon im Christentum der Antike strittig. Eine gewisse Reserviertheit gegenüber den Ikonen schien vielen seit der Antike nicht zuletzt deshalb angebracht, weil die

Byzantinische Ikone, 8. Jahrhundert

Verehrung von Bildern und Statuen schnell als heidnisch verunglimpft werden konnte, weil dies an den antiken Götterkult erinnerte. Hinzu kam das Bilderverbot des ersten Gebotes, das sich auf Götterbilder wie auch auf andere Bilder bezog. Dennoch steigerte sich in frühbyzantinischer Zeit die Bilderverehrung erheblich, gerade weil den Bildern auch Wunderwirkungen zugeschrieben wurden.

Was den Bilderstreit im 8. Jahrhundert genau auslöste, ist bis heute umstritten. Die Vielzahl der Theorien spricht für die Armut an feststellbaren Fakten. Das islamische Bilderverbot und auch das jüdische sind als Parallele herangezogen worden, doch stammt diese Sicht der Dinge schon aus der zeitgenössischen antijüdischen und antiislamischen Propaganda der Bilderfreunde und ist darum nicht für bare Münze zu nehmen. Kaiser Leon III. jedenfalls ergriff Maßnahmen gegen die Bilderverehrer. Im Jahre 726 ließ der Kaiser eine Christus-Ikone von einem der Tore seines Palastes entfernen, was den Streit eskalieren ließ. 729 wurde Patriarch Germanos dann vom Kaiser aufgefordert, an der Vorbereitung eines Ediktes gegen die Bilderverehrer mitzuarbeiten, doch dieser weigerte sich mit dem Hinweis auf die Notwendigkeit eines allgemeinen Konzils in dieser Sache. Germanos wurde daraufhin abgesetzt; sein Nachfolger Anastasios unterschrieb wie gewünscht 730 das kaiserliche Edikt, das die Bilder aus den Kirchen verbannte. Es standen sich nun gegenüber: die Ikonoklasten, also die Bilderfeinde, und die Ikonodulen, die Bilderfreunde.

In dieser Zeit begann auch die theologische Auseinandersetzung mit der Bilderfrage. Als wichtigster Autor ist Johannes von Damaskus (650–750) zu nennen. Von ihm stammte das theologische Programm, das letztlich zur Ikonenfrömmigkeit der orthodoxen Kirchen führte. Johannes von Damaskus setzte voraus, dass die Bilder nicht als bloße Bilder verehrt würden, sondern als Abbilder Christi oder der Heiligen. In einer Ikone sind dementsprechend die Gottheit und die Menschheit abgebildet, so wie bei der Darstellung eines Menschen auch seine Seele mit abgebildet ist. Anzubeten war also Gott, nicht das materielle Bild im Sinne eines heidnischen

Idols. Aber auch das Bild selbst durfte wegen des in ihm Abgebildeten Verehrung erfahren, durch einen Kniefall etwa oder durch das Verbrennen von Weihrauch. Das VII. Ökumenische Konzil sollte Johannes 787 als »Verteidiger der Wahrheit« preisen und seine Bildertheologie als normative Grundlage der Bilderverehrung ansehen. Zuvor allerdings stand Johannes der bilderfeindlichen kaiserlichen Politik im Wege; er wurde 754 auf einer Synode verurteilt.

»Weil einige uns tadeln, da wir dem Bilde des Herrn und unserer Herrin, dann aber auch der übrigen Heiligen und Diener Christi Ehrfurcht und Ehre erweisen, so sollen sie hören, daß am Anfang Gott den Menschen nach seinem Bild geschaffen hat. Weshalb bezeigen wir einander Ehre? Doch nur, weil wir nach dem Bilde Gottes geschaffen sind.«
(Expositio fidei, Viertes Buch, 16. Kapitel »Von den Bildern«, Johannes von Damaskus)

Das VII. Ökumenische Konzil, das 787 in Nicäa tagte, war das letzte nach byzantinisch-ostkirchlichem Verständnis. Hier wurde nicht nur Johannes von Damaskus zum Normtheologen der Ikonenverehrung erhoben, es wurden auch Regelungen verabschiedet, die die Ikonenverehrung in der kirchlichen Praxis verankerten. Das Konzil von 787 erhob die Bilder von Christus, der Maria, den Engeln und den Heiligen auf eine Stufe mit dem Kreuz. Das bedeutet, dass Ikonen wie das Kreuz in den Kirchen präsent sein müssen. Die Gegner der Bilderverehrung wurden daraufhin verurteilt. Abgesehen vom Bilderstreit gab es zahlreiche Reformwünsche, die auf dem Konzil thematisiert und beschlossen wurden. So brachte man an, dass der Bischof einen gewissen Grad an kirchenrechtlicher Bildung besitzen, sich gründlich mit der Bibel befassen, den Geboten gemäß leben und seine Einsetzung nicht von weltlichen Herrschern erfolgen solle. Der Ämterverkauf und die Pfründenhäufung wurden verboten – eine häufige Maßnahme, auch in der Westkirche, die aber nie durchgesetzt werden konnte. Priester sollten bei ihren Gemeinden bleiben und nur mit Genehmigung des Bischofs abwandern können. Auch für das Leben in den Klöstern wurden Regeln aufgestellt, die vor allem darauf zielten, Männer und Frauen zu trennen.

In Byzanz war der Bilderstreit mit dem Konzil von 787 aber noch nicht beigelegt. Anfang des 9. Jahrhunderts entwickelte sich erneut eine bilderfeindliche Atmosphäre. Die Synode von 754 in Hiereia mit ihrer Verurteilung des Johannes von Damaskus und das Konzil von 787 wurden gegeneinander ausgespielt. Noch war nicht klar, welche von beiden Veranstaltungen als VII. Ökumenisches Konzil gezählt werden sollte. 815 schrieb man den Ikonoklasmus wieder fest, nach einigem Hin und Her dann 843 die Bilderverehrung. Zum Gedenken daran entstand das Fest der Orthodoxie, das bis heute am ersten Sonntag der Fastenzeit gefeiert wird. Die Ikonenverehrung ist eines der Grundcharakteristika orthodoxer Frömmigkeit.

Ost- und Westkirche

Das 484 eingetretene »Akakianische Schisma« hatte die Beziehungen zwischen Ost- und Westkirche schwer gestört. Es verband sich mit dem Namen des Konstantinopler Patriarchen Akakios, der 482 mit einem Vermittlungstext, dem Henotikon (der »Einheitsformel«), faktisch das Bekenntnis des Konzils von Chalkedon von 451 außer Kraft setzte. Kirchenpolitisch handelte es sich um den Versuch der oströmischen und bald byzantinisch zu nennenden Herrscher, die Christen im Nahen Osten zu beruhigen, die die dogmatischen Definitionen von Chalkedon ablehnten. Das führte zu einer Verstimmung mit Rom, denn aus römischer Sicht kam man den »Monophysiten« im Orient zu weit entgegen. Immerhin hatte doch, so das römische Selbstbewusstsein, Bischof Leo der Große die entscheidende Vorlage für das Konzil von Chalkedon geliefert: Strittig war das Verhältnis von Gottheit und Menschheit in Jesus Christus. Leo propagierte eine Unterscheidung der beiden »Naturen« bei gleichzeitiger wechselseitiger Teilhabe aneinander. Die »Monophysiten« lehrten, die beiden Naturen hätten sich faktisch zu einer vereinigt. Ihnen genau entgegengesetzt vertraten andere orientalische Christen, die als »Nestorianer« verketzert wurden, die Position, Gottheit und Menschheit seien scharf zu trennen. Eine Lösung der Spaltung von Ost- und Westkirche brachte erst der Regierungsantritt Kaiser Justins I. im Jahre 518. Im Jahr darauf wurde das Schisma beendet und der Friede mit der Westkirche im Beisein römischer Gesandter offiziell wiederhergestellt.

Justins Neffe Justinian regierte als Kaiser von 527 bis 565. Er setzte die Politik seines Vorgängers fort. Der neue Kaiser erkannte die Autorität Roms in dieser Sache an, und man verdammte die Monophysiten (aber auch die Nestorianer) und nicht zuletzt alle Vertreter eines Entgegenkommens gegenüber den Monophysiten, darunter den Patriarchen Akakios und den Kaiser Zeno, der den Patriarchen veranlasst hatte, das Einigungsdokument mit den Monophysiten, das Henotikon, anzufertigen.

Die Einheit der Kirche, die im Westen wiederhergestellt war, sollte nun im Osten wieder erzwungen werden.

Was in Konstantinopel beschlossen wurde, musste erst einmal in Ägypten und in den anderen Provinzen durchgesetzt werden. Letztlich waren Justins und dann auch Justinians Versuche, die kirchenpolitische Wende mit Gewalt durchzusetzen, erfolglos: Der monophysitische Klerus versteckte sich in den Klöstern. Der Monophysitismus hatte also, das zeigte sich bald, so tiefe Wurzeln geschlagen, dass er nicht mehr auszurotten war. In Alexandria etwa war die Einsetzung eines Patriarchen, der die Position von Chalkedon vertrat, völlig unmöglich, weil die Volkswut nicht zu bändigen war. So wurde eben doch wieder ein Monophysit gewählt. Aus diesen Misserfolgen erklärt sich die nächste scharfe Wende der kaiserlichen Kirchenpolitik, die Justinian nach dem Beginn seiner Alleinherrschaft im Jahre 527 vollzog. Man kam den Monophysiten wieder mehr entgegen.

Das aber war auch nicht das letzte Wort. Wollte man mit der Westkirche in Verbindung bleiben, durfte man keine Neuauflage des Akakianischen Schismas riskieren. Dies war umso notwendiger, als Justinian begann, seine Macht in den Westen auszuweiten. Die Byzantiner eroberten Nordafrika und planten, Italien den dort regierenden Ostgoten zu entreißen, was nach langen Kämpfen auch gelang. Angesichts der Expansion Justinians in den Westen war man dort auf den Bischof von Rom als Bundesgenossen angewiesen. Dies aber bedeutete, auch wieder auf römische Vorstellungen theologischer Art einzugehen. Das konnte wiederum nur heißen, dem Monophysitismus Einhalt zu gebieten. Allerdings blieb es bei dem dauernden Hin und Her. Das Problem löste sich erst im 7. Jahrhundert, als der Nahe Osten an die muslimischen Araber fiel.

Den nächsten Konflikt zwischen Ost- und Westkirche brachte der Bilderstreit mit sich: Die Definitionen des Konzils von 787 zur Ikonenverehrung wurden durch Papst Hadrian auch im Westen anerkannt. Im Frankenreich aber stieß die byzantinische Bilderverehrung auf Unverständnis. Karl der Große, dem Papst Hadrian die Synodalbeschlüsse zusandte, war befremdet: Die Bilderverehrung entsprach in keiner Weise der Tradition. Die Lage verkomplizierte sich noch dadurch, dass die griechischen Dokumente in Rom sinnentstellend ins Lateinische übersetzt worden waren. So wurde das Wort Proskynesis, also die kniefällige Verehrung des Bildes, mit *adoratio*, also Anbetung, übersetzt, sodass es so aussah, als würden die Bilder angebetet und nicht Gott. Karl der Große nahm sich nun der Bilderfrage selbst an und ließ eine Denkschrift erstellen, die »Libri Carolini« (790/791). Diese Denkschrift sollte gegenüber

Das Konzil von Chalkedon, Stich des 19. Jahrhunderts

Karl der Große und seine dritte Frau Hildegard, französische Glasmalerei, 19. Jahrhundert

dem Papst wohl Gehorsam bekunden und die Anbetung von Bildern verurteilen: Die Anbetung sei nicht von der Bibel legitimiert und die Bilder seien eine Konkurrenz zum Bibelwort. Materielle Dinge wie Bilder könnten nicht verehrt werden; sie seien Zierde und hielten eine pädagogische Aufgabe inne. Diese Tendenz wurde auf der Frankfurter Synode von 794 festgehalten.

Im 9. Jahrhundert prägten die Konflikte um den Patriarchen Photios das Verhältnis zwischen Ost und West: Als in Konstantinopel der Patriarch Ignatius abgesetzt wurde, erkannte Papst Nikolaus I. dies nicht an und erklärte Photios, den Nachfolger des Ignatius, für abgesetzt. Der Konflikt zwischen Rom und Byzanz wurde noch durch die Konkurrenz um die Mission auf dem Balkan unter den Bulgaren verstärkt: Der Bulgarenherrscher Boris lavierte zwischen der römischen und der byzantinischen Kirche, um sein Land kirchlich unabhängig zu halten und um einen eigenen Patriarchen zu stellen. Da die Römer sich sehr in dieser Sache engagierten, mussten die Byzantiner befürchten, bald eine zwar unabhängige, aber lateinische Kirche auf

INFO

Das Filioque

Auf dem Konzil von Konstantinopel 381 war ein schon 325 auf einem Konzil in Nicaea beschlossenes Glaubensbekenntnis um einige Formeln erweitert worden, zu denen auch die Definition gehörte, dass der Heilige Geist vom Vater ausgeht – in der lateinischen Übersetzung des griechischen Text also *ex patre*. Im Westen war diese Übersetzung um die Formel *filioque* ergänzt worden: Der Heilige Geist geht vom Vater und vom Sohn aus. Den Hintergrund dafür bildete die im Westen seit Augustinus übliche theologische Beschreibung der Einheit von Vater, Sohn und Heiligem Geist, in der jede der göttlichen Personen eng mit den anderen beiden verbunden war. 809 war das *filioque* auf einer Synode in Aachen für das Frankenreich normativ gemacht worden, allerdings sperrte man sich in Rom noch dagegen und erkannte den Zusatz erst im 11. Jahrhundert als Bestandteil des Glaubensbekenntnisses an. Den Byzantinern warf man vor, sie hätten das Bekenntnis durch Weglassung des *filioque* (das aus westlicher Sicht also für ursprünglich gehalten wurde) verstümmelt.

dem Balkan, quasi vor ihrer Haustür, zu haben. Photios berief nun eine Synode ein, die 867 auch in Konstantinopel tagte und die Nikolaus kurzerhand für abgesetzt erklärte. Allerdings löste sich dies alles in Wohlgefallen auf, da im selben Jahr 867 Nikolaus starb und Photios als Patriarch abgesetzt bzw. durch Ignatius ersetzt wurde. Photios hatte sich im Westen auch deshalb unbeliebt gemacht, weil er das *filioque* ablehnte, einen Zusatz zum Glaubensbekenntnis, den es im Osten nicht gab. 867 veranstaltete Photios eine Synode, die das *filioque* für ketzerisch erklärte, damit war das ganze Bekenntnis der Westkirche ketzerisch.

»[...] et in Spiritum Sanctum,
Dominum et vivificantem,
qui ex Patre Filioque procedit [...]«
»[...] und (wir glauben) an den Heiligen Geist,
der Herr ist und lebendig macht,
der aus dem Vater und dem Sohn hervorgeht [...]«

Die Konflikte um das *filioque* eskalierten erst richtig im 11. Jahrhundert. Sie wurden durch andere kontroverse Themen verstärkt. Die treibende Kraft des Konflikts war der Konstantinopler Patriarch Michael Kerullarios, der sich auch kritisch über Unterschiede in der Fastenpraxis äußerte. Nicht zuletzt war es die seit der Spätantike bestehende Konkurrenz der Patriarchate Rom und Konstantinopel, die die

Differenzen vertiefte. Von Rom aus nahm man Kontakt zum Kaiser in Konstantinopel auf und wollte damit den Patriarchen Kerullarios umgehen. Der Führer der römischen Delegation, die nach Konstantinopel geschickt wurde, war Kardinal Humbert von Silva Candida, der nun auch noch das *filioque* zum Gegenstand des Streits machte und damit den Bruch provozierte. Die Byzantiner wiederum machten in dieser Frage Photios zu ihrer Autorität, der gelehrt hatte, der Geist gehe allein vom Vater aus. Nun kam es zum Eklat, als Humbert am 16. Juli 1054 auf dem Altar der Hagia Sophia eine Bannbulle gegen Kerullarios deponierte. Sie enthielt heftige Vorwürfe, etwa dass der Patriarch unrasierten Männern die Kirchengemeinschaft verweigere. Humbert stellte ihn in eine Reihe mit allen nur möglichen Ketzern. Selbst die im Osten übliche Priesterehe wurde für ketzerisch erklärt. Kerullarios schleuderte schon wenige Tage später, am 24. Juli, auf einer eilig einberufenen Synode den Bann auf die Autoren der Bulle zurück. Das Ergebnis war ein tiefgreifender Bruch zwischen Ost- und Westkirche, der letztlich zur Herausbildung der katholischen Kirche und der orthodoxen Kirchen in Osteuropa führte.

Von 1204 bis 1261 standen große Teile des Byzantinischen Reiches unter der Vorherrschaft der Kreuzfahrer, die 1204 Konstantinopel erobert und verwüstet hatten.

Die Spannungen zwischen Ost und West entluden sich nun nicht zuletzt in religiösen Provokationen: Ikonen wurden entweiht und Kirchen geplündert. Die zunehmende Schwäche der Byzantiner konnte diesen Taten wenig entgegensetzen. Die »Abschüttelung« der Kreuzfahrerherrschaft führte zur Wiederaufnahme der Beziehungen zwischen Rom und Konstantinopel, mit der Hoffnung auf eine kirchliche Wiederannäherung. Dies war das große Projekt des II. Konzils von Lyon, das 1274 tagte. Die Initiative ging dabei – trotz der vorherigen Demütigung durch das lateinische Kaiserreich – vorwiegend vom byzantinischen Kaiser aus, der genau wusste, dass er auf den Westen angewiesen war, um sein Reich gegen die Osmanen, die Nachfolger der Seldschuken, und auch gegen westliche Fürsten zu verteidigen, die darauf spekulierten, eigene Staatsgebilde im Osten zu etablieren. Die Beilegung des Schismas und die Wiedererlangung der kirchlichen Einheit waren die Vorbedingungen für die Unterstützung des Papstes und der politischen Mächte des Westens. Auf päpstlicher Seite allerdings hatte man die Hoffnung nicht fallengelassen, die kirchliche Oberhoheit des Westens über Byzanz neu zu begründen.

Da die handverlesenen byzantinischen Abgesandten in Lyon die Unterwerfung ihrer Kirche unter den Papst bekundeten, stand einer Einigung nichts mehr im Wege. So kam es zur kirchlichen Union zwischen Rom und Byzanz und einer gemeinsamen festlichen Messe. Als die byzantinischen Gesandten dabei im Glaubensbekenntnis das *filioque* nicht nur einmal, sondern zweimal sprachen, war man endgültig zufrieden. Diese erste Union mit den Byzantinern war jedoch ausgesprochen kurzlebig. Auf byzantinischer Seite hatte der Kaiser dieses Projekt aus persönlichem Interesse vorangetrieben, die Bischöfe setzten ihm allerdings massiven Widerstand entgegen. Als die byzantinischen Gesandten aus Lyon nach Konstantinopel zurückkehrten, gelang es dem Kaiser nicht, die Ratifizierung der Union durchzusetzen, obwohl er zu harten Repressionen gegen die Opposition in Kirche und Volk griff. Die Einführung des *filioque* in das östliche Glaubensbekenntnis erwies sich als unmöglich. Auch blieben die westlichen Gegenleistungen, nämlich Militärhilfe, aus. Als 1279 eine päpstliche Gesandtschaft nach Konstantinopel kam, um den Vollzug der Union zu überprüfen, konnte man ihr nur die in den Gefängnissen schmachtenden Unionsgegner vorführen. 1283 lehnte eine Synode in Konstantinopel diesen ersten Verständigungsversuch mit der Westkirche endgültig ab.

Eroberung Konstantinopels durch die Kreuzfahrer am 13. April 1204, Gemälde von Jacopo Palma, um 1600

Die Unionsfrage stand dann im 15. Jahrhundert noch einmal auf der Tagesordnung des Konzils von Basel. Das Byzantinische Reich bestand zur Zeit dieses Konzils eigentlich nur noch aus Konstantinopel. Im Westen nahm man sich der östlichen Bitte um Hilfe nun einigermaßen freundlich an, und so wurden im Jahre 1434 der Patriarch von Konstantinopel und auch der Kaiser auf das Konzil eingeladen. Die Verhandlungen erforderten großes diplomatisches Fingerspitzengefühl, um den Eindruck zu vermeiden, dass die Union den Byzantinern nur aufgezwungen wurde. Die Verhandlungen zogen sich über Jahre hin, was auch mit der Konkurrenz zwischen Papst und Konzil zu tun hatte. 1438 kam endlich eine Delegation aus Byzanz an, an deren Spitze tatsächlich der Patriarch von Konstantinopel und der Kaiser standen. Nach längeren diplomatischen und theologischen Annäherungen wurde 1439 eine Einigung verkündet, die viele Konflikte überspielte und eher eine versöhnte Verschiedenheit widerspiegelte. So wurde das *filioque* von den byzantinischen Vertretern im Blick auf den Westen anerkannt, aber nicht selbst für den Osten übernommen. Letztlich ging es aber auch um etwas ganz anderes, nämlich um die Anerkennung des päpstlichen Primates, also der Oberherrschaft des römischen Papstes über die gesamte Kirche. Ihm nachgeordnet war der Patriarch von Konstantinopel. Auch diese Union aber führte zu nichts. 1453 fiel Konstantinopel.

DAS JUDENTUM

Mit Blick auf das Judentum stellt sich – wie mit Blick auf den Islam – die Frage der zeitlichen Abgrenzung eines »Mittelalters«. Ähnlich wie im Christentum, aber anders als im Islam (es sei denn, man wollte das Christentum der arabischen Halbinsel als die Antike des Islams ansehen) lässt sich beim Judentum eine Dreiteilung in Antike, Mittelalter und Neuzeit vornehmen. Dabei können das Aufkommen und die Ausbreitung des Islams im 7. Jahrhundert und das 18. Jahrhundert als Zeit der Aufklärung und der beginnenden Emanzipation des Judentums als Zeitgrenzen angenommen werden, wobei mehr Einigkeit über den Beginn des jüdischen Mittelalters als über sein Ende herrscht. In dieser Epoche machte sich besonders die religiöse Prägung der Herrscher, in deren Ländern die Juden lebten, bemerkbar, ob diese nun Christen oder Muslime waren. Sie lebten seit der Niederschlagung des zweiten jüdischen Aufstands durch römische Truppen im Jahre 135 in der Diaspora, fern vom Lande Israel, auch wenn sich im 12. und 13. Jahrhundert erste jüdische Gruppen wieder dort ansiedelten. Unter muslimischer wie christlicher Herrschaft galten Juden als Fachkräfte. Sie formten eine recht homogene Kultur aus und etablierten einen einheitlichen Wirtschaftsraum mit einem dichten Netzwerk von Handelsverbindungen, die von Westeuropa über den Nahen Osten bis nach Indien und China reichten.

Jüdische Gemeinden in Deutschland

Jüdische Gemeinden gab es in der Antike im gesamten östlichen Mittelmeerraum, so wie bald auch christliche Gemeinden. Im Römischen Reich genossen Juden Toleranz, die aber mit der zunehmenden Dominanz des Christentums im 4. Jahrhundert abnahm. In Westeuropa waren jüdische Gemeinden im Mittelalter in größerer Streuung zu finden, davon sind einige schon in der Zeit des Römischen Reiches bezeugt, so in Spanien, Südfrankreich und natürlich auch in Rom. Der Schwerpunkt jüdischen Lebens lag insgesamt in der Diaspora, außerhalb der römischen Provinz Palästina – dazu trug auch die Niederschlagung der jüdischen Aufstände der Jahre 70 und 135 bei. In Palästina aber gab es danach noch einige Schulen gelehrter Rabbinen, die das mündliche Traditionsgut des sich entwickelnden Judentums sammelten und diskutierten. Daraus entstand noch in der Zeit der römischen Antike der Palästinische (Jerusalemer) Talmud. Etwas später, zur Zeit des europäischen Frühmittelalters, entstand der Babylonische Talmud, der ebenfalls das Werk von Gelehrtenschulen war, deren Zentrum seit dem 8. Jahrhundert in Bagdad lag. Die Talmud-Überlieferung bot auch Verhaltensregeln, die für alle Juden gelten sollten. Aus christlicher Sicht stellte der Talmud die Manifestation des Judentums dar, gegen die immer wieder auch (durch die Vernichtung von Handschriften) vorgegangen wurde. Erst durch den Buchdruck wurde die Verbreitung des Talmuds garantiert. Es handelt sich um ein sehr umfangreiches Werk, dessen Abschrift langwierig und teuer war, sodass viele jüdische Gemeinden im Mittelalter womöglich gar kein vollständiges Exemplar besaßen.

Die jüdischen Gemeinden des Mittelalters verlängerten gerne ihre Geschichte legendarisch auf frühere Zeiten, bis in die Antike hinein. Solche Legenden, die antike Traditionen einzelner jüdischer Gemeinden annahmen, waren oft nicht ganz unwahrscheinlich, auch wenn sie sich nicht durch Quellen erhärten lassen. Die älteste nachweisbare Gemeinde auf deutschem Boden ist die in Köln, für die es Zeugnisse aus dem 4. Jahrhundert gibt. Sicher aber ist, dass diese Gemeinde wie die anderen auf deutschem

Die heute noch erhaltene Alte Synagoge von Erfurt geht auf das späte 11. Jahrhundert zurück.

Die jüdischen Gemeinden des Mittelalters verlängerten gerne ihre Geschichte legendarisch auf frühere Zeiten, bis in die Antike hinein.

INFO

Die mittelalterliche Synagoge in Speyer

1104 wurde in Speyer eine Synagoge eingeweiht, deren bauliche Reste heute noch sichtbar sind. Hier waren dieselben Baumeister und Handwerker tätig, die auch den ganz in der Nähe befindlichen Speyrer Dom errichteten. Die Synagoge wurde für eine Gemeinde erbaut, die durch Schutzzusagen und Anwerbungen des Speyrer Bischofs Rüdiger und Kaiser Heinrichs IV. in den Jahren zuvor erheblich gewachsen war. Hatten bis dahin Juden nur in Altspeyer vor den Toren der Stadt gewohnt (wo auch der heute nicht mehr sichtbare jüdische Friedhof lag), durften sie nun auch innerhalb der Stadtmauern leben. Ungefähr 1250 wurde ein Bethaus für die Frauen angebaut. Als die Speyrer Juden 1534 nach mehreren Wellen der Verfolgung vertrieben wurden (schon das Pogrom des Pestjahres 1349 hatte die Gemeinde erheblich dezimiert), verfiel auch die Synagoge. Besser erhalten ist die zu ihr gehörende Mikwe, das Ritualbad. Die heutige Speyrer Synagoge (ihr Vorläufer wurde 1938 zerstört) wurde 2011 eingeweiht.

Boden mit dem Ende der römischen Herrschaft im späten 4. Jahrhundert untergegangen ist. Die mittelalterlichen jüdischen Gemeinden sind also tatsächlich Neugründungen. Bezeugt sind aber auch vor diesen Gemeindegründungen einzelne Juden, die in den historischen Quellen vor allem als Kaufleute oder Ärzte Erwähnung finden. Seit Karl dem Großen konnten Juden in den deutschen Städten wohnen und Gemeinden gründen. Dies war die Wurzel des »aschkenasischen« (deutschen, aber auch insgesamt westeuropäischen) Judentums. Juden waren zwar in religiöser Hinsicht sehr fremd, sie wurden aber unter den Karolingern und Ottonen toleriert. In einer Gesellschaft, in der es ohnehin keine Gleichberechtigung gab, war Religion neben Geschlecht und Besitz ein Differenzierungspunkt unter mehreren. In den Städten lebte man auf engem Raum miteinander. Wenigstens gelegentlich begegnete man sich auch – dafür sprechen offizielle Eheverbote zwischen Christen und Juden und auch Verbote, zusammen zu essen.

Im 8., 9. und 10. Jahrhundert also wurden jüdische Gemeinden in West- und Mitteleuropa neu gegründet. Nachweisbar ist der Bau einer Synagoge in Köln im Jahr 1012. Die Synagoge von Worms geht auf das Jahr 1034 zurück, bis heute ist sie mitsamt Mikwe (Ritualbad) erhalten. Auch in anderen Städten finden sich bauliche Spuren jüdischen Lebens aus dieser Zeit, so in Speyer und Friedberg. Jüdische Gemeinden wurden in zahlreichen deutschen Städten gegründet, vor allem in den Städten entlang des Rheins und in Südwestdeutschland. Die nördlichsten bezeugten Gemeinden lagen in Helmstedt und in Braunschweig. Bis zu den Pogromen Mitte des

14. Jahrhunderts konnten Juden in relativer Autonomie, wenn auch immer wieder von Verfolgung bedroht, ihr religiöses und gesellschaftliches Leben pflegen.

Die bedeutendsten jüdischen Gemeinden waren im Mittelalter die von Speyer, Worms und Mainz. Diese Städte wurden schon im Mittelalter als »SchUM«-Städte bezeichnet – die Abkürzung wurde aus den Anfangslauten der Städte in hebräischer Schreibweise gebildet. Hier gab es Synagogen, Talmudschulen und jüdische Friedhöfe. Die Synagoge als Zentrum des Gemeindelebens fungierte als Ort des Gebetes, der Rechtsprechung und der Bildung – sie war eben die »Schul«, wo die Gemeinde auch religiösen Unterricht bekam. Vertreter der SchUM-Gemeinden trafen sich regelmäßig und fassten gemeinsame Beschlüsse, die weit über die drei Gemeinden hinaus für aschkenasische Juden maßgebend waren. Sie betrafen unter anderem Steuervorschriften, die auch die Verteilung der Abgaben für Schutzrechte beinhalteten, oder rechtliche Regelungen, aber auch Vorschriften, die das Erscheinungsbild betrafen, etwa zur Haartracht: Bärte sollten getragen werden, aber kein langes Haupthaar. Auch Fragen bezüglich der Halacha, der jüdischen Gebote, behandelte man.

Zu den häufigen antijüdischen Legenden, die im Mittelalter häufig berichtet wurden, zählten angebliche Ritualmorde von Juden an christlichen Kindern, wie hier 1475 in Trient. Holzschnitt aus der Schedelschen Weltchronik, 1493

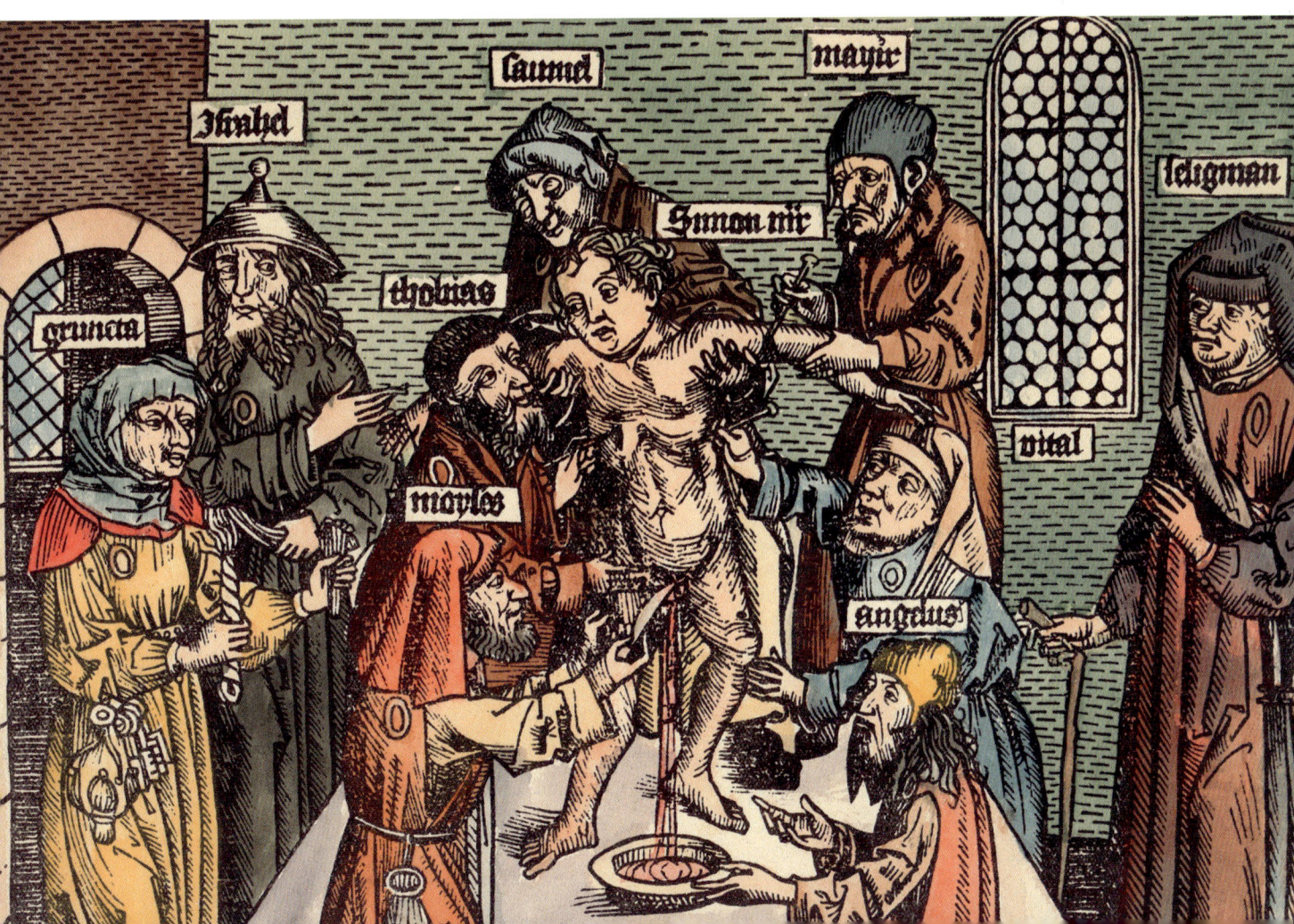

In den älteren jüdischen Gemeinden lebten ihre Mitglieder im Schatten des jeweiligen Doms, und dementsprechend war z. B. die Synagoge in Speyer auch die Nachbarin der Bischofskirche. Dies veränderte sich im Laufe des Mittelalters, vor allem nach den Pogromen in der Mitte des 14. Jahrhunderts: Die Juden wurden an den Stadtrand gedrängt, wie es z. B. in Frankfurt der Fall war.

Die jüdischen Gemeinden waren in den Städten autonom. Sie unterstanden einem »Judenbischof« oder später Judenmeister, der sie nach außen hin vertrat. Oft handelte es sich um den Gemeinderabbiner. Im Inneren bestimmten diese Vorsteher die Entwicklung des Judentums in Europa (und darüber hinaus) mit. Städte wie Mainz und Worms zogen große Gelehrte an, so den »Raschi« (Rabbi Schlomo ben Jizchak), der 1055 aus Troyes in Frankreich, einem der Zentren des westeuropäischen Judentums, nach Deutschland kam und sich ungefähr zehn Jahre in Mainz und Worms aufhielt. Dort vervollkommnete er seine Kenntnisse der Thora und des Talmud und verfasste Kommentare, die im Mittelalter weite Beachtung fanden, auch unter christlichen Gelehrten. In Mainz war Gerschom ben Jehuda (die »Leuchte des Exils«) tätig, der vor allem dadurch bekannt wurde, dass er um das Jahr 1000 die Polygamie verbot, die bis dahin Juden offiziell erlaubt war.

Duldung, Ausgrenzung und Verfolgung

Im Ersten Kreuzzug 1096–99 schlug die bis dahin recht tolerante Stimmung und Gesetzgebung gegenüber Juden schnell in Judenfeindschaft um: Wer schon keine »Ungläubigen« im Heiligen Land töten konnte, der ermordete sie eben in der eigenen Stadt. Kaiser Heinrich IV. appellierte an die Fürsten und Bischöfe, die Juden zu schützen. Eine Armee von Kreuzfahrern – als »Bauernkreuzzug« eigentlich die Nachhut des eigentlichen Kreuzfahrerheeres – zog am Rhein entlang durch die Städte, in denen Juden wohnten, und richtete ein Blutbad nach dem anderen an. In das Heilige Land, das eigentliche Ziel der Kreuzzüge, kamen diese Kreuzfahrer nie. Hier und da stellten sich weltliche oder kirchliche Autoritäten schützend vor die Juden und verteidigten die Bedrängten, die dafür zur Kasse gebeten bzw. erpresst wurden. Der Speyrer Bischof Johannes vermochte die Juden der Stadt einigermaßen gut zu beschützen; es gab nur wenige Tote. Der Bischof von Worms bot seine Kirche als Zufluchtsort an, die Kreuzfahrer stürmten diese jedoch und ermordeten ungefähr 800 Menschen. In Mainz forderte ein Massaker 1000 Opfer. Manche entrannen dem Massenmord, indem sie sich taufen ließen, andere kämpften mit dem Schwert in der Hand. Viele töteten sich lieber selbst, als ihren Glauben zu verraten: Sie zogen den *Kiddusch Haschem* vor, die »Heiligung des Namens (Gottes)«. In Köln versuchte der Bischof die Juden zu retten, indem er sie in seine Burgen kommen ließ, aber auch sie fielen einem Pogrom zum Opfer.

Kirchliche Bestimmungen haben zur Diskriminierung von Juden erheblich beigetragen und theologische Missdeutungen wie die, die Juden seien an der Kreuzigung Jesu schuld, haben die judenfeindliche Mentalität verstärkt. Die Bischöfe hatten beim Schutz der Juden nicht vorrangig christliche Motive. Sie verteidigten die Juden weniger in ihrer Funktion als Repräsentanten des Christentums, sondern als Stadtherren, die versuchten, die öffentliche Ordnung aufrecht zu erhalten.

Als die rechtliche Stellung des Judentums sich allmählich verschlechterte, verstärkte sich in den Gemeinden das intellektuelle und religiöse Leben weiter.

Der Talmud wurde weiter kommentiert, auch, um Unklarheiten und Widersprüche zu glätten. Kommentare wurden in Form von Anmerkungen (Tosafot) auch systematisch ausgewertet. Eine Intellektualisierung des Judentums im Sinne einer Annäherung an die zeitgenössische Philosophie favorisierte Maimonides im 11. Jahrhundert, zugleich ist, fast wie eine Gegenbewegung, eine Verstärkung der jüdischen Mystik feststellbar. Vorläufig blieben gewaltsame Übergriffe auf Juden noch selten. Heinrich IV. erlaubte auch die Rückkehr zum Judentum für Zwangsgetaufte. Dies entsprach den Regelungen der älteren Schutzbriefe, die nun erneuert wurden. 1103 wurde erstmals ein Reichslandfriede beschworen, der auch Juden unter besonderen Schutz stellte – freilich betrug die Geltungsdauer dieses Reichslandfriedens nur vier Jahre. Einen Rückschlag brachte der Zweite Kreuzzug 1147–49, der wieder von judenfeindlichen

INFO

Maimonides

Maimonides (Mosche ben Maimon) stammte aus dem spanischen Judentum. Da seine Familie aus ihrer Heimat vertrieben wurde, wanderte Maimonides von Nordafrika nach Jerusalem und schließlich nach Kairo, wo er 1204 starb. Er war ein gefragter Arzt. Bekannt wurde er aber als Theologe und Philosoph und dabei vor allem als Kommentator des Talmuds und der Mischna – dabei handelt es sich um Traktate aus dem Judentum der Antike. Maimonides schrieb auf Arabisch und befasste sich auch viel mit arabisch-muslimischer Literatur, die vom Aristotelismus beeinflusst war. Die stark philosophische Ausrichtung seiner Werke führte zu Kontroversen, denn Maimonides unterschied zwischen einem Judentum, das intellektuell und vernunftgemäß war, und einer schlichten Gemeindefrömmigkeit. Intellektualität und Vernunft waren zeitgleich auch Anliegen der christlichen scholastischen Theologie, und auch hier spielte der Rückgriff auf Aristoteles eine Rolle.

Statue von Moses Maimonides in Córdoba, Spanien

Predigten und Übergriffen begleitet war. Auch hier bewährte sich aber der Schutz der weltlichen und geistlichen Herren und es gab nur wenige Opfer.

Seit 1157 standen die Juden unter dem Schutz des Kaisers, zu dieser Zeit Friedrich Barbarossas, der sich diesen Schutz vergüten ließ. Er war nun die oberste Rechtsinstanz für das Judentum, nicht die jeweiligen Stadtherren. Die Juden galten zunehmend als »Kammerknechte« – dieser Begriff findet sich erstmals 1236 in einem Judenprivileg Kaiser Friedrichs II. Er bedeutete so viel wie eine Leibeigenschaft der Juden gegenüber dem Kaiser. Dieser Status musste von den Juden erkauft werden. Er war alles andere als verlässlich, sondern garantierte vor allem das Recht auf eine eigene Gerichtsbarkeit und auf Eigentum. Die aus dieser Schutzherrschaft gezogenen Einnahmen konnten auch an einzelne Fürsten verpfändet werden, was den Wert solcher Garantien noch minderte. Juden durften keine Waffen tragen und sich somit nicht selbst verteidigen. Gegenüber den älteren Schutzbriefen verband sich hier der Schutz auch noch mit einer gewissen Entrechtung.

Langsam erholten sich die jüdischen Gemeinden wieder. Eine erneute große Verfolgungswelle begann jedoch 1241 mit der »Frankfurter Judenschlacht«, einer innerstädtischen Auseinandersetzung, deren Auslöser nicht genau zu bestimmen ist. Offensichtlich spielten Fragen der Überschreitung der religiösen Grenze, vermutlich im Zusammenhang mit einer jüdisch-christlichen Ehe, eine Rolle. Den eigentlichen Hintergrund könnten aber auch andere Konflikte in der Stadt oder Konflikte der Stadt mit dem Kaiser gebildet haben. Eines Auslösers hätte es freilich auch nicht bedurft, denn ein

Vorwand für gewaltsame Übergriffe auf die jüdische Bevölkerung war leicht zu finden. Rund 180 Juden wurden in Frankfurt ermordet. Kaiser Friedrich II. ließ die Vorfälle untersuchen, die Verantwortlichen wurden aber nicht zur Rechenschaft gezogen. Dieser Vorfall lässt sich im Rückblick als Vorspiel für die Pogrome zur Zeit der großen Pestwelle in den Jahren 1348/49 deuten. Die Verfolgung betraf viele jüdische Gemeinden in Deutschland und darüber hinaus. Die jüdische Gemeinde in Rothenburg ob der Tauber etwa zählte 500 bis 600 Mitglieder, von denen 1298 jedoch rund 450 ermordet wurden; die anderen wurden vertrieben. Das jüdische Leben war und blieb stets gefährdet.

Die Übergriffe in der Zeit des Ersten Kreuzzugs führten zu einer nachhaltigen Entrechtung auf subtile Art: Juden, die natürlich unterschiedlichen Beschäftigungen nachgingen, wurde nun die Ausführung bestimmter Berufe und Gewerbe verwehrt. In der Not konzentrierten sich viele auf den Finanzsektor, denn diese Branche stand Juden uneingeschränkt offen. Ihnen kam zugute, dass die Geldwirtschaft in jener Zeit einen Aufschwung erlebte und der »Wucher«, also der Aufschlag von Zinsen auf Krediten, Christen verboten war. Die Zinssätze waren angesichts der häufigen Kreditausfälle hoch und lagen teilweise bei über 30 Prozent. Mit der Kreditvergabe ging ein Pfändungsrecht einher, das durch die Übergabe eines Pfandes abgesichert wurde. Juden zu töten oder sie zu vertreiben war oft ein Weg, die Rückzahlung eines Kredits zu vermeiden. Das Verhältnis zu den jüdischen Kreditgebern war höchst zwiespältig: Man brauchte sie, um Liquiditätsengpässe auszugleichen, andererseits hasste man sie. Die Kirche wollte zunehmend den »Wucher« unterbinden und auch der Staat plante ein Zinsverbot – was letztlich nicht erfolgreich war. Durch das in Norditalien

Massaker an den Juden von Barcelona, 1391. Zeichnung von 1920

INFO

Das Ghetto

»Ghetto« (oder »Getto«) ist ein Begriff, mit dem sich heute oft Bilder aus der Zeit der nationalsozialistischen Besatzungszeit in Osteuropa verbinden. Allerdings liegen zwischen dem Warschauer Ghetto und den mittelalterlichen Ghettos Welten. Die Anfänge der Ghettos liegen in »Judengassen«, die allein Juden zur Ansiedlung vorbehalten waren, wobei ihr sozialer Status oder ihr Beruf keine Rolle spielte. Der Speyrer Bischof Rüdiger, der 1084 Juden in die Stadt holte, wollte sie durch eine geschlossene Ansiedlung in einem »Judenhof« auch vor Übergriffen schützen. Juden galten insgesamt als einheitliche religiöse und soziale Gruppe. Wo der Bau einer Synagoge möglich war, gehörte diese zum jüdischen Wohnbezirk, der zunehmend weiter abgegrenzt wurde, nicht zuletzt durch den Bau einer Mauer. Ob dadurch ein Ghetto entstand, ist eine Interpretationsfrage: Die Mauern um das Judenviertel in Köln dienten auch dem Schutz der Bewohner (und konnten sie doch nicht schützen). Eher ein Ghetto war das Frankfurter Judenviertel, das nach den Pestpogromen entstand: Die Juden mussten seit 1462 in einem eigenen, abgeschlossenen Viertel außerhalb der Stadtmauern leben.

entstehende Geld- und Bankenwesen wurden die Juden zunehmend aus dem Geldgeschäft verdrängt oder mussten sich mit Leihgeschäften in ländlichen Regionen begnügen, was dort unter lokalen Adligen und unter den Bauern zum Anwachsen der Judenfeindschaft führte.

Auch aus dem Fernhandel wurden Juden mehr und mehr verdrängt. Hinzu kam, dass die Juden durch die Bildung der Zünfte in den Städten und die Selbstorganisation der Bürger an Schutz verloren, denn in den Zünften wurden sie nicht geduldet. So mussten sie sich oft vom Handwerk ab- und neuen Erwerbsquellen zuwenden. In der städtischen *Coniuratio*, der bürgerlichen Gemeinschaft der Schwureinung, waren Juden nicht erwünscht. Allerdings gab es Städte, in denen die Juden bis zur Mitte des 14. Jahrhunderts ein den Christen ähnliches oder sogar gleiches Bürgerrecht hatten. In anderen Städten mussten die Juden immerhin nicht in Ghettos wohnen. Die große Pestwelle in der Mitte des 14. Jahrhunderts und die Vertreibung der Juden machte das alles zunichte.

Die mittelalterliche Kleiderordnung unterschied nicht nur soziale, sondern auch religiöse Gruppen. Das IV. Laterankonzil, das 1215 in Rom abgehalten wurde, verordnete den Juden eine eigene Kleidung. Das Gleiche galt auch für Sarazenen (Muslime), die sich in christlichen Gegenden aufhielten. Der Sinn dieser Regelungen bestand zunächst darin zu verhindern, dass es zu Beziehungen mit christlichen Frauen kam. Der immer wieder mit dem IV. Laterankonzil in Verbindung gebrachte gelbe Fleck an der Kleidung der Juden wurde erst im 15. Jahrhundert eingeführt, und auch das nur regional.

In Frankfurt etwa wurde er mit der Errichtung des Ghettos 1462 verpflichtend. Bis in die Frühe Neuzeit hinein wurde in Städten und Territorien das Tragen des gelben Abzeichens eingeschärft, oft ohne Erfolg. Der Judenhut war demgegenüber ursprünglich kein fremdverordnetes Merkmal, sondern Teil einer selbstgewählten Männertracht. Erst im Laufe des Spätmittelalters wurde er durch Verordnungen verpflichtend.

Wo es Judenviertel gab, wurden diese in den Pestpogromen oft abgerissen, so auch 1349 in Nürnberg: Die Liebfrauenkirche wurde anstelle der Synagoge gebaut und ein Marktplatz angelegt, auf dem heute unter anderem der Christkindlesmarkt stattfindet. 600 Juden wurden damals ermordet, die Überlebenden wurden ausgeplündert und mussten Nürnberg verlassen. Manche kehrten allerdings bald wieder zurück, ein Recht, das sie sich mit Geld teuer erkauften. 1381 wurde ihnen wieder die Ansiedlung in Nürnberg erlaubt, 1499 dann wurden sie endgültig aus der Stadt ausgewiesen.

Solange sich die Juden in den Städten halten konnten – und es gab Gemeinden in vielen großen und mittleren Städten –, wurden sie häufig dem Stadtrat oder dem Bischof unterstellt. Ein Judenrat wurde gebildet, der ebenfalls der städtischen Obrigkeit zu gehorchen hatte. Die Kirche befasste sich auf dem Konzil von Basel mit den Juden. Ein wesentliches Anliegen des Konzils war die Judenmission. Wer zum Christentum übertrat, sollte auch alle bürgerlichen Rechte genießen. Ansonsten sollten die Wohngebiete von Juden und Christen getrennt werden.

Wirksamer als rechtliche Ausgrenzungen zeigten sich mentale: Verleumdungen wegen angeblicher Ritualmorde an Kindern, Brunnenvergiftungen und Hostienschändungen fielen auf fruchtbaren Boden. Das führte zu lokalen und regionalen Übergriffen. Besonders die angebliche Hostienschändung durch Juden tauchte in der antijüdischen Propaganda regelmäßig auf, nachdem die Verehrung der Hostie im Mittelalter immer mehr in die Frömmigkeitskultur integriert worden war – dazu trugen die sogenannte Transsubstantiationslehre und in ihrer Folge das Fronleichnamsfest erheblich bei. Die Hostie war eben kein Brot mehr, sondern der Leib Christi, und dieser wurde angeblich von den Juden geschändet. In der christlichen Bildgestaltung wurden Juden nun bei der Darstellung leicht erkennbar gemacht: Sie trugen den Judenhut, auch in Darstellungen biblischer Szenen. Die Darstellung von Kirche und Synagoge in Form von Frauenfiguren markierte Gegensätze: Der edlen, reinen Kirche stand die Synagoge mit einer Augenbinde gegenüber, die für ihre Blindheit gegenüber dem Erscheinen des Messias Jesus stand.

Der Codex Manesse aus dem 14. Jahrhundert zeigt den angeblich jüdischen Dichter Süßkind von Trimberg, der im 13. Jahrhundert lebte, mit einem spitzen »Judenhut«.

DER ISLAM

Im Jahr 628 feierte der byzantinische Kaiser Heraklius einen großen Triumph: Nach einem jahrzehntelangen Krieg, der sein eigenes Reich in höchste Gefahr gebracht hatte, war es ihm gelungen, seinen größten Feind zu besiegen: das Reich der Sasaniden oder Neuperser, dessen Zentrum sich auf dem Gebiet des heutigen Iraks und dessen Hauptstadt sich in der Nähe des heutigen Bagdad befand. Die Truppen der Sasaniden hatten in den Jahren und Jahrzehnten zuvor den gesamten zum Byzantinischen Reich gehörenden Nahen Osten unsicher gemacht und auch Jerusalem erobert. Nun, im Jahr 628, übernahmen die Byzantiner wieder die Herrschaft über den Nahen Osten: Jerusalem, Damaskus, Antiochia und Alexandria waren nun wieder byzantinische Städte. Die alte, seit der Zeit des Römischen Reiches bestehende Ordnung war wiederhergestellt worden. Keine zehn Jahre später jedoch mussten die byzantinischen Truppen Syrien und Palästina wieder räumen. In dieser Gegend der Welt war eine neue Epoche angebrochen.

Der Islam etabliert sich

Zeitgenossen, die das Aufkommen des Islams im 7. Jahrhundert miterlebten, versuchten, das neue Phänomen zu kategorisieren: Ging es primär um die Etablierung einer neuen Religion oder um eine neue politische Herrschaftsform? Heute wissen wir, dass beides zutrifft, denn die neue Religion, die zur Zeit Mohammeds noch in den Anfängen steckte und sich erst nach seinem Tod 632 mitsamt der Zusammenstellung des Korans ausformte, gab den arabischen Stämmen einen Zusammenhalt, den sie vorher nicht kannten und der es ihnen angesichts der militärischen Erschöpfung der Großmächte ermöglichte, sich innerhalb weniger Jahre von der Arabischen Halbinsel aus großräumig zu etablieren.

Für die Christen in den östlichen Teilen des Byzantinischen Reiches brachte der Herrschaftswechsel zunächst keine Verschlechterung ihrer Lage. Die »Monophysiten« hatten bis dahin fast zwei Jahrhunderte lang Unterdrückungsmaßnahmen erfahren oder sich um Verständigung bemüht. Sie hatten sich nie sicher sein können, welche Lehre von Konstantinopel aus favorisiert wurde. Die wenigen noch auf dem Boden des Byzantinischen Reiches lebenden »Nestorianer«, die nicht ins Sasanidenreich ausgewichen waren, kannten nur Unterdrückung und erhofften sich von jeder neuen Herrschaft eine Besserung ihrer Lage. Im Krieg zwischen den Byzantinern und

den Sasaniden waren Monophysiten und Nestorianer bereits für einige Jahre unter sasanidische Herrschaft geraten – dies hatten sie hingenommen. Auch innerhalb des Sasanidenreichs konnten die Monophysiten und die Nestorianer die neue Obrigkeit akzeptieren. Der nestorianische Patriarch im Sasanidenreich rief die Christen zum bürgerlichen Gehorsam auf: »Gebt dem Kaiser, was des Kaisers ist!«

Aus der Frühzeit der arabisch-muslimischen Expansion gibt es jedoch auch Zeugnisse für einen tiefen Schrecken vor den Eroberern und entsprechenden Fluchtbewegungen. Die Expansion des Islam geschah überfallartig und mit militärischen Mitteln. Es handelte sich um »Razzien« (aus dem Arabischen stammend, steht es für Raubzug). Die Konfrontation mit schnellen Überfällen, wie sie Beduinen auf Kamelen durchführen können, wurde von der christlichen Bevölkerung auch als Gottesgericht und als Beginn der Endzeit gedeutet.

Der Prophet Mohammed verteilt Kriegsbeute. Türkische Miniatur des 18. Jahrhunderts

Koexistenz und Konversion: Christen und Muslime im Nahen Osten

In der zweiten Hälfte des 7. Jahrhunderts gab es in Palästina und Syrien noch ein relativ friedliches Zusammenleben von Christen und Muslimen. Noch bildeten die Christen hier die Führungsschicht. Ein Vertreter dieser christlichen Elite war Johannes von Damaskus, der für die byzantinische Ikonenverehrung das theologische Programm lieferte. Seine Familie besetzte hohe Ämter am Hof des Kalifen in Damaskus. Johannes zog sich um 720 in ein Kloster zurück. In dieser Zeit bahnte sich bereits ein Wechsel in den Führungsschichten an. In seinem Werk »De Haeresibus« (Über die Irrlehren) führte er hundert Häresien an, den Islam als 100. eingeschlossen: Der falsche Prophet Mohammed soll unter dem Einfluss eines ketzerischen Mönchs den Islam in die Welt gesetzt haben. Damit war eine religionsgeschichtliche Einordnung des Islams aus christlicher Sicht geschehen, die noch lange Zeit folgen haben sollte.

Die Kalifen aus der Familie der Omajjaden, die von 661 bis 750 in Damaskus regierten, griffen kulturell auf christlich-byzantinische Traditionen zurück. So ist der sogenannte Felsendom in Jerusalem – also das Heiligtum über dem Felsen, von dem Mohammed seine Himmelsreise angetreten haben soll – ein Bauwerk in byzantinischer Tradition, das 691/692 vollendet wurde. Christen allerdings erschien der Felsendom als neuer Tempelbau in Jerusalem und als monumentale Repräsentation der neuen Religion des Islams. Immerhin polemisierten die auf der Fassade des Doms angebrachten Koranverse gegen die christliche Trinitätslehre.

Jerusalem

INFO

Ab dem 4. Jahrhundert bildeten sich Jesu Wirkungsstätten in Jerusalem zunehmend zu Erinnerungsorten aus und das Wallfahrtswesen nahm an Bedeutung zu. 638 eroberten muslimische Araber Jerusalem und erhoben es zu einem der Zentren des Islams. Von hier aus habe der Prophet eine Himmelsreise angetreten und dabei Jesus, Mose und Abraham getroffen. Über der Stelle, von der aus Mohammed diese Himmelsreise unternommen haben soll, entstand der Felsendom, dessen Kuppel womöglich als architektonische Antwort auf die Kuppel der Grabeskirche gemeint war. Ebenfalls schon im 7. Jahrhundert wurde auf dem Tempelplatz aus Trümmern des zweiten, von Herodes erbauten Tempels eine Moschee errichtet, die zu Beginn des 8. Jahrhunderts durch die heutige Al-Aqsa-Moschee ersetzt wurde. In Westeuropa wirkten sich die Kreuzzüge nachhaltig auf die Bedeutung Jerusalems als Ort christlicher Erinnerung aus. So wurde die Stadt auf Bildern idealisiert dargestellt.

Der Felsendom auf dem Plateau des Tempelberges überragt noch heute die Jerusalemer Altstadt.

Politische Verschärfungen zeigten sich ungefähr ab dem Jahr 700, als die Politik des Kalifen Al-Walid I. entschiedener auf eine Islamisierung und Arabisierung der eroberten Völker zielte. Deutlich sichtbar wird dies im Umbau der Johanneskathedrale von Damaskus zu einer

Moschee. Hatte den Muslimen bisher ein Hof im alten Bezirk des Jupitertempels als Gebetsplatz genügt, ließ Al-Walid I. die im alten Tempelbezirk stehende Kirche teilweise abreißen und eine Moschee im byzantinischen Stil errichten. Dieses Gebetshaus galt als religiöses und politisches Zentrum: ein Ort, an dem Erlasse verkündigt, Gericht gehalten und der Staatsschatz verwahrt wurde. Al-Walid forderte (angeblich unter Androhung der Zerstörung von Kirchen) sogar den byzantinischen Kaiser auf, ihn beim Bau dieser und auch anderer Moscheen zu unterstützen; tatsächlich kamen Fachleute aus Byzanz und halfen beim Bau. Die weitere Politik der Omajjaden blieb zwar uneinheitlich, zielte aber auf eine Ein- oder auch Ausgrenzung des Christentums ab. Dazu gehört auch der Befehl des Kalifen Jazid II. zur Zerstörung christlicher Kreuze und Bilder im Jahr 721.

Der Übergang der Herrschaft an die Dynastie der Abbasiden im Jahre 750 und die Verlagerung der Hauptstadt nach Bagdad führte zu größeren Veränderungen.

Das Machtzentrum hatte sich aus dem ehemals christlich-byzantinisch dominierten Bereich herausverlagert. Da sich die muslimische Machtausübung zunehmend regionalisierte, gestaltete sich auch das Zusammenleben von Christen und Muslimen regional unterschiedlich, wenn auch übergreifende Rechtsnormen existierten: Schon zu Mohammeds Lebzeiten (570/573–632) war die Rechtsstellung der Christen und auch Juden allgemein geregelt worden: Sie galten als Unterworfene, genossen aber einen Sonderstatus als »Schutzbefohlene«. Damit wurde eine Art Klientelsystem eingerichtet, das den Schutzbefohlenen die Steuerlast auferlegte, ihnen aber eine relative Autonomie garantierte. In religiöser Hinsicht waren sie weitgehend frei, allerdings wurde die Wahl von Kirchenoberhäuptern zunehmend zum Politikum. Theoretisch befanden sich die Christen also in einem geregelten Rechtsverhältnis, vor allem, wenn sie in Städten lebten, denn schon die Übergabeverträge mit den Eroberern für Städte enthielten Schutzklauseln. Ein fester Bestandteil dieser Verträge war die Verpflichtung der Eroberten zu politisch loyalem Verhalten sowie zur Leistung von Abgaben und die Hinnahme von Einschränkungen in der öffentlichen Religionsausübung.

Formell war dieser Zustand für die orientalischen Christen zumeist ein Fortschritt gegenüber der byzantinischen Herrschaft, allerdings sah die politische Wirklichkeit zunehmend anders aus. Christen blieben der Willkür ihrer Obrigkeit ausgeliefert; sowohl für Tolerierung wie für Drangsalierung lassen sich Beispiele finden, je nachdem, wie es für die neuen Herren im Einzelfall opportun war. So oder so schwoll die Welle der Konversionen zum Islam erheblich an, wobei christliche Autoren den Übergetretenen vorwarfen, sie hätten nicht wirklich gezwungenermaßen die Religion gewechselt.

Kämpfe zwischen Byzantinern und Seldschuken, byzantinische Buchmalerei, 13. Jahrhundert

Die Kreuzzüge

Im 10. Jahrhundert gerieten die politischen Verhältnisse in Syrien und Palästina noch einmal in Bewegung. Den diplomatisch stets regen Byzantinern gelang es, ein Bündnis mit der in Aleppo residierenden muslimischen Herrscherfamilie der Hamdaniden zu schließen. Entlang der syrischen Küste unternahmen byzantinische Truppen einen Vorstoß nach Süden, bei dem sie im Jahr 969 auch das am Ufer des Flusses Orontes gelegene Antiochia zurückeroberten, das sie bis 1085 halten konnten. Zu dieser Zeit zeigten sich schon die Auswirkungen einer schweren Niederlage, die die Byzantiner 1071 bei Mantzikert in Armenien gegen die Seldschuken hinnehmen mussten. Dieses Ereignis verschob erstmals seit Jahrhunderten die byzantinische Ostgrenze wieder Richtung Westen. Die Seldschuken brachen tief nach Kleinasien ein, also in das byzantinische Kernland. Dies wurde auch in Westeuropa schnell bekannt, da die Pilgerwege nach Jerusalem unterbrochen wurden.

Die Schlacht von Mantzikert lenkte das Interesse der westeuropäischen, lateinischen Christenheit mit dem Papst an der Spitze auf Jerusalem und den Nahen Osten. Auch zwei weitere Schlüsselereignisse trugen zu dieser Fokusverschiebung bei: der Investiturstreit und das Schisma (Glaubensspaltung) zwischen West- und Ostkirche 1054. Aus westeuropäischer Sicht waren Jerusalem und die heiligen Stätten im Nahen Osten in größter Gefahr sowie die Kirche in Byzanz keine richtige Kirche. Für den Papst galt es, politische Initiative zu zeigen, um die weltliche Macht mit dem Kaiser an der Spitze zu überflügeln. Außerdem hatte der byzantinische Kaiser Alexios II. ihn um militärische Hilfe beim Kampf gegen die Seldschuken gebeten. Alexios ging es dabei nicht um die Eroberung Jerusalems, sondern darum, sein Reich und Antiochia zurückzuerobern. Dazu wollte er Söldner anwerben. Mit dem, was daraufhin im Westen losbrach, rechnete er nicht: Die Kreuzzüge richteten sich letztlich nicht nur gegen muslimisch beherrschte Gegenden, sondern auch gegen das christliche Reich der Byzantiner.

Der Begriff »Kreuzzug« stammt nicht aus der Zeit der Kreuzzüge. Er ist, wie viele populäre Vorstellungen über die Kreuzzüge selbst, im 19. Jahrhundert geprägt worden, in einer Zeit, in der man die Kirche, vorwiegend die katholische, gern als reaktionäre, fanatische und gewalttätige Macht darstellte. Die Zeitgenossen nannten das, was seither Kreuzzug heißt, meist *peregrinatio*, also »Wallfahrt«. Sie gingen davon aus, dass ihr Unternehmen einen guten religiösen Sinn hatte und sie dem Seelenheil, dem höchsten Gut des Mittelalters, näherbrachte. Sie ließen sich ihr Schwert segnen, aber auch ihren Pilgerstab, und sie nannten sich *crucesignati* (»mit dem Kreuz Gezeichnete«), trugen sie doch ein Kreuzabzeichen an ihrer Kleidung. Nicht nur ein gut gerüstetes Heer brach in Richtung Orient auf, sondern auch Scharen von Menschen, die auf eigene Faust dorthin wollten, wo die höchste Konzentration an Möglichkeiten für das Erlangen des eigenen Seelenheils zu sein schien. Wallfahrten nach Jerusalem hatte es auch nach der arabisch-muslimischen Expansion im Vorderen Orient im 7. Jahrhundert immer gegeben. Nun aber störten die Seldschuken die Pilgerwege. So machte der Hilferuf des byzantinischen Kaisers die Wallfahrt zu einem militärischen Unternehmen.

> »Macht euch auf den Weg zum Heiligen Grab, entreißt jenes Land dem gottverdammten Volk und nehmt es in Besitz. Gott hat jenes Land den Söhnen Israels gegeben, ein Land, in dem, wie die Schrift es sagt, Milch und Honig fließen.«
>
> *Aus dem Kreuzzugsaufruf Urbans II.*

Papst Urban II. rief 1095 in Clermont in Südfrankreich unter dem Motto »Gott will es!« dazu auf, in das Heilige Land zu ziehen. Fränkische und normannische Ritter machten sich daraufhin 1096 auf den Weg. Dem byzantinischen Kaiser schworen sie einen Eid, ihm die eroberten Gebiete zu unterstellen, was aber nie geschah und was den Graben zwischen Ost- und Westkirche weiter vertiefte. Die westlichen Kreuzfahrer wurden für die Byzantiner bald zu einer Belastung, mehr und mehr auch zu einer Bedrohung. Die Christen, die im Nahen Osten lebten und die sich über Jahrhunderte mit der muslimisch-arabischen Herrschaft arrangiert hatten, galten den Kreuzfahrern aus dem Westen als minderwertig oder sogar als Ketzer. Wo es ging, wurden Kirchen umgewidmet und lateinisch sprechenden Priestern unterstellt.

Die Eroberung Jerusalems 1099 durch ein Ritterheer unter Gottfried von Bouillon endete in einem Blutbad, nicht nur an den Muslimen, sondern auch an den Juden, die in der Stadt lebten. Das Massaker in Jerusalem wurde mit alttestamentlichen Motiven begründet und untermalt: Die Kreuzfahrer umrundeten die Stadt und ließen Posaunen blasen wie Josua bei der Eroberung Jerichos. Den Sieg über einen scheinbar übermächtigen Gegner empfand man als Wunder. Faktisch war das Wunder dadurch bedingt, dass die Macht der Seldschuken durch innere

Kämpfe geschwächt war. Die Muslime empfanden diesen und die folgenden Kreuzzüge als schwere Demütigung. Sie beeinflussten ihr Bild von Europa und den Christen nachhaltig und bis in die heutige Zeit.

Eine anhaltende Wirkung hatten die Kreuzzüge ansonsten nicht, denn nur der Erste Kreuzzug galt als militärischer Erfolg. Die an der Küste Palästinas und im Hinterland von Antiochia gegründeten Kreuzfahrerstaaten verschwanden schnell wieder von der Landkarte. Als der Zweite Kreuzzug 1147/48 vollkommen scheiterte, machte man dafür vor allem die Byzantiner verantwortlich. Immer wieder ergingen Aufrufe zu Kreuzzügen, die aber immer weniger Resonanz fanden. Der vernichtende Schlag, den Sultan Saladin 1187 der europäischen Besatzungsarmee der Kreuzfahrer versetzte, brachte Jerusalem in seine Hand. Zwar sollte die Stadt noch einmal von 1229 bis 1244 in die Hand der Europäer gelangen, doch war dies nicht das Ergebnis von Kämpfen, sondern der Erfolg der Diplomatie Kaiser Friedrichs II., der anstatt einen Kreuzzug zu unternehmen den Verhandlungsweg beschritten hatte. Ansonsten gab es nur Misserfolge: Den Deutschen ist der Tod Friedrich Barbarossas in Kleinasien im Jahr 1190 in Erinnerung geblieben, den Engländern der schmachvolle Rückzug von Richard Löwenherz aus dem Heiligen Land. Übrig blieben Legenden: der Kyffhäuser und Robin Hood. Der letzte große Akt der Kreuzzüge traf dann die Byzantiner: 1204 eroberte ein Kreuzfahrerheer Konstantinopel und errichtete dort das Lateinische Kaiserreich.

Gottfried von Bouillon erblickt Jerusalem, Farblithografie um 1900

Spanien: al-Andalus

Die rasche Expansion des Islams – oder der Araber, die sich dem sich allmählich konstituierenden Islam anschlossen – hatte den byzantinischen Nahen Osten wie das Reich der Sasaniden im Zweistromland und Persien innerhalb weniger Jahre unter eine neue Herrschaft gebracht. Auch in den byzantinischen Regionen Ägyptens und Nordafrikas konnten die neuen Herren sehr schnell ihre Herrschaft festigen. Von Nordafrika aus erfolgte dann die Eroberung Spaniens. 711 unternahm der Feldherr Tarik einen ersten Vorstoß und besiegte ein westgotisches Heer. Nach ihm ist Gibraltar benannt: Jebel el Tarik, Fels des Tarik. Damit war ein Brückenkopf gebildet, über den weitere Truppen nachgezogen wurden, die den größten Teil Spaniens eroberten und das Westgotenreich von der Landkarte tilgten.

Die Pyrenäen bildeten eine Art natürliche Barriere für die weitere Expansion der neuen Herren über die Iberische Halbinsel hinweg. Welche Bedeutung die Schlacht bei Tours und Poitiers im Jahre 732 wirklich hatte, in der ein fränkisches Heer die muslimischen Truppen besiegte, ist nicht klar zu ermessen. Ob durch den fränkischen Hausmeier und Quasi-König Karl Martell hier wirklich das »christliche Abendland« gerettet wurde oder ob es eher darum ging, eine »Razzia« abzuwehren, bleibt unklar. Unter Karl dem Großen wurde dann die Spanische Mark im heutigen Katalonien eingerichtet, die eine Art Militärgrenze zu den Muslimen bildete.

Die Pyrenäen bildeten eine Art natürliche Barriere für die weitere Expansion der neuen Herren über die Iberische Halbinsel hinweg.

Über das Schicksal der spanischen Christen in dieser und der folgenden Zeit ist nur wenig bekannt. Bezeugt sind theologische Sonderentwicklungen und fränkische Versuche, auf das spanische Christentum Einfluss zu nehmen. Die meisten Mozaraber genannten Christen verhielten sich unauffällig und nutzten die Möglichkeiten des Toleranzregimes der muslimischen Herren, die von den eroberten Christen Abgaben forderten, sie aber ansonsten weitgehend in Ruhe ließen. Unter gleichen Bedingungen lebten die Juden, wobei es unter den wechselnden politischen Verhältnissen auch zu Diskriminierungen von Juden wie von Christen kommen konnte, die vor allem in einem erhöhten Konversionsdruck bestanden. Das immer wieder gerühmte friedliche Zusammenleben von Juden, Christen und Muslimen war eben keine Dauererscheinung, sondern abhängig vom guten Willen der Herrschenden und von Nützlichkeitserwägungen: Eine pragmatische Toleranz konnte wirtschaftlich und politisch förderlich sein. Die Lage für die religiösen Minderheiten verschlechterte sich zusehends. Der Massenmord an Juden in Granada 1066 sollte dafür ein Vorzeichen sein: Tausende Menschen wurden gequält und umgebracht, sogar noch mehr als in den Kreuzzugspogromen in Deutschland bald darauf. Spätestens damit endete das »Goldene Zeitalter« des Judentums unter muslimischer Herrschaft.

Die Alhambra in Córdoba ist noch heute Ausdruck islamischer Kultur auf der Iberischen Halbinsel.

Die Eroberer Spaniens waren vor allem nordafrikanische Berber, keine Araber. Daraus resultierten Spannungen, die in militärischen Auseinandersetzungen zwischen diesen Gruppen eskalierten. Die Berber wollten die Vorherrschaft der Omajjaden loswerden und erhoben sich gegen das Kalifat von Damaskus. Die Verhältnisse waren chaotisch, ohne dass die im Norden Spaniens als Reich von Asturien verbliebenen Nachfolger der Westgotenherrschaft dies einstweilen nutzen konnten. Auch die Franken konnten nur ab und an in Spanien intervenieren, ohne nachhaltige Erfolge zu erzielen. Eine Beruhigung des Konfliktes trat erst durch die Gründung des Emirates Córdoba 756 ein. Es begann die bis ins 13. Jahrhundert anhaltende Blütezeit von al-Andalus, des muslimischen Teils der Iberischen Halbinsel. Dazu trugen arabische Einwanderer bei, die die Kultur der islamischen Ursprungsregionen und vor allem Syriens nach Spanien importierten. Trotz des Glanzes von Córdoba, der bis heute in der Architektur sichtbar ist, blieb die hier etablierte Herrschaft doch immer fragil: Teilreiche spalteten sich ab, die entweder geduldet waren oder von anderen muslimischen Herrschern auf spanischem Boden bekämpft wurden. Als im 10. Jahrhundert ein eigenes Kalifat von Córdoba gegründet wurde, hatte sich das christliche Königreich von Asturien (nun unter dem Namen Königreich León) bereits erheblich ausgedehnt. Die Reconquista, also die Rückeroberung der Iberischen Halbinsel, hatte begonnen, die allerdings zu Beginn noch nicht als religiöse »Bewegung« angesehen wurde. So kam es auch zu rein machtpolitisch motivierten Bündnissen von christlichen Herrschern mit muslimischen, wenn die Bündnispartner einen gemeinsamen Feind hatten. Erst mit den Kreuzzügen ins Heilige Land wurde die Expansion der Reiche christlicher Könige in Spanien religiös aufgeladen, wobei sich die religionsübergreifende Bündnispolitik noch immer fortsetzte – hier waren also unterschiedliche Kräfte im Spiel und die Religion nur eine Kraft, politisch-militärische Erwägungen die andere.

Im 11. Jahrhundert zerfiel das Kalifat von Córdoba in eine ganze Reihe von Teilreichen. Zwar gelang es durch den Einsatz muslimischer Streitkräfte aus Nordafrika, den Almoraviden, die christliche Gegenexpansion fast vollständig zurückzudrängen, doch hatte das keine bleibende Wirkung: Auch das von den Almoraviden gegründete, Nordafrika und al-Andalus umfassende Reich zerbrach durch innere Konflikte. Mehr Erfolg hatten auch die Almohaden nicht, die im 12. Jahrhundert ebenfalls aus Nordafrika nach Spanien kamen. Die alten Konflikte zwischen Berbern und Arabern lebten wieder auf, und nicht zuletzt waren die Invasoren aus Nordafrika strenggläubiger als die spanischen Muslime.

Ein prominentes Opfer der Auseinandersetzungen von Berbern und Arabern wurde Ibn Ruschd, den die Lateiner Averroes nannten. Ein hochgebildeter Philosoph und vor allem Kenner, Vermittler und Kommentator der Werke des Aristoteles, der nun

Córdoba

Córdoba war in gewisser Weise eine Antipodin zu Konstantinopel: Die Pracht beider Städte war vergleichbar, auch ihre Einwohnerzahl in ihrer jeweiligen Hochzeit. Kultur und Wissenschaft waren hier zuhause, Religion und Staat standen in enger Verbindung. Das religiöse und kulturelle Zentrum Córdobas bildete die Moschee (Mezquita), die an einer Stelle gebaut wurde, wo vorher eine christliche Kirche stand. Zur Zeit der Reconquista wurde die Mezquita zu einer christlichen Kathedrale umfunktioniert – zur Kathedralmoschee (Mezquita-Catedral). Im 10. Jahrhundert begründete Kalif Abd ar-Rahman III. sein Reich in Córdoba. An seinem Hof hatte Chasdai ibn Schaprut, ein Jude, eine hohe Stellung inne. Er sorgte für die Gründung einer jüdischen Gemeinde in Córdoba, vor allem aber war er ein Diplomat, der für den Kalifen Verhandlungen mit Vertretern der Ottonen und des Königreichs León führte. Córdoba galt in dieser Zeit als Metropole des Handels und war Ziel vieler Gesandtschaften. So strahlte der Ruhm der Stadt weithin aus, auch nach Deutschland, wo die mittelalterliche Dichterin Roswitha von Gandersheim sie als Zierde des Erdkreises bezeichnete.

nicht nur in der islamischen Theologie und Philosophie, sondern auch in der christlichen eine Rolle spielen sollte. Ibn Ruschd aber galt wegen seiner philosophischen Studien letztlich als Ketzer und wurde 1195 aus Spanien verbannt.

Während das christliche Königreich von León – seit 1230 als Königreich Kastilien und León – weiter expandierte, wurde Granada im Süden Spaniens zu einem Zentrum arabisch-muslimischer Kultur.

Letztlich aber bildete das Reich von Granada einen letzten Brückenkopf dieser Kultur auf spanischem Boden. Die Geschichte der christlichen Reiche war ebenso komplex wie die der muslimischen. Das Königreich Kastilien war am Ende der Sieger: Die muslimischen Reiche, zuletzt also Granada, verschwanden. 1492 war die Reconquista abgeschlossen; ihr Erfolg war auch eine Folge der Uneinigkeit der muslimischen Herrscher und Gruppen auf spanischem Boden. Unsicherheit herrschte zunächst darüber, wie mit den Muslimen, den Mauren, umzugehen sei. Auch wenn es Tendenzen gab, ihnen Toleranz zu gewähren, wies man sie letztlich aus. Ähnlich erging es den Juden, die zwangsgetauft wurden oder das Land verlassen mussten. Spanien wurde ein christliches und später, als der Protestantismus als Gegenbild hinzukam, ein katholisches Land. Auch für Protestanten war nämlich seit dem 16. Jahrhundert auf der Iberischen Halbinsel kein Platz.

DAS WERDEN EUROPAS

Europa in einem wirtschaftlich-politischen Sinne ist erst eine neuzeitliche Vorstellung, die es im Mittelalter noch nicht gab. Allerdings war man sich bewusst, dass man in einer gemeinsamen, heute europäisch zu nennenden Welt lebte, denn die lateinische Sprache und Literatur und die christliche Kirche bildeten die Grundlage eines gemeinsamen kulturellen und religiösen Raumes. Dieser wurde im Laufe der Jahrhunderte erschlossen. Seine Ursprünge liegen im römischen Weltreich, das schon große Teile Europas umfasst hatte. Nach seinem Untergang traten die Franken und andere nur grob als germanische »Völker« zu identifizierende Gruppen ihre jeweilige Herrschaft an. Mit den Franken dehnte sich das Erbe der antiken Kultur nach Norden und Osten aus, wo sich in Osteuropa, Skandinavien und England eigene Machtzentren ausbildeten. Querverbindungen zwischen einzelnen Reichen, nicht zuletzt dynastischer Art, gab es immer, ob in friedlicher oder um Einfluss konkurrierender Weise. Die oberste Instanz bildete das Papsttum, das aber durch das Schisma zwischen Avignon und Rom gespalten war.

Karolinger und Ottonen

Das Frankenreich hatte unter der Dynastie der Merowinger eine wechselvolle Geschichte: Der raschen Expansion unter Chlodwig war eine lange Phase innerer Spannungen und Spaltungen gefolgt, bis im 8. Jahrhundert die Pippiniden (oder Karolinger, wie sie später hießen) die Macht an sich zogen. Unter ihnen und vor allem unter Karl dem Großen dehnte sich das Reich von den Pyrenäen bis an die Elbe, von der Eider bis nach Norditalien und bis nach Bayern und Kärnten aus. Karl war Herrscher über ein Gebiet, das das heutige Kerneuropa bildet. In späterer Wahrnehmung ist immer wieder betont worden, Karl der Große sei schon von Zeitgenossen als *Pater Europae* bezeichnet worden, allerdings hat dies mit modernen Europavorstellungen nichts zu tun. Europa war eine geographische Bezeichnung, und Karls Reich war mit diesem Europa zu großen Teilen deckungsgleich. Dieses Reich als Vorabbildung des modernen Europas zu sehen ist zwar historisch nicht korrekt, entbehrt aber doch nicht vollkommen eines gewissen Sinnes. So ist Karl nach 1945 als deutsch-französischer

Herrscher wahrgenommen worden. Dass das Reich Karls bald zerbrach und sich diese frühe Vorabbildung Europas sehr schnell fragmentierte, war den Gründervätern der europäischen Einigung im 20. Jahrhundert natürlich bewusst.

Die Impulse, die die Karolinger gaben, reichten über die Grenzen ihres Reiches hinaus. Das Bündnis mit dem Papsttum gehörte zu diesen neu etablierten historisch-politischen Grundkonstanten, denn damit verband sich langfristig eine Ausrichtung der in den europäischen Reichen entstehenden Kirchen nach Rom – auch wenn das Papsttum über weite Strecken seiner mittelalterlichen Geschichte nicht mehr war als ein halb weltlicher, halb geistlicher Herrschersitz, der dem Streit römischer Adelsfamilien ausgeliefert war. Mit dem Papsttum verbindet sich auch die Idee eines christlichen Europas, wie sie in Form der Konstantinischen Schenkung Gestalt gewinnt: Westeuropa – dem Wortlaut nach »Rom, Italien und die westlichen Gebiete« – sollte dem Papst gehören.

Büste Karls des Großen, 14. Jahrhundert

Das Karolingerreich zerfiel knapp 30 Jahre nach Karls Tod.

Auf seinem Boden entstanden zunächst drei Königreiche, das mittlere – Lothringen – wurde aber bald zwischen dem westlichen und dem östlichen Königreich aufgeteilt. Diese beiden Königreiche bildeten die Grundlage für das, was später zu Frankreich und Deutschland wurde. Spanien war einstweilen von muslimischen Arabern und Berbern beherrscht, und nur kleine Reiche christlicher Könige waren auf der Iberischen Halbinsel geblieben. Die Elbe bildete im Wesentlichen die Grenze des deutschen Reiches im Norden und Osten, und die Überschreitung dieser Grenze war das große Projekt Ottos des Großen und seiner Nachfolger. Nachdem Otto 936 zum deutschen König gewählt wurde, ging er sogleich daran, seine Pläne in die Tat umzusetzen. Magdeburg wurde zum Zentrum der Aktivitäten, die sich politisch-militärisch und missionarisch Richtung Osten ausrichteten. Hier wurde darum auch ein Erzbistum errichtet. Hinzu kam eine Reihe neu gegründeter Bistümer: Brandenburg, Havelberg, Merseburg, Meißen und Zeitz. Allerdings waren die Gebiete östlich der Elbe nie fest in ottonischer Hand: Aufstände der dort ansässigen slawischen Bevölkerung waren immer zu befürchten. Es sollte noch lange dauern, bis sich die deutsche Königsherrschaft und das Christentum hier gefestigt hatten.

Unterwegssein als Lebensform

Römische Legionäre waren es gewohnt, weite Strecken zu marschieren und in Germanien wie in Syrien zu kämpfen. Das römische Straßensystem erlaubte weite Reisen. Kaufleute waren unterwegs zu Wasser wie zu Lande, Briefe wurden über weite Entfernungen geschickt. Dieses Verkehrs- und Kommunikationsnetz kam auch der Kirche zugute: Organisationsformen und theologische Vorstellungen wurden in großen geografischen Räumen vereinheitlicht. Die frühmittelalterliche Völkerwanderung war ein Mobilitätsereignis großen Maßstabs, auch wenn hier keine Völker wanderten, sondern Gruppen, die erst allmählich zu einer gemeinsamen Identität kamen, nämlich als sie sich in neuen Reichen verstetigten. Mit dem damit einsetzenden Frühmittelalter veränderten sich auch die Umstände der Mobilität. Der Zerfall der römischen Infrastruktur (die es ja östlich des Rheins und nördlich der Donau auch gar nicht gab) machte das Reisen zunehmend mühsam und gefährlich. Erst um 1800 begann in Deutschland wieder ein planmäßiger Straßenbau. Im Mittelalter bewegte man sich oft nur auf Pfaden vorwärts, zu Fuß oder auf einem Reittier, kaum je in einer Kutsche. Fortschritte gab es allerdings im Schiffbau, davon profitierte die Hanse ebenso wie die Wikinger. Räuber aber waren zu Lande und zur See auf Beute aus. Reisen zum puren Vergnügen kamen selten vor, auch wenn hinter manchem seriösem Grund mindestens eine Portion Abenteuerlust zu vermuten ist.

Das galt für die Kreuzfahrer wie für die Wallfahrer und vielleicht auch für jene, die aus England, Schottland und Irland auf den Kontinent kamen, um hier das Christentum auszubreiten, das sich trotz der Herrschaft christlicher Frankenkönige in der Bevölkerung nicht tief verwurzelt hatte. Später waren die Orden mobil: Die Zisterzienser bauten ein Netz von Klöstern auf, das große Teile Europas umspannte, und die Franziskaner entwickelten in ihrer Anfangszeit eine hohe Dynamik durch Predigtreisen und Klostergründungen. Die Ritterorden, die nach dem Rückzug aus dem Heiligen Land am Ende der Kreuzzüge erst einmal heimatlos geworden waren, suchten sich neue Aufgaben: die Templer vor allem in Frankreich, die Johanniter zuerst im Mittelmeerraum (durch ihren Aufenthalt auf Malta wurden sie zu »Maltesern«), der Deutsche Orden im späteren Ostpreußen und im Baltikum.

Um die Pilgerschaft ranken sich zahlreiche Legenden, wie die des sog. Hühnerwunders. Das Pilgerpaar in der Mitte ist an den Muscheln auf ihren Hüten zu erkennen. Fresko von Ambrosius Gander, 15. Jahrhundert

> **INFO**
>
> ## Peregrinatio
>
> *Peregrinatio* ist ein häufig genanntes Motiv, wenn es darum geht, in ferne Länder zu ziehen. Auch die Kreuzzüge konnten als *Peregrinatio* bezeichnet werden. Im Frühmittelalter war damit eine Wallfahrt, ein Aufbruch oder auch ein Leben fern der Welt gemeint. Man musste sich also noch nicht einmal in die Fremde aufmachen, um ein *peregrinus* zu sein. Diejenigen aber, die von Irland, Schottland oder England aus auf den Kontinent gingen, um dort zu missionieren, waren von einem besonderen Auftrag ergriffen. Die Lebensbeschreibung Columbans, der um 600 auf den Kontinent kam, berichtet, dieser sei nach langem Klosteraufenthalt von der Sehnsucht erfasst worden, die *Peregrinatio* anzutreten: Er habe sich des Auftrags Gottes an Abraham erinnert, seine Heimat zu verlassen und in ein Land zu gehen, das Gott ihm zeigen werde. Ähnlich war es bei anderen, auch bei Bonifatius. Auch ihn trieb, so wird über ihn berichtet, die Sehnsucht nach fernen Gegenden um. Bewusst ging man also in die Fremde, um dort wieder heimisch zu werden und das zu verpflanzen, was man kannte: das Christentum.

Eine ganz andere Motivation für ihre Mobilität hatten die Wikinger, die mit ihren Raubzügen an allen europäischen Küsten und ins Meer mündenden Flüssen für Angst und Schrecken sorgten. »Wikinger« ist eine moderne und teilweise schon mittelalterliche Sammelbezeichnung für Seeräuber und Plünderer, die von Skandinavien aus ihre Beutezüge unternahmen und so bis nach Konstantinopel fuhren. Seit dem 19. Jahrhundert hat sich das populär gewordene Bild von mit Hörnerhelmen ausgestatteten Ruderern festgesetzt, die mehr oder minder brutal ferne Küsten heimsuchten. Die gleichen Wikinger konnten aber auch Handel treiben oder Siedlungen bauen. Funde von Wikingerschiffen zeigen uns, dass die Schiffe einerseits recht hochseetauglich, andererseits transportabel genug waren, um mit ihnen auf dem Landweg die Entfernungen zwischen zwei Flüssen zu überwinden. Ihre Haupteigenschaft aber lag in ihrer hohen Geschwindigkeit. Das Überraschungsmoment war für die Wikinger bei ihren Überfällen das Entscheidende – Abwehrmaßnamen der Angegriffenen kamen in der Regel zu spät. Schutzgeldzahlungen hatten nicht unbedingt einen Effekt, sondern nährten noch den Feind. In den küstennahen Städten machte man schlechte Erfahrungen mit gewalttätigen Schiffsbesatzungen, die raubten und plünderten und Siedlungen verwüsteten. Das 9. Jahrhundert kennt eine lange Liste von überfallenen Orten, unter denen sich auch Paris und das noch junge Hamburg befinden.

Solche Raubzüge sind für die Zeit von ungefähr 800 bis 1050 bezeugt. Der Überfall auf das schottische Kloster Lindisfarne im Jahre 793, eigentlich ja ein lokales Ereignis, wurde weithin als Zeichen des Schreckens gesehen, zumal die Täter noch nicht christianisiert waren. Hier besteht aber wieder einmal das Problem, dass es keine

Eine dänische Wikingerfestung, Illustration von Gerry Embleton

literarischen Zeugnisse der Wikinger selbst gibt und dass diese sich bei ihren Überfällen auch nicht namentlich vorstellten, sodass nicht klar ist, wer genau die Überfälle verübt hat. Viele räuberische Angriffe werden auch gar keinen Niederschlag in historischen Quellen gefunden haben. Archäologisch lässt sich immerhin nachweisen, dass es um diese Zeit Siedlungen an der Küste Skandinaviens gab, von denen aus größere Seefahrten unternommen werden konnten. Dabei spielte England eine wichtige Rolle, nicht nur, weil man dort plündern konnte, sondern auch, weil Seefahrer dort Siedlungen errichten konnten.

Die Wikinger bewegten sich aber oft auch in friedlicher Absicht auf Flussläufen in das jeweilige Landesinnere, dabei spielte im Osten Nowgorod eine wichtige Rolle. Hier gab es eine Handelsniederlassung. Wikinger konnten also auch als Fernhändler und Kaufleute begegnen, und sie reisten bis nach Konstantinopel und Arabien.

Nur ein kleiner Teil der Wikinger war aber überhaupt unterwegs: Die meisten waren Bauern. Rekonstruierte Siedlungen wie in Trelleborg oder Haithabu geben einen Eindruck von der damaligen Lebensweise. Was einen Teil der männlichen Bevölkerung dazu brachte, sich aus der Sicherheit ihrer Siedlungen zu entfernen und gefährliche Schiffsreisen zu unternehmen, ist schwer zu ermessen: Der Raub von Luxusgut konnte den Wohlstand mehren, Abenteuerlust und die daraus folgenden Geschichten einen hohen Unterhaltungswert haben, kriegerisches Handeln Ruhm und Herrschaft begründen. Mit der Etablierung eigener Herrschaften in Skandinavien wurden die Wikinger dort zunehmend einer zentralen Autorität, nämlich einem König, untergeordnet.

Allmählich wurden in der zeitgenössischen Wahrnehmung aus den Wikingern die Normannen, die sich 911 in der Normandie ansiedeln durften.

Der legendäre König Rollo war der erste Herrscher über dieses vom König vergebene Lehen, das 1204 in das westfränkische Reich integriert wurde. 1066 setzte der normannische Herzog Wilhelm II. (der Eroberer) nach England über und weitete damit seine Herrschaft erheblich aus. Ungefähr zur gleichen Zeit begründeten normannische Söldner, die von lokalen und regionalen Herrschern als Hilfstruppen zur Abwehr der »Sarazenen« (arabischer Invasoren) nach Süditalien gerufen worden waren, dort eigene Herrschaften.

Der Osten: neue Reiche, neue Kirchen

Die »deutsche Ostkolonisation« – als stringentes politisches Konzept eher ein Mythos des 19. Jahrhunderts – stieß auf vielfältige Widerstände. Östlich der Elbe wehrten sich die dort ansässigen Slawen gegen die politische Vereinnahmung wie auch gegen die Christianisierung. Die Slawen waren schwer gefügig zu machen. Dies galt auch für die Sachsen, nur dass diese sich schneller auf die Vorteile besannen, die eine Eingliederung in das karolingische und bald auch ottonische Reich mit sich brachte.

Während sich die Ottonen noch bemühten, im 10. und 11. Jahrhundert das Gebiet östlich und auch nördlich der Elbe zu beherrschen, hatte sich jenseits der Oder schon ein neues Reich etabliert. Der polnische Herzog Mieszko aus der Dynastie der Piasten hatte sich 966 taufen lassen, und nicht untypisch folgte er damit der Religion seiner

Ein Historiengemälde des 19. Jahrhunderts idealisiert die Christianisierung Polens.

Frau: Sie, eine böhmische Prinzessin mit Namen Dubrawka, stammte aus einem bereits christlichen Herrschergeschlecht. Kirchlich gesehen war man zu dieser Zeit in Polen noch vom Reich der Ottonen abhängig, was sich freilich schnell ändern sollte: 968 schon wurde auf Veranlassung des Papstes das Bistum Posen gegründet, das erste Bistum im Herrschaftsbereich der Piasten. Auch politisch emanzipierte sich Mieszko vom deutschen Kaiser, indem er sein Land direkt dem Papst unterstellte. Damit war auch allen Missionsaktivitäten von außen ein Riegel vorgeschoben. Das Christentum wurde offensichtlich zu einem Bezugspunkt für die slawischen Gruppen östlich der Oder, die Mieszko erst einmal einen musste – er war eigentlich nur der Herrscher über eine dieser Gruppen, die Polanen, die den Polen den Namen gaben. Mieszkos Sohn Bolesław Chrobry trieb den Prozess einer Identifikation von Christentum und polnischem Staat entschieden voran. Dazu nutzte er die Reliquien des Prager Erzbischofs Adalbert, der 997 auf einer Missionsreise an die Ostseeküste ermordet und zwei Jahre später heiliggesprochen worden war. Bolesław Chrobry hatte die Reliquien gekauft und nach Gnesen bringen lassen, das 1000 im Beisein Kaiser Ottos III. zum Erzbistum erhoben wurde. Innerhalb kürzester Zeit wurde also eine polnische Kirchenorganisation aufgebaut, die von der im deutschen Reich unabhängig sein sollte. Mit dem deutschen Kaiser, der sich in der Rolle eines geistlichen Bundesgenossen sehen konnte, der dem polnischen Herzog das Tor zur Integration in das Netzwerk christlicher Herrscher geöffnet hatte, befand man sich in gutem Einvernehmen. Das änderte sich aber schon bald darauf mit dem Tod Ottos III., denn Bolesław Chrobry hatte vergeblich gehofft, den Markgrafen Ekkehard von Meißen beerben zu können, der bei den Nachfolgekämpfen um den deutschen Königsthron ums Leben gekommen war – immerhin aber bekam Bolesław die Lausitz als Lehen übertragen. Außerdem war der polnische Herzog durch einen Überfall in Merseburg gedemütigt worden, wo er sich 1002 mit dem neuen Kaiser, Heinrich II., getroffen hatte. Der Chronist Thietmar von Merseburg betont ausdrücklich, der Kaiser habe davon nichts gewusst – das Gegenteil also könnte der Fall gewesen sein. Am gleichen Ort schlossen Bolesław Chrobry und Heinrich II. dann nach jahrelangen Kämpfen 1013 Frieden, allerdings flammte der Konflikt dann noch einmal auf, bis er 1018 endgültig beigelegt wurde. 1025 erhob sich Bolesław Chrobry selbst zum König, was erst möglich war, nachdem Heinrich II. gestorben war, denn der deutsche Kaiser war trotz der Versöhnung ein vehementer Gegner der Königserhebung. Dieses Ereignis wurde legendarisch oft auf den »Akt von Gnesen« im Jahre 1000 zurückdatiert, bei dem er von Otto III. gekrönt worden sei.

In Böhmen hatte sich mit den Přemysliden schon im 9. Jahrhundert ein christliches Herrschergeschlecht etabliert, dem auch Dubrawka entstammte. Die Přemysliden treten in dieser Zeit in das Licht der Geschichte, die Zeit davor ist wie so oft eher mythologisch bestimmt. Am Anfang der christlichen Geschichte Böhmens steht wiederum eine Frau, nämlich Ludmilla, die sich mit ihrem Mann Bořivoj 880 taufen ließ. Bořivoj starb zwischen 888 und 890, und seine Witwe Ludmilla versuchte danach, die Herrschaft über Böhmen für sich und ihre Kinder zu behaupten. 921 wurde sie in Kämpfen um den Thron ermordet und bald als Heilige verehrt. Getauft wurden Ludmilla und Bořivoj vermutlich von Methodius, einem der

»Slawenapostel« (der andere war Kyrill), die in Mähren missionierten. Bořivoj war letztlich von dem zu dieser Zeit mächtigen Mährischen Großreich abhängig, in das er sogar fliehen musste, als ihm die Herrschaft streitig gemacht wurde. Der böhmische Herrscher – ein genauer Titel und der Umfang seiner Herrschaft lässt sich nicht bestimmen – war erst einmal ein mährischer Klientelfürst, dessen Taufe vermutlich auch damit zu tun hatte, dass er nur als Christ den ebenfalls getauften mährischen Fürsten ebenbürtig war.

Böhmen wie Mähren lagen im Interessenbereich des Deutschen Reiches.

Der Aufstieg Böhmens wurde durch eine Schwäche der deutschen Königsmacht im späten 9. Jahrhundert durchaus begünstigt. Allerdings kam mit Heinrich I. 919 wieder ein Herrscher an die Macht, der seine Interessen im Osten durchsetzen wollte. Der Přemyslidenfürst Wenzel (Vaclav), der Enkel Bořivojs, fügte sich Heinrich, der ihm Reliquien des Heiligen Vitus zum Geschenk machte, für die Wenzel eine Kirche baute – hier liegen die Anfänge des Veitsdoms auf dem Hradschin. Letztlich musste Wenzel seine Annäherung an Kaiser Heinrich I. büßen – er wurde von seinem Bruder Boleslaw I. um 930 ermordet, was dazu führte, dass ihn das Volk bald als Heiligen verehrte. Nach langen Kämpfen musste aber auch Boleslaw die Vorherrschaft des deutschen Königs und Kaisers anerkennen und sich 950 Otto dem Großen als seinem Lehnsherrn unterwerfen. 973 wurde unter Boleslaw II. das

Otto II. verleiht Adalbert den Bischofsstab für seine Missionstätigkeit. Ausschnitt aus der Domtür in Gnesen, 12. Jahrhundert

Noch heute ein Vorbild für viele Ungarn: Reiterstandbild Stephans I. auf der Fischerbastei in Budapest

Bistum Prag gegründet – die Initiative war noch von dessen Vater Boleslaw I. ausgegangen. Bald flammten aber auch die Konflikte mit den Ottonen wieder auf. Otto II. trug letztlich den Sieg davon und zwang Boleslaw II., ihm 978 Gehorsam zu schwören. Die Lage blieb instabil, und als Boleslaw II. erneut rebellierte und von Otto II. wiederum in die Schranken verwiesen wurde, setzte der Kaiser einen eigenen Gefolgsmann als Bischof von Prag ein: Adalbert nämlich, einen freilich unsteten Geist, der sich dann lieber in der Mission betätigte und bald den Märtyrertod starb.

Otto III., der Adalbert noch persönlich kennengelernt hatte, sorgte im Jahr 1000 dafür, dass nicht nur in Gnesen, sondern auch in Ungarn ein Erzbischofssitz begründet wurde, nämlich in Gran (Esztergom). Die Ungarn (Magyaren) sind seit dem 9. Jahrhundert historisch fassbar. Ihr erster großer Fürst war Árpád, der um 900 die Alleinherrschaft erlangte und unter dem sie das Karpatenbecken in Besitz nahmen. Von hier aus führten die Magyaren eine Vielzahl von Raub- und Eroberungszügen durch, denen Teile des Mährischen Reiches zum Opfer fielen. Mit ihren schnellen Vorstößen zu Pferde erzielten sie ähnliche Effekte wie die Wikinger und handelten wohl auch aus ähnlichen Motiven. Der Sieg Ottos des Großen 955 auf dem Lechfeld bei Augsburg gegen die Ungarn markierte zwar noch nicht das Ende dieser Kriegszüge, sie gingen aber stark zurück. Das lag auch daran, dass die Existenz als Unruhestifter auf Dauer nicht durchzuhalten war und es attraktiver sein konnte, wie andere Herrscher und Völker den Anschluss an das christliche Europa zu suchen. So kam es zur Errichtung des ungarischen Erzbistums Gran.

Den Weg in das christliche Europa eröffnete Árpáds Urenkel Géza, der in Gran residierte. Er bat 972 Otto den Großen, Missionare aus Deutschland zu schicken, und mit diesen kam ein Missionsbischof mit Namen Brun, der Géza und die Elite des Reiches taufte. Damit war auch klar, dass man sich nicht nach Byzanz wenden und sich der dortigen Kirche anschließen würde. Gézas Frau Sarolt war immerhin orthodox getauft worden. Ihr Vater, ein ungarischer Fürst, war bei einem Aufenthalt in Konstantinopel Christ geworden. In religiösen Dingen nahm Géza eine auffallend indifferente (man könnte auch sagen: tolerante) Haltung ein, was sich daran zeigte, dass er weiterhin Teile seiner vorchristlichen Religiosität bewahrte.

Zu einem eindeutig christlichen Ende brachte diese Entwicklung Stephan I., der Sohn Gézas. Abgesichert wurde dieses Projekt – das eben kein privates war, sondern ein politisches unter den Augen der übrigen Fürsten – durch die Eheschließung Stephans mit der bayerischen Prinzessin Gisela. Sie war die Tochter des bayerischen Herzogs Heinrich, der im 16. Jahrhundert erstmals der »Zänker« genannt wurde, um ihn von anderen Herrschern dieses Namens zu unterscheiden. Heinrich der Zänker spielte für die Geschichte Polens und Böhmens eine gewisse Rolle.

Nach dem Tod Ottos des Großen 973 hatte er dessen Nachfolger Otto II. die Herrschaft streitig gemacht, und auch zu Otto III. trat er in Konkurrenz und rief sich ebenfalls zum König aus. In den Nachfolgestreitigkeiten seit 973 fand er sowohl in Mieszko wie auch in Boleslaw II. Verbündete, die ihrerseits eine Möglichkeit sahen, das Deutsche Reich auf Distanz zu halten. Heinrichs Sohn, also der Bruder Giselas, erlangte als Heinrich II. die Königs- und Kaiserwürde.

Dem ungarischen Herrscherhaus gelang über Gisela von Bayern der Anschluss an das dynastische Netzwerk der europäischen Könige. Die Hochzeit von Stephan I. und Gisela erfolgte 995, kurz nach dem Tod Heinrichs des Zänkers. Seit 997 regierte Stephan als Großfürst und wurde 1000 zum König gekrönt. Kaiser Otto III. unterstützte die Erhebung Stephans und sorgte von Rom aus, wo er sich gerne aufhielt, für ihr Gelingen: Ein Abt mit Namen Anastasius (eigentlich: Acherik), der wiederum ein Schüler Adalberts von Prag gewesen war, wurde von Stephan nach Rom geschickt, wo er vom Papst die Krönungsinsignien erhielt, die er nach Gran brachte. Anastasius wurde dann der erste Erzbischof von Gran. Mit dem von Anastasius nach Ungarn gebrachten Diadem wurde Stephan gekrönt – die berühmte Stephanskrone wurde erst später hergestellt. Stephan war nun »Apostolischer König«, und auch er übergab wie Mieszko sein Land formell dem Papst, der es ihm als Lehen zurückerstattete. Im Innern trieb er die Christianisierung konsequent voran. Stephan starb 1038 und wurde bald als Heiliger verehrt.

Kurz vor dem Jahr 1000 liegt ein Ereignis, das gerne als die »Taufe Russlands« bezeichnet wird, nämlich die Taufe des Großfürsten Wladimir, der in Kiew residierte. Schon damit ist klar, dass es hier nicht einfach um das spätere Russland gehen kann, so wie auch die hier ansässigen Kiewer Rus nicht die ersten Russen sind. Angesichts der lückenhaften Quellenlage ist gar nicht zu ermessen, wer die Rus genau waren und wer hier die Führungsschicht bildete. Womöglich handelte es sich um zugewanderte Waräger, also Wikinger. Immerhin war auch die von Wikingern stark frequentierte Handelsmetropole Nowgorod, das von Kiew als Zentrum abgelöst wurde, keine unbedeutende Stadt in diesem Reich der Rus, durch das die Handelswege von der Ostsee in das Byzantinische Reich verliefen.

Byzanz war die große Konkurrentin dieses Reiches der Rus.

Im 9. Jahrhundert hatte der Konstantinopler Patriarch Ignatius einen Missionsbischof nach Kiew entsandt, der offenbar für eine religiöse und politische Anschlussfähigkeit an Byzanz sorgen sollte. Dabei kam aber nicht viel heraus bzw. das genaue Gegenteil: Der Kiewer Fürst Oleg unternahm 907 einen Kriegszug gegen Konstantinopel und erzwang die Zahlung von Tributen und einen Vertrag mit Handelsprivilegien. Dabei blieb es einstweilen: Die Byzantiner ließen es wie so oft nicht auf eine militärische Auseinandersetzung ankommen und waren vielmehr zahlungswillig und zahlungsfähig.

In der Mitte des 9. Jahrhunderts änderte sich das Klima, wohl auch angesichts sich verstärkender Handelsbeziehungen. Die Kiewer Rus ließen von ihrer aggressiven Politik ab und suchten eher nach einem Bündnis mit dem etablierten Nachbarn. Dabei lernte man im Kiewer Reich auch das byzantinische Christentum besser kennen. Die eigentliche Missionierung der Rus ist auf eine Frau zurückzuführen, die Großfürstin Olga nämlich, die für ihren unmündigen Sohn Igor die Herrschaft ausübte. Olgas ursprünglicher Name dürfte Helga gewesen sein, was auf einen skandinavischen Hintergrund hindeutet. Olga reformierte die Verwaltung des Reiches und konsolidierte es nach innen. Um 950 ließ sie sich gegen starke Widerstände in ihrem Reich taufen und reiste dann nach Konstantinopel. Die Taufe war also die Eintrittskarte für Verhandlungen mit dem Kaiser um Unterstützung bei der Missionierung, der aber als Preis dafür die Unterordnung der neu zu gründenden Kirche unter den Patriarchen von Konstantinopel verlangte. Dazu war Olga nicht bereit. Ein ähnlicher Vorstoß bei Otto dem Großen führte zu dem gleichen Ergebnis. Zwar kam 961 ein Missionar nach Kiew, nämlich der spätere Magdeburger Erzbischof Adalbert, der aber schon im nächsten Jahr wieder in seine Heimat zurückkehrte. Zu diesem Zeitpunkt war Olga vermutlich schon tot und ihre Christianisierungspolitik gescheitert. Ihr Sohn Swjatoslaw ging genau den entgegengesetzten Weg und wandte sich gegen das Christentum. Alle Missionare mussten das Reich verlassen.

Die Taufe Wladimirs

INFO

Die Taufe Wladimirs und die Geschichte der Rus ist durch die in Kiew um 1115 entstandene »Nestorchronik« bezeugt. Es handelt sich dabei also um eine späte Quelle im Stil einer byzantinischen Weltchronik, die freilich ältere Quellen einbezieht. Recht märchenhaft werden die Umstände der Taufe Wladimirs dargestellt: Dieser habe sich nämlich über die Eigenheiten der Religionen informiert. Der Islam sei ihm wegen der Polygamie sympathisch, aber wegen der Beschneidung, des Verbots von Schweinefleisch und vor allem wegen des Alkoholverbots sehr unsympathisch gewesen. Am westlichen Christentum habe ihm das Fasten nicht gefallen, am Judentum nicht, dass die Juden in der Zerstreuung lebten. Schließlich habe Wladimir Boten ausgeschickt, und von diesen kamen jene begeistert zurück, die einen Gottesdienst in der Hagia Sophia in Konstantinopel besucht hatten: Sie hätten nicht gewusst, ob sie im Himmel oder auf der Erde gewesen seien, denn solche Schönheit gebe es auf Erden nicht. So habe der Großfürst den orthodoxen Glauben angenommen.

Taufe des Großfürsten Wladimir. Wandmalerei von Wiktor M. Wasnetzow in der Wladimirkathedrale in Kiew (Ausschnitt), 1880

Es war schließlich Großfürst Wladimir, der sich 988 taufen ließ. Wladimir war ein illegitimer Sohn von Swjatoslaw und musste sich seine Herrschaft erst erkämpfen. Dazu erhielt er die Unterstützung der Waräger, von Hilfstruppen aus Skandinavien also – ein Hinweis für die enge Bindung an diese Region. Nach der Festigung seiner Herrschaft fiel nun auch die Entscheidung, welcher Seite des Christentums man sich zuwenden wollte, und das Ergebnis war die Übernahme des Glaubens der Byzantiner, also das orthodoxe Christentum.

Faktisch war die Taufe Wladimirs die Besiegelung einer Bündnispolitik der Kiewer Rus mit dem Byzantinischen Reich. Damit wurde die Politik einer Abkehr von der Konfrontation hin zu einer Partnerschaft fortgesetzt. Dadurch, so dürfte die Einschätzung gewesen sein, ließen sich vielleicht größere Vorteile erzielen. Gefestigt wurde die Verbindung der Rus mit den Byzantinern durch die Ehe Wladimirs mit der byzantinischen Prinzessin Anna, die eigentlich schon als Frau für den deutschen Kaiser Otto II. vorgesehen war. Otto heiratete dann 972 eine andere byzantinische Prinzessin, Theophanu. Schnell wurde nun eine eigene Kirchenorganisation im Reich der Rus aufgebaut. Wladimir gelang es, die politische und kirchliche Eigenständigkeit zu bewahren. Das Slawische wurde zur Kirchensprache, und 991/92 wurde in Kiew ein Erzbischof als Kirchenoberhaupt eingesetzt. Westliche Missionsversuche wiesen die Rus konsequent ab. Formell aber unterstand der Erzbischof von Kiew dem Patriarchen in Konstantinopel, und die Erzbischöfe waren sehr oft Byzantiner. 1326 zog der Erzbischof dann von Kiew nach Moskau um, das inzwischen zum Zentrum eines neuen Großfürstentums geworden war.

auch eine Schriftkultur durchsetzte, ist die Quellenlage zur Geschichte des Nordens schwierig. Das Christentum kam durch einzelne Personen offensichtlich immer wieder an die skandinavischen Küsten, aber eine Christianisierung im Sinne einer organisierten Missionierung und des Aufbaus einer Gemeinde- und Kirchenorganisation sind erst ein späterer Schritt. Komplex wird die Situation auch dadurch, dass die Bezeichnungen Dänemark, Schweden und Norwegen für die Zeit des Mittelalters nur sehr ungefähr sind. Das gilt auch für die Bezeichnungen Estland, Lettland und Litauen im Baltikum. Die Anfänge der Christianisierung – und damit auch des kulturellen Anschlusses dieser Regionen an den Rest Europas – liegen in Versuchen, vom Frankenreich aus Dänemark zu missionieren. Dass sich damit politische Dominanzansprüche verbanden, ist unübersehbar, aber solche gingen auch von England und weiter im Norden Skandinaviens auch von Russland aus.

Das Herrschaftszentrum Dänemarks lag am Anfang des 9. Jahrhunderts in Haithabu. Die Herrschaft des hier bis zu seinem Tod 810 residierenden Königs Godfred erstreckte sich bis Südschweden und Südnorwegen, wobei sich nicht sagen lässt, was »Herrschaft« eigentlich genau bedeutete und welche Kompetenzen mit ihr verbunden waren. Offensichtlich hielt eine solche Herrschaft nur so lange an, wie der König den Eindruck vermitteln konnte, potenziellen Konkurrenten überlegen zu sein. Godfred war letztlich auch ein Wikinger, der Raubzüge bis nach Friesland unternahm. Durch die Sachsenkriege war er zum unmittelbaren Nachbarn Karls des Großen geworden, der seinerseits seine Herrschaft bis zur Eider ausgedehnt hatte.

Godfreds Herrschaft war nicht unangefochten, und 810 wurde er von Konkurrenten ermordet. In diese politisch unübersichtliche Zeit fällt der erste organisierte Missionsversuch Dänemarks, den Karls Nachfolger Ludwig der Fromme unternahm. Einer derjenigen, die Anspruch auf den dänischen Thron erhoben, war Harald Klak. Er war aus Dänemark geflohen und hatte im Frankenreich Zuflucht gesucht. Ludwig der Fromme sah angesichts dieser verfahrenen Lage die Gelegenheit gekommen, in Jütland, wenn nicht noch weiter im Norden, Einfluss zu gewinnen. Teil der neuen

Dieses im schwedischen Birka gefundene frühmittelalterliche Schmuckstück zeigt zwei Ziegenböcke rechts und links eines »Donnersteins«, der die Gottheit Thor repräsentieren soll.

Bundesgenossenschaft zwischen ihm und Harald Klak war die Taufe Haralds, die 826 in einem Kloster in der Nähe von Mainz stattfand und bei der Ludwig der Fromme Pate stand. *Familiaritas*, also Vertrautheit oder Freundschaft war das Programm. Harald Klak wurde so der Weg geebnet in den Kreis der Völker Mitteleuropas.

Großen Erfolg hatte dieses Projekt allerdings nicht. Militärische Hilfe wurde Harald Klak nicht zuteil, stattdessen reiste er mit dem Mönch und Missionar Ansgar zurück in seine Heimat. Während Harald mit seinen Plänen scheiterte, konnte Ansgar immerhin erste Missionserfolge erzielen. Er zog nach Schweden und ging nach Birka, einem Handelszentrum im Norden wie Haithabu. Ansgar fand einigen Zulauf, aber sein religiöses Angebot war natürlich nur eines unter vielen, nicht zuletzt für durchreisende christliche Händler oder ansässige christliche Sklaven. Es kam aber auch zu vereinzelten Taufen. Ansgar reiste noch einige Male in den Norden, aber das Ergebnis blieb überschaubar. Dazu trug auch das Fehlen zentraler politischer Mächte bei. Für die spätere Erinnerung immerhin nachhaltig waren Ansgars Aktivitäten in Haithabu, wo er eine Kirche bauen konnte, die auch eine Glocke hatte. Auch hier aber dürfte es sich eher um eine Art Auslandsgemeinde für durchreisende christliche Händler und Kaufleute gehandelt haben. Haithabu war also ebensowenig wie Birka oder das vergleichbare Ripen ein Missionszentrum, sondern ein Ort, an dem man seine christliche Religion leben konnte. Mit Ansgars Tod gingen diese Gemeinden wohl auch unter. Eine Europäisierung Skandinaviens im Sinne eines Anschlusses an das Christentum als gemeinsame kulturelle Grundlage gelang so noch nicht.

Parallel zu Ansgars Reise mit Harald Klak hatte Ludwig der Fromme in Rom einen Missionsbischof für Dänemark beauftragen lassen, nämlich Ebo von Reims, der aber ebensowenig Erfolg hatte. Auf eine neue Grundlage sollte das Projekt der Missionierung des Nordens dann durch die Gründung des Bistums Hamburg gestellt werden. 831 errichtet, ging dieses aber schon 845 wieder unter, weil die Wikinger Hamburg (also eigentlich die Hammaburg als Keimzelle der späteren Stadt) plünderten. Der Sitz des Bistums, das wohl erst später zu einem Erzbistum aufgewertet wurde, wurde daraufhin nach Bremen verlegt, der Name Hamburg blieb aber in dessen Doppelbezeichnung »Hamburg-Bremen« erhalten.

Die entscheidenden Entwicklungen im Blick auf Dänemark vollzogen sich ein Jahrhundert später unter Otto dem Großen. 948 wurden auf einer Synode in Ingelheim bei Mainz drei Bistümer für Jütland gegründet, die dem Erzbistum Hamburg-Bremen unterstellt wurden: Ripen, Aarhus und Schleswig. In diesen Rahmen hinein passte die christenfreundliche Politik des dänischen Königs Harald Blauzahn, der sich auf einem Runenstein selbst zuschrieb, die Dänen zu Christen gemacht zu haben. Um das Jahr 960 ließ er sich taufen. Freilich blieb auch das einstweilen ohne nachhaltige Wirkung, da Haralds Sohn Sven Gabelbart die Politik seines Vaters nicht fortsetzte. Sven Gabelbart hielt sich nicht lange mit Religionsfragen auf, sondern betrieb eine Eroberungspolitik nach Wikingerart, die vor allem dazu diente, den dänischen Einfluss in England zu befestigen. Sven Gabelbarts Nach-Nachfolger war Knut der Große, dem es gelang, große Teile Englands seinem Reich einzuverleiben. Damit war auch eine Brücke für das in England schon verwurzelte Christentum nach Dänemark gebildet.

In England gab es bereits eine funktionierende Kirchenorganisation, die alle politischen Veränderungen überdauerte und die Knut für den Aufbau seines Reiches auch in Dänemark nutzen wollte. Dazu ließ er englische Missionare nach Dänemark kommen. Bald darauf begann der Enkel Sven Gabelbarts, König Sven Estridsson, eine Kirchenorganisation aufzubauen, die die Kirche in seinem Herrschaftsbereich aus der Vormundschaft des Erzbistums Hamburg-Bremen lösen sollte. Das geschah 1104 mit der Gründung des Erzbistums Lund, das für ganz Skandinavien zuständig war.

Damit war nun auch ein Vorposten in dem zum dänischen Reich gehörenden Schweden geschaffen. Hier hatte es mit Olav »Schoßkönig« schon einen christlichen König gegeben, der aber eine Missionierung des Landes nicht durchsetzen konnte. Olav hatte sich um 1000 taufen lassen, war aber auf erheblichen Widerstand beim Volk und den Eliten gestoßen. Ähnlich erging es auch dem Hamburg-Bremer Erzbischof Adalbert, der in der Mitte des 11. Jahrhunderts Missionare entsandte und Bischöfe einsetzte und damit kirchlichen Selbständigkeitsbestrebungen, wie sie sich in der Gründung des Erzbistums Lund zeigten, zuvorkommen wollte. Mit der Gründung des Erzbistums Uppsala 1164 wurde dann auch Schweden kirchlich selbständig.

Der erste christliche König in Norwegen war Olav der Heilige, der um 1000 als Klientelkönig Knuts des Großen herrschte, sich aber mit diesem überwarf. In den Machtkämpfen mit dem heidnischen norwegischen Adel fiel Olav 1030 in einer Schlacht und wurde bald als Heiliger verehrt. Besondere religiöse Qualifikationen hatte er nicht dafür, aber der Bedarf nach der Zuschreibung von Heiligkeit war weit verbreitet, wozu Olavs Missionsversuche und manche Legende beitrugen. Auch hier dauerte es mit dem Aufbau einer Kirchenorganisation noch länger; das zentrale Datum hierfür ist die Erhebung des Bistums Trondheim (Nidaros) zum Erzbistum 1153. In der Domkirche von Trondheim wurden die Gebeine Olavs des Heiligen beigesetzt.

Die Missionierung Finnlands wurde von Uppsala aus betrieben. Die Anfänge dieses Missionsunternehmens liegen der Legende nach in einem Kreuzzug, den der schwedische König Erik IX. und Erzbischof Henrik von Uppsala durchgeführt haben sollen. Dass das Christentum im 12. Jahrhundert an den Küsten Finnlands schon angekommen war, ist ebenso nachweisbar wie die Tatsache, dass es hier antichristliche Gewaltakte gab. Offenbar hatten die schwedischen Könige Interessen in Finnland, denn sie führten einen Feldzug dorthin durch, der später als Kreuzzug angesehen wurde. Auch König Erik IX.,

Wikingischer Runenstein bei Busdorf (Schleswig-Holstein), Kopie. König Sven Gabelbart ließ den Stein für einen Gefolgsmann errichten, der im 10. Jahrhundert bei Haithabu im Kampf fiel.

> **INFO**
>
> ## Der Heilige Henrik
>
> Erst im späten 13. Jahrhundert ist die Heiligenlegende Henriks bezeugt, der in der Mitte des 12. Jahrhunderts in Finnland missioniert haben soll. Als sein Herkunftsland wird England genannt, und bevor er nach Finnland kam, soll er Erzbischof von Uppsala gewesen sein – das alles ist legendarisch. Die Entstehung der Legende um Henrik von Uppsala fällt in eine Zeit, in der der Dom von Turku gegründet wurde, in den seine Gebeine überführt wurden. Diese Kirche wurde zum Sitz des finnischen Erzbischofs. Henriks Standort als Missionsbischof soll Nousiainen in der Nähe von Turku gewesen sein. 1156 soll Henrik von einem Bauern erschlagen worden sein. Die Verehrung Henriks als Heiliger bedurfte keiner päpstlichen Bestätigung – auch wenn diese legendarisch ergänzt wurde –, sondern Henrik wurde wie so viele in dieser Zeit vom Volk als heilig angesehen, nicht zuletzt deshalb, weil ihm eine ganze Reihe von Wundern zugeschrieben wurde.

der 1160 ermordet wurde und im Dom von Uppsala bestattet ist, wurde bald als Heiliger verehrt.

Ins Baltikum kam das Christentum von Dänemark aus.

Tallinn ist »Dan-Linna«, die Dänenstadt. Hier stand eine Burg der Esten, die der dänische König Waldemar II. 1219 eroberte. Konkurrenz kam von deutscher Seite: 1198 landete Berthold, Abt von Loccum, an der Düna, wo bald darauf Riga gegründet wurde. Die mitgebrachte Streitmacht wurde aber von den ansässigen Liven geschlagen und alle Priester mussten das Land verlassen. Tallinn blieb erst einmal dänisch. Einen erneuten Vorstoß von deutscher Seite unternahm der zum Bischof der Liven in Riga eingesetzte Albert von Buxhoeveden. Er hatte sich mit dem Schwertbrüderorden einer schlagkräftigen Truppe versichert, die große Teile des Baltikums eroberte. Mit den dänischen Ambitionen stand das in Konkurrenz, auch wenn Albert und König Waldemar kurzzeitig gegen den gemeinsamen Feind (die aufsässige livländische Bevölkerung) ein Bündnis schlossen. Der Schwertbrüderorden wurde in den Deutschen Orden eingegliedert, nachdem er 1236 eine verheerende Niederlage gegen den litauischen Fürsten Mindaugas erlitten hatte. Der deutsche Orden wiederum wurde 1242 auf dem zugefrorenen Peipussee von einem Heer unter Führung des Fürsten von Nowgorod, Alexander Newski, besiegt und an der weiteren Expansion nach Osten gehindert. Alexander Newski hatte 1240 schon ein schwedisches Heer aus seinem Machtbereich vertrieben.

KUNST UND WISSENSCHAFT

Das Mittelalter war keine finstere Epoche, auch wenn es aufgrund seiner barbarischen Ausprägungen heute so scheint; neuzeitliche Barbareien übertreffen diese häufig. Kunst und Kultur des Mittelalters zeugen von einem Glanz, der zumeist in Kirchen und Adelssitzen seine Ausprägung fand. Vieles davon ist untergegangen, manches erhalten und in Museen oder sogar am Ursprungsort zu besichtigen. Wenn man von einem »Abendland« reden will, dann am ehesten im Hinblick auf die Kultur des Mittelalters, die in unterschiedlichen Regionen Europas Vergleichbares hervorbrachte und deshalb als gesamteuropäische Kultur bezeichnet werden kann. Wer aber von der Kunst des Abendlandes redet, muss die byzantinische Kunst, die des Judentums und die des Islam in gleicher Weise hervorheben. Religion und herrschaftliche Repräsentation waren die treibenden Kräfte von Kunst und Kultur. Aber auch die schöpferische Energie einzelner Künstler ist nicht zu verachten.

Die Renaissance des 15. und 16. Jahrhunderts führte zu einem Neuansatz, der ganz bewusst die Brücke zu den kulturellen Leistungen der Antike schlug. Jetzt begann auch die große Zeit der Wissenschaft, denn es entstand eine Institution, die die moderne Wissensgesellschaft vorbereiten sollte: die Universität.

Das Erbe der Antike

Die Hochkultur des Römischen Reichs blieb über viele Jahrhunderte unerreicht. Nur wenige römische Großbauten konnten das Reich langfristig überdauern; viele zerfielen und wurden als Steinbrüche genutzt. Der Transport und die Herstellung von Baumaterial, die Berechnung von Bögen und Kuppeln, die Vielfalt von Bauformen – von der Therme bis zum Tempel – warfen komplexe Probleme auf, die es im Mittelalter neu zu lösen galt. Erst die Romanik erreichte im 11. und 12. Jahrhundert die alte kulturelle Höhe. Durch die daran anschließende Gotik wurden romanische Kunst und Architektur noch übertrumpft. Die zur Zeit Karls des Großen errichtete Aachener Pfalzkapelle ist ein frühes Zeugnis dafür, bewusst an byzantinische Traditionen anzuknüpfen, die ihrerseits römische Vorbilder hatten. Das galt auch für den byzantinischen Brückenkopf Ravenna zur Zeit

Kaiser Justinians, dessen Mosaikporträt bis heute in der Kirche San Vitale in Ravenna zu sehen ist.

Von der griechischen und römischen Literatur der Antike ist uns vieles, aber natürlich nicht alles überliefert. Schriften gingen verloren, wurden vernachlässigt oder nicht mehr abgeschrieben. Augustinus, der berühmteste Theologe des frühen Mittelalters, hatte dazu geraten, das antike Wissen nach dem Maß seiner Nützlichkeit für die christliche Bildung einzusetzen. Das disqualifizierte vieles als unnütz. Das fortlaufende Abschreiben und somit Vervielfältigen war nötig, um den antiken Schatz an Texten zu überliefern. Abgeschriebenes konnte sich über ganz Europa verbreiten. Nur sehr wenige, vor allem biblische Texte sind in antiken Handschriften erhalten. Erhalten ist aber auch das Werk des römischen Dichters Catull aus dem 1. Jahrhundert v. Chr.: Die älteste Handschrift stammt aus dem 14. Jahrhundert und wurde trotz oder gerade wegen der in Catulls Texten enthaltenen Erotik angefertigt. Ein wesentliches, nicht-christliches Überlieferungsgut ist die antike Mythologie, die vor allem über das Werk des Dichters Ovid bekannt blieb. Produzenten wie Konsumenten dieser Literatur waren in erster Linie Mönche. Erst später wuchs die Bedeutung von Literatur im Kontext von Kirche, Adel und schließlich Universität.

Die theologische Tradition der Antike wirkte in Byzanz ungebrochener fort als im lateinischen Westen, denn die Byzantiner verstanden sich ja als direkte Erben Roms. Im Westen wurde Augustinus zum maßgeblichen Theologen, der sich im Verlauf des Mittelalters zum Stichwortgeber der »scholastischen« Theologie entwickelte. Aber auch die schon in der Antike bestehende enge Verquickung von Theologie und Philosophie wurde fortgeführt, vor allem in der byzantinischen Tradition. Im Westen machte sich dann im Zuge der Scholastik eine starke Rezeption des Aristoteles bemerkbar, aus dessen Werken viele Impulse für alle Wissenschaften gewonnen wurden.

Das Grabmal des ostgotischen Königs Theoderich, der 526 in Ravenna starb, gilt als architektonisches Meisterwerk des 6. Jahrhunderts.

Architektur, Kunst und Literatur

Bis heute erhalten gebliebene mittelalterliche Bauten bezeugen, mit welchem Aufwand man repräsentative Bauten, vorzugsweise Kirchen errichtete. Wohnhäuser und Funktionsgebäude sind zumeist erst aus spätmittelalterlicher Zeit erhalten. Viele, auch größere Gebäude haben auch deshalb nicht überdauert, weil sie aus Holz und nicht aus Stein errichtet waren. So ersetzte man auch Kirchen immer wieder durch Neubauten, die oft größer und prächtiger waren als ihre Vorgänger. Aber auch profane Gebäude unterlagen natürlich dem Wandel der Bedürfnisse, das galt für Wohnhäuser wie für Rathäuser.

Die Zahl der erhaltenen frühmittelalterlichen Bauten in Deutschland ist auch deshalb sehr klein, weil sich das Frankenreich – und damit die Kunst, mit Steinen ganze Gebäude zu errichten – erst allmählich über den Rhein hinaus vergrößerte. In den ehemals zum Römischen Reich gehörenden Regionen Westeuropas sind noch heute viel ältere Steinbauten zu finden, so auch auf dem Territorium des ehemaligen Byzantinischen Reichs. Die im 6. Jahrhundert gebaute Hagia Sophia Justinians ist ein prominentes Beispiel frühmittelalterlicher byzantinischer Architektur. Etwa zeitgleich wurde das Mausoleum des Ostgotenkönigs Theoderich in Ravenna errichtet, ebenfalls ein beeindruckendes Bauwerk. Erst mit den Karolingern aber mehren sich die architektonischen Zeugnisse der frühmittelalterlichen Kultur: Das Westwerk der Klosterkirche von Corvey, das allerdings erst im 12. Jahrhundert seine heutige Höhe erhielt, ist ein Beispiel dafür. Schon etwas früher wurde die Aachener Pfalzkapelle errichtet, um 1000 dann Sakralbauten wie St. Michael in Hildesheim, eigentlich

Die Aachener Pfalzkapelle ist eines der herausragenden Werke der mittelalterlichen Architektur.

die Kirche eines inzwischen verschwundenen Benediktinerklosters. Auch der Hildesheimer Dom geht auf diese Zeit zurück.

In unterschiedlichen Ländern prägten sich zeitgleich Varianten desselben Baustils aus. Das gilt etwa für die Romanik, die sich in England etwas anders präsentierte als in Spanien oder auch Italien. Es entstanden große Hallenkirchen. Denkt man sich zu vielen dieser romanischen Kirchen Klostergebäude hinzu, hat man große Anlagen vor Augen, wie sie auch durch den St. Galler Klosterplan aus der Karolingerzeit dokumentiert werden, wobei es sich hierbei um einen Idealplan handeln dürfte. Aus dem 11. Jahrhundert stammen große, repräsentative Kirchen, die auch als Grablegen dienten. Das prominenteste Beispiel ist der Kaiserdom in Speyer.

Die Gotik hatte ihre Anfänge in Frankreich in der Mitte des 12. Jahrhunderts.

Als erstes, frühes Beispiel gilt die Klosterkirche Saint Denis bei Paris. Später entstehen große gotische Kathedralen: Notre-Dame in Paris, der Kölner Dom, die Kathedrale von Chartres und zahlreiche andere. Die nach dem Ende der Römerzeit erst einmal vergessene Kunst, Gewölbe zu bauen, bestimmte die erweiterten Möglichkeiten der Gotik. Für die weite Verbreitung dieser Baukunst sorgte die Mobilität der Baumeister und Handwerker, die nicht nur an einem Ort tätig waren, sondern von Baustelle zu Baustelle zogen.

Einen architektonischen Umbruch bedeutete die im 15. Jahrhundert einsetzende Renaissance, denn sie versuchte sich auch im Bereich der Baukunst an einem Rückgriff auf die Antike. So übte man sich auch wieder am Bau von Kuppeln, die in der westeuropäischen Architektur selten geworden bzw. durch Rippengewölbe ersetzt worden waren. In Deutschland verbreitete sich der neue Baustil erst in der Barockzeit; ein wichtiges Beispiel dafür ist die Dresdner Frauenkirche.

Die byzantinische und die islamische Architektur gingen andere Wege, allerdings gab es immer wieder auch gegenseitige Beeinflussungen. Romanische Zentralbauten wie die schon erwähnte Aachener Pfalzkapelle verweisen auf byzantinische Vorbilder, das gilt auch für den im 11. Jahrhundert erbauten Markusdom in Venedig. Besonders in Spanien vermischten sich westeuropäische und islamische Baukunst, wie man heute noch an der Alhambra in Grenada bewundern kann.

Die Entwicklung des antiken Kunsthandwerks brach im Frühmittelalter ab. Dennoch ist die auf die Antike folgende Zeit nicht einfach als »Verfallsepoche« zu sehen. Die frühmittelalterlichen Künstler brachten aus ihrer jeweiligen Heimat andere Formen und Techniken mit, die sie auf Schmuck und Ornamentik an ihrem jeweiligen Auftragsort anwendeten. Durch die noch vorhandenen Überreste der Antike wie durch Handelsware und Vorbilder aus Byzanz ergaben sich Anregungen für die frühmittelalterliche Kunst. So interessierten sich auch Künstler im Westen für die seit der Antike bekannten und in Byzanz weitergeführten Elfenbeinarbeiten, die Herrscher und Heilige zeigen konnten.

Evangeliar Heinrichs des Löwen, Darstellung der Schöpfungsgeschichte

Die Bilderwelt der Antike dominierten nicht zuletzt Mosaike, die aufgrund ihrer Beständigkeit gemalte Bilder überdauerten. Die antike Malerei war bereits hoch entwickelt und hatte Personen, Gebäude und die Natur zum Gegenstand. Im Mittelalter traten religiöse Motive in den Mittelpunkt, was an byzantinischen Ikonen ebenso zu sehen ist wie an der Ausmalung westlicher Kirchen. Die wichtigste Kunstgattung war lange Zeit die Buchmalerei. An einem Buch arbeiteten verschiedene Schreiber und Illustratoren. Bereits im Frühmittelalter entstanden prachtvolle Evangelien-Handschriften, die auch in Missionsgebiete geschickt wurden. Das Evangeliar Heinrichs des Löwen ist eines der wichtigsten Beispiele romanischer Buchmalerei. Zu hoher Kunst kam die Malerei dann im ausgehenden Mittelalter, nämlich am Beginn des 14. Jahrhunderts, als sich im Werk des Italieners Giotto di Bondone die Renaissance ankündigte.

Die Kunst der Bildhauerei, die ebenfalls in der Antike schon hoch entwickelt war, entfaltete sich im Hochmittelalter neu. Portalfiguren und andere Skulpturen schmückten Kirchen. Künstler wie der um 1250 tätige sogenannte Naumburger Meister arbeiteten europaweit. Die Stifterfigur Naumburger »Uta« zählt heute zu den weltweit bekanntesten mittelalterlichen Plastiken. Allmählich traute man sich auch wieder an größere Metallarbeiten heran, die es zuletzt in der Antike gegeben hatte, von denen aber schon zu dieser Zeit fast nichts mehr existierte, da das meiste eingeschmolzen worden war. So entstand der Braunschweiger Löwe, den Heinrich der Löwe als Repräsentationsstück für seine Braunschweiger Residenz um 1160 gießen ließ.

Literatur entstand im Frühmittelalter in eher geringem Umfang. Sie stand zumeist in antiker Tradition: Autoren wie Isidor von Sevilla und Gregor von Tours bedienten sich des Lateinischen, also der gängigen Sprache der Gebildeten. Einen Neuansatz gab es auch hier erst in der Karolingerzeit bzw. kurz davor. Aus dieser Zeit stammt der »Abrogans«, das als ältestes Buch in deutscher Sprache gilt. Hierbei handelt es sich um ein lateinisch-althochdeutsches Wörterbuch. Auch wenn das Lateinische die Sprache der Kirche und der Gelehrsamkeit blieb, machten sich – nicht nur in Deutschland – die Volkssprachen nach und nach auch literarisch bemerkbar. Was bisher lediglich Verkehrssprache war, entwickelte sich allmählich zu einer literaturtauglichen Sprache.

INFO

Das Evangeliar Heinrichs des Löwen

Das Evangeliar mit dem Text der vier Evangelien entstand am Ende des 12. Jahrhunderts im Benediktinerkloster Helmarshausen. Gestiftet wurde es von Heinrich dem Löwen und seiner Frau Mathilde »aus Liebe zu Christus«. Es stellt also nicht nur ein Prunkstück, sondern auch ein frommes Werk dar. Das Evangeliar wurde der Braunschweiger Stiftskirche St. Blasii (dem »Braunschweiger Dom«) zum liturgischen Gebrauch übereignet. Freilich diente es ebenfalls der Selbstdarstellung von Heinrich und Mathilde, die sich in dem Werk auch in einer Krönungsszene darstellen lassen. Christus reicht aus dem Himmel zwei Kronen herab, deren Deutung offen ist: Handelt es sich um Herrscherkronen, gar die erwünschte deutsche Königskrone oder handelt es sich um die Kronen des ewigen Lebens? Der Verbleib des Buches im Mittelalter liegt im Dunkeln. Im 16. Jahrhundert findet es sich dann in Prag, im 19. Jahrhundert kaufte es der König von Hannover, 1983 wurde es bei einer Versteigerung vom Land Niedersachsen und anderen Bietern erworben. Seit 1983 liegt es in der Herzog-August-Bibliothek Wolfenbüttel.

Viele volkssprachliche mittelalterliche Texte sind Gesänge oder Gedichte.

Ein Minnesänger stellt sich nach seinem Liedvortrag der Kritik seiner Zuhörerinnen. Codex Manesse, 13. Jahrhundert

Das Nibelungenlied, zu Beginn des 13. Jahrhunderts niedergeschrieben, ist ein großes Heldenepos. Zu den Heldenepen gehört auch die Skaldendichtung, die eine wichtige, freilich meist nur auf Legenden beruhende Quelle für die skandinavische Frühgeschichte darstellt. Skalden waren Dichter, die an adligen Höfen ihre Werke vortrugen. In eine ähnliche Kategorie gehört die Edda, eine Liedersammlung, die ungefähr zur gleichen Zeit wie das Nibelungenlied entstand.

Ein weiteres prominentes Beispiel für die mittelalterliche Literatur ist der im Hochmittelalter aufblühende Minnesang, der die süßen Qualen der Liebe zum Thema hatte. Es handelt sich bei diesen Liedern nicht um die Verarbeitung individueller Erlebnisse, sondern um einen Teil höfischer Kultur, der in stilisierter Weise die Liebe thematisiert. Gesungen wurde bei höfischen Festen, bei denen es auch zu Sängerwettstreiten kam. Ein Sänger wie Walther von der Vogelweide war nicht nur ein Meister der Minne, sondern ein Kommentator der politischen Verhältnisse, ein Parteigänger verschiedener Fürsten, von denen er sich bezahlen ließ.

Neben der weltlichen spielte natürlich die geistliche Dichtung eine Rolle, zu der der Heliand gehört, ein Text in altsächsischer Sprache aus dem 9. Jahrhundert, der die vier Evangelien zusammenfasst. Thema ist der Heliand, also der Heiland Jesus, dessen Leben in die Gegenwart des Dichters und in eine höfische Welt verlegt wird: Josef ist dort nicht mehr Zimmermann, sondern edler Abkunft, und wenn Petrus im Garten Gethsemane das Schwert zieht, wird er zu einem kämpferischen Ritter.

Auch die lateinische Fachliteratur gehört zur Kultur des Mittelalters: theologische, medizinische und juristische Texte wie der Sachsenspiegel. An der Grenze zwischen deutscher und lateinischer Literatur steht um 1300 der Mystiker Meister (also »Magister«) Eckhart, ein Dominikanermönch. Er schrieb Werke für Laien in deutscher Sprache, an Gelehrte wandte er sich auf Latein. Auf Latein meldete sich aber auch Hildegard von Bingen zu Wort, die im 12. Jahrhundert ihre mystischen Eingebungen in dieser Sprache diktierte, wobei ihr Schreiber ihr Latein in eine bessere Form brachte. Eine Popularisierung war also nicht das Ziel, sondern die Kommunikation mit Gebildeten.

> **INFO**
>
> ## Gründung der Universität Leipzig
>
> Im Jahr 1409 wanderten Studenten und Professoren von Prag nach Leipzig (und viele auch an andere Orte, wo es schon Universitäten gab), aus Protest gegen eine Veränderung der Verfassung der 1348 gegründeten Prager Universität, die sie als Nicht-Böhmen bei Abstimmungen benachteiligte: Die »Nationen« der Sachsen, Bayern und Polen (damit waren vor allem Schlesier gemeint) erhielten gemeinsam als »Deutsche Nation« (*Natio teutonica*) nur noch eine Stimme. Die Benachteiligung von Nicht-Böhmen war auch eine Folge des Auftretens des böhmischen Theologen Jan Hus, der kurz zuvor eine erste böhmische Nationalbewegung in Gang gesetzt hatte. Für die deutschen Professoren und Studenten war Hus ein Ketzer – eine Meinung, die sich durchsetzte, denn 1415 starb Hus während des Konstanzer Konzils auf dem Scheiterhaufen. In Leipzig gründeten die Abgewanderten unter raschem Zuzug von Zuwanderern anderer Universitäten eine *Universitas* mit päpstlicher Genehmigung. In der Stadt wurden Gebäude für die Unterbringung der Studenten und Professoren sowie für den Lehrbetrieb zur Verfügung gestellt.

Die Universitäten

Die Geschichte der Universitäten beginnt im Mittelalter – ein weiterer Beleg dafür, dass die Zeiten so finster nicht gewesen sein können. Universitäten waren europäische Einrichtungen, an denen Professoren wie Studenten unterschiedlicher Herkunft lehrten, studierten und lebten. Diese korporative Gemeinschaft machte die *Universitas* aus. Die Universitäten wuchsen aus Kirchen- und Klosterschulen heraus. Eine besondere Vorgeschichte hat die Universität Bologna, die sich ab dem Ende des 11. Jahrhunderts als Ausbildungseinrichtung für Juristen etablierte und es auch blieb, nachdem sie um 1200 zu einer typischen *Universitas* von Lehrenden und Lernenden geworden war. Dem Bild der späteren Universität näher kam die Hochschule in Paris, die ebenfalls um 1200 öffentliche Anerkennung fand. Eine wichtige Rolle für ihre Gründungsgeschichte spielte eine Bulle Papst Gregors IX., der 1231 die Pariser Hochschule in den Rang der wichtigsten theologischen Ausbildungseinrichtung erhob. Im Gegensatz zu Bologna gab es in Paris mehrere Fakultäten. Im 12. Jahrhundert wurde auch die Universität Oxford gegründet, und als von hier aufgrund eines Streits Anfang des 13. Jahrhunderts Studenten und Professoren abwanderten, auch Cambridge. Es folgte eine wahre Gründungswelle im 13. und 14. Jahrhundert in ganz Europa. Manche dieser Universitäten, wie eben Bologna und Paris, hatten 1000 und mehr Studenten, die in Wohnheimen (Kollegien) untergebracht waren.

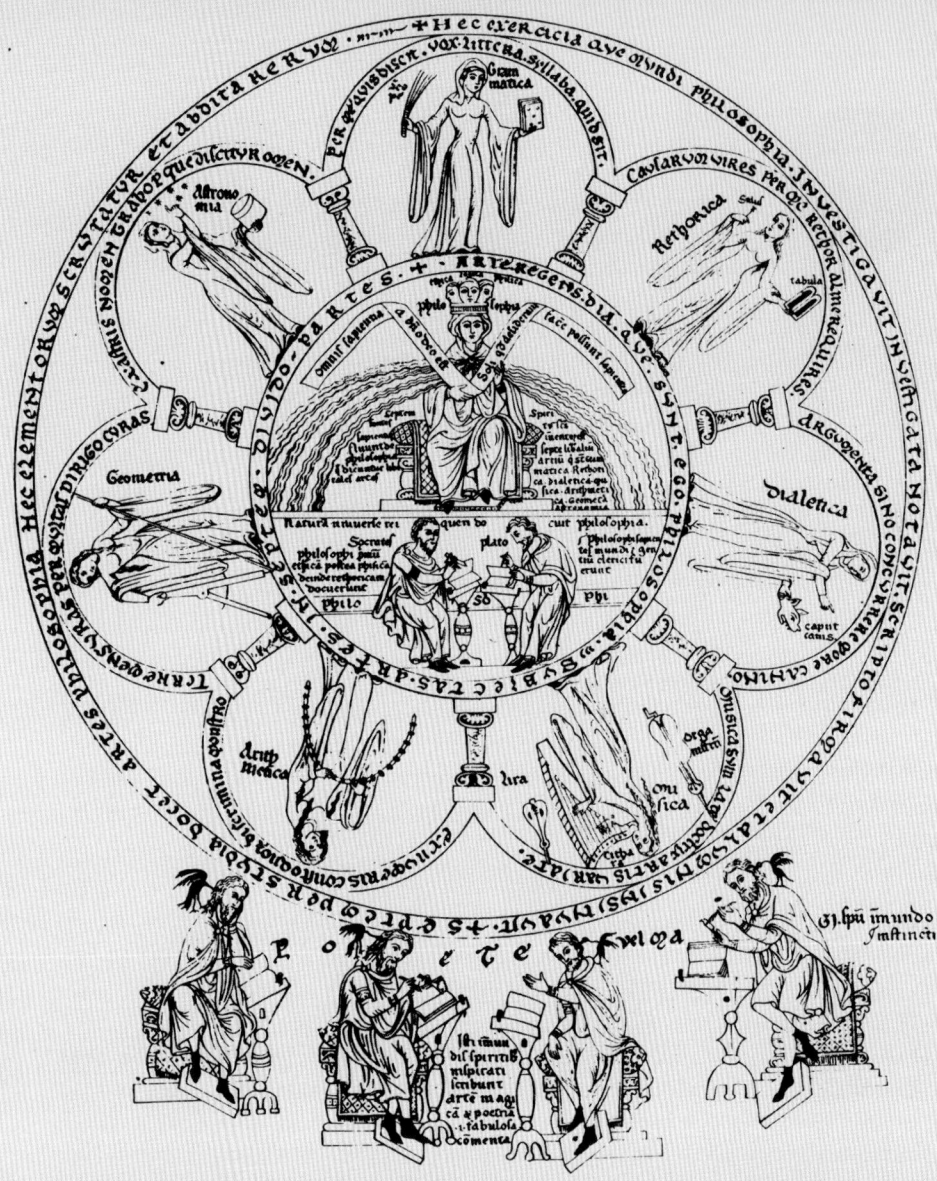

Die Sieben Freien Künste, Umrisszeichnung nach einer verschollenen mittelalterlichen Handschrift des 12. Jahrhunderts

Nach Pariser Vorbild gliederten sich die Universitäten in Fakultäten. Die »Artistenfakultät« bot ein verpflichtendes Grundstudium an, das die Studenten auf einen vergleichbaren Stand brachte – denn es gab keine Schulabschlüsse oder Aufnahmeprüfungen. Die sogenannten oberen Fakultäten bildeten die Theologie, die Medizin und die Rechtswissenschaften, die also Funktionseliten ausbildeten. Ihre gemeinsame Grundlage im Blick auf die Anschauung der Natur, der Art der Argumentation und der Gottesvorstellung war die Scholastik und somit die Philosophie des Aristoteles, um dessen Auslegung aber auch gerungen wurde. In der »Artistenfakultät« spielte ebenfalls die antike Tradition eine große Rolle, denn die *Artes liberales*, die »sieben freien Künste«, griffen auf alte Traditionen und Lehrbücher zurück. Hier ging es um Grammatik, Logik und Rhetorik, aber auch um Arithmetik, Geometrie, Musik und Astronomie. Allmählich zeigten sich auch hier Einflüsse der arabischen Philosophie, die wiederum vom Platonismus und vom Aristotelismus geprägt waren.

In der Theologie dominierten die Ordenstheologen der Franziskaner und Dominikaner. Hier hatte es schon Vorläufer in der »Frühscholastik« vor der Gründung der Universitäten gegeben, zu denen als prominentester Vertreter Anselm von Canterbury gehörte, der schon im 11. Jahrhundert versuchte, Glaube und Vernunft in Einklang zu bringen und damit ein typisches Thema der Scholastik in Angriff nahm. Ein wichtiges Lehrbuch für die Theologischen Fakultäten verfasste ein Autor, der ebenfalls noch vor der Gründung der Universitäten tätig war, nämlich der im 12. Jahrhundert lebende Petrus Lombardus. Typisch für die scholastischen Theologen war, dass sie, wie auch die Vertreter der anderen Wissenschaften, eine Brücke zurück zur Antike schlugen und in ihren Werken die antike theologische Tradition systematisierten, kommentierten und ergänzten.

Die Rechtswissenschaft basierte ebenfalls auf antiken Traditionen, nämlich dem Römischen Recht, vor allem aber auf dem Kirchenrecht, das weite Bereiche des Lebens prägte. Auch hier spielte die Systematisierung und Kommentierung eine wichtige Rolle. Die Grundlage des Römischen Rechts bildete das seit dem Spätmittelalter sogenannte Corpus Iuris Civilis, eine Sammlung von Gesetzen, die Kaiser Justinian im 6. Jahrhundert in Auftrag gegeben hatte. Die Abfassungszeit dieses Werkes fiel in die Umbrüche des westlichen Frühmittelalters, sodass es bis zu seiner Wiederentdeckung im 11. Jahrhundert kaum benutzt und letztlich vergessen wurde.

Auch die Medizin war zuerst einmal für das Sammeln und Ordnen der antiken Traditionen zuständig. Sie verstand sich als theoretische Wissenschaft, die immerhin auf einen reichen Schatz antiker Texte – z. B. von Hippokrates und Galen – zurückgreifen konnte und die davon profitierte, dass auf dem Weg über Spanien auch Erkenntnisse arabischer Mediziner greifbar waren. Praktische Heilerfolge ließen sich aber nur in begrenztem Maße erzielen, auch wenn man inzwischen durch Leichenschauen den menschlichen Körper besser kennenlernte. Leitend war die aus der Antike stammende Lehre von den Körpersäften. Man versuchte also, aus den menschlichen Ausscheidungen Schlüsse zu ziehen, freilich ohne dadurch zu effektiven Behandlungen zu kommen. Der Einsatz von Heilkräutern konnte positive Effekte nach sich ziehen, wobei auch das Gegenteil eintreffen konnte. Das zu überprüfen war das zumindest theoretische Ziel des arabischen Mediziners Ibn Sina (Avicenna). In der arabischen Medizin nutze man auch die betäubende Wirkung von Drogen wie Cannabis. Auch bei der Erforschung der menschlichen Anatomie ging man zielgerichteter vor und sezierte beispielsweise einzelne Körperteile wie das Auge.

Im Spätmittelalter gerieten die Universitäten mehr und mehr unter den Einfluss der Städte und Territorialfürsten. Das minderte nicht ihre Bindung an die Kirche, zumal nach wie vor eine päpstliche Genehmigung für ihre Gründung vorliegen musste. Eine gewisse Emanzipation ist aber feststellbar, die auch dadurch bedingt war, dass einerseits der Humanismus eine unverstelltere Sicht auf die Antike unter Umgehung der Scholastik ermöglichte und dass andererseits die Nachfrage nach Fachkräften für die Verwaltungen und das Rechtswesen stieg, die an den Universitäten ausgebildet werden sollten. Sowohl die weltlichen als auch die geistlichen Mächte hatten also Interesse daran, die höhere Bildung zu fördern.

DAS TOR ZUR NEUZEIT

Nikolaus von Kues, Halbrelief von Andrea Bregno, 15. Jahrhundert

Das später sogenannte christliche Abendland stellte keine geschlossene Einheit dar. Konflikte zwischen Herrschern, Kaiser und Papst, Päpsten und Gegen- oder Doppelpäpsten, sozialen und religiösen Gruppen verweisen ebenso auf starke Spannungen wie die Existenz von Reformbewegungen. Die Neuzeit, die natürlich nicht plötzlich begann, bildete keinen schroffen Gegensatz zum Mittelalter: Der Übergang war fließend und Schlüsseldaten wie die »Entdeckung« Amerikas durch Kolumbus 1492 wirkten sich erst mit einer gewissen Verzögerung aus. Das Spätmittelalter lässt sich jedenfalls als eine Zeit betrachten, in der der allgemeine Reformbedarf deutlich erkennbar war und von kirchlicher wie weltlicher Seite Veränderungen angemahnt wurden, die dann in der Reformation, in der katholischen Reform, im Rechtswesen und in der politischen Organisation in Angriff genommen wurden. Übergänge sind aber auch in Kultur und Geistesleben schon deutlich zu sehen, dafür stehen die Renaissance und auch der Humanismus.

Renaissance und Humanismus

Die Renaissance steht nicht nur für eine Bewegung in der Kunst und in der Architektur, die sich auf antike Vorbilder besann, sondern auch für eine philosophische Strömung. Die philosophische Renaissance verlief parallel zum Humanismus und setzte früher ein als die Renaissance in der Kultur. Einer ihrer frühen Vertreter war Nikolaus von Kues im 15. Jahrhundert. Er schloss sich einer spätmittelalterlichen Reformbewegung an, die sich für die Erneuerung der Frömmigkeit einsetzte und darum als »Devotio moderna" (neue Frömmigkeit) bekannt wurde. Charakteristisch für diese Bewegung ist die Erkenntnis, dass Gegensätze ihren Sinn haben können. So befasste sich Nikolaus auch als einer der ersten nicht nur abwertend mit dem Koran. Er setzte sich im päpstlichen Auftrag sogar für einen Ausgleich mit den Hussiten, also den Anhängern des 1415 hingerichteten Theologen Jan Hus ein, die zu einer militärischen Bedrohung für Zentraleuropa geworden waren und sich nicht einfach mehr als Ketzer unterwerfen ließen. Außerdem befürwortete er eine Union mit den Byzantinern und reiste, wiederum im Auftrag des Papstes, zu Verhandlungen nach Konstantinopel.

Da Nikolaus von Kues mit der herrschenden Lehrtradition der Scholastik brach und für eine tolerantere Religionstheorie einstand, blieb er theologisch ein Außenseiter.

Für Nikolaus waren alle von Menschen beobachteten Gegensätze in Gottes Augen keine Gegensätze, denn Gott ist – und hier zeigt sich, wie Nikolaus durch platonische Traditionen geprägt ist – transzendent und unendlich. Was in dieser sichtbaren Welt durch Grenzen getrennt ist, fällt bei Gott in eins: Das ist die *coincidentia oppositorum* (Zusammenfall der Gegensätze). Da Gott aber unendlich und transzendent ist, kann ihn der menschliche Verstand nicht voll erfassen: Das ist die *docta ignorantia*, die gelehrte Unwissenheit. Darin steckt auch eine Kritik an einer intellektuellen Annäherung an Gott, die abstrakt, spekulativ, scholastisch denkt und nicht sieht, dass der Mensch am Sein und Wesen Gottes Anteil hat. Nikolaus trat, jedenfalls literarisch, für einen Frieden der Religionen ein. In seinem Werk »De pace fidei«, also »Über den Frieden im Glauben«, das 1453, im Jahr der Eroberung Konstantinopels durch die Osmanen, entstand, argumentiert er: Da alle Gegensätze in Gott zusammenfallen, gilt dies auch für die Religionen. In jeder von ihnen ist etwas von Gottes Wort zu finden, zwar nicht in reiner Form und auch in Gegensätzen, aber doch in mehr oder minder gewichtiger Weise. Mögen die Religionen sich also auch in ihren Riten und Gebräuchen unterscheiden: Sie haben einen gemeinsamen Kern, der den Frieden im Glauben möglich macht. Diese Position entfaltete erst in der Aufklärung eine Wirkung: Lessing ließ sich in »Nathan der Weise« von Nikolaus von Kues inspirieren.

Der Humanismus nun war nicht, wie oft zu lesen ist, eine kirchen- und religionsfeindliche Bewegung, bei der der Mensch und nicht Gott im Mittelpunkt gestanden habe. Diese Sichtweise ist ein Missverständnis, das auch durch den »sozialistischen Humanismus« in der Zeit der DDR bewirkt sein dürfte. »Humanistisch« ist eben nicht »humanitär«. So lässt sich der Humanismus auch nicht einfach als Vorläufer der Aufklärung vereinnahmen. Der humanistische Ruf »Zurück zu den Quellen« betraf eben auch die Bibel, die nun unverstellt und nicht mehr in der Perspektive der scholastischen Theologie gelesen werden sollte. Von diesem Bibelhumanismus ließen sich auch viele reformatorische Theologen beeinflussen. Der Buchdruck förderte außerdem die Wiederentdeckung antiker christlicher Theologen.

Der Humanismus »ragt« schon in das 16. Jahrhundert hinein, er steht wie die Renaissance und die Reformation auf der Schwelle zwischen Mittelalter und Neuzeit. Das gilt ebenso für den »Fürsten der Humanisten«, für Erasmus von Rotterdam. Erasmus befasste sich einerseits intensiv mit der Bibel – er veröffentlichte 1516 eine Ausgabe des griechischen Neuen Testaments, die dann auch Martin Luther nutzte. Andererseits kritisierte er vor der Reformation die Kirche und ihre Lehren in seinem »Lob der Torheit« folgendermaßen: Die Bischöfe seien machtgierig, die Theologen hochmütig, und sie verketzerten jeden, der nicht ihrer Meinung ist, sie verlieren sich in Spitzfindigkeiten und reden unverständliches Zeug. Gewiss sind das Übertreibungen, aber sie zeugen von der Unzufriedenheit des humanistischen Intellektuellen mit dem Christentum seiner Zeit. Erasmus' Ansichten änderten sich nach dem Aufkommen der Lehren Martin Luthers allerdings, denn für ihn brachte die Reformation nur Chaos und Zerstörung und ihn somit wieder näher an die traditionelle Kirche.

Erasmus widmete sein »Lob der Torheit« dem englischen Gelehrten, Lordkanzler und späteren Opfer der Kirchenpolitik Heinrichs VIII., Thomas Morus. Dieser hatte 1516 seine Schrift »Utopia« veröffentlicht. Auf der von ihm beschriebenen Insel Utopia herrscht die optimale Staatsform mit einer religiösen Vielfalt. Bedeutsam ist, dass die Einheit in religiösen Fragen dem inneren Frieden der Gesellschaft dient. So herrscht in Utopia religiöse Toleranz, da man davon ausgeht, dass der wahre Gott schon in irgendeiner Weise von allen verehrt werde. Einzig die Lehre von der Unsterblichkeit der Seele muss von allen Utopiern akzeptiert werden, denn eine Seele, die nach dem Tod weder Lohn noch Strafe fürchtet, wird sich auch nicht für den Staat und die Gesellschaft engagieren: eine »utopische« Theorie, die jedoch darauf hinweist, dass es schon im frühen 16. Jahrhundert durchaus Potential für die Befreiung von den alten christlichen Dogmen gab.

Säkulare Reformprogramme

Im Spätmittelalter bekamen die Städte durch die Emanzipationsbestrebungen der Bürger einen neuen Stellenwert. Sie waren eben nicht mehr nur Bischofssitze, wirtschaftliche, kirchliche oder missionarische Zentren: Die Städte entwickelten sich zu eigenständigen politischen Größen. Dabei bildete sich auch eine neue Form städtischer Autonomie heraus, nämlich die Freien und Reichsstädte. Von diesen Städten ging ein starkes Reformpotenzial aus. Ein Beispiel dafür war die 1439 abgefasste *Reformatio Sigismundi*, ein Dokument, das unter dem Namen des Kaisers Sigismund umlief, aber aus kirchlichen und politischen Reformkreisen stammte. Hier wurde einerseits den Reichsstädten eine zentrale Rolle in der Neuordnung des politischen und kirchlichen Lebens zugewiesen. Andererseits forderte das Dokument, die Macht der Geistlichkeit in den Städten in die Schranken zu weisen. Ein Priester dürfe beispielsweise weder Notar noch Stadtschreiber sein – für den Klerus ein Affront, denn die Geistlichen hatten im Verwaltungsaufbau der Stadt nach wie vor eine wichtige Funktion.

Politisch unmittelbar wirksam werden sollten die *Gravamina*, die Beschwerden der deutschen Reichsfürsten über die Kirche. Der Hauptaspekt dieser *Gravamina* war die Verquickung von geistlicher und weltlicher Gewalt in finanziellen Dingen, also die Verleihung kirchlicher Weihen gegen Bezahlung, ja überhaupt die Behandlung kirchlicher Ämter als bloße Einnahmequellen. Nicht zuletzt erregte der Ablasshandel bei den Fürsten und Reichsstädten Kritik, denn durch ihn erzielte die

Kirche ganz unabhängig von weltlichen Mächten erhebliche Einnahmen (wenn auch Fürsten und Städte ihrerseits von Ablasskampagnen profitieren konnten, wenn sie diese förderten). Der Begriff *Gravamina* und die entsprechenden Inhalte tauchen erstmals auf dem Frankfurter Fürstentag von 1456 auf. Hier waren auch die deutschen geistlichen Reichsfürsten zugegen, und sie machten die »Beschwerden« auch zu ihrer Sache. Auch die Reformkonzilien in Konstanz und Basel nahmen sich der kritisierten Missstände an. Dass sie in den folgenden Jahrzehnten auf den Reichstagen immer wieder aufgenommen wurden, zeugt andererseits von ihrer Erfolglosigkeit. Erst die Reformation konnte in den protestantischen Territorien wirklich einen Durchbruch bringen, zumal Martin Luther 1520 in seiner Schrift »An den christlichen Adel deutscher Nation« an die *Gravamina* anknüpfte.

Erasmus von Rotterdam, Gemälde von Hans Holbein d. J., 1534

Religiöse Dissidenten: Ketzer

Nicht nur im Mittelalter gilt: Wer ein Ketzer ist und wer nicht, entscheidet sich oft erst im Laufe der Zeit. Abgeleitet ist das Wort Ketzer von den Katharern, die ihren Ursprung auf dem Balkan und in Byzanz hatten und sich im 12. Jahrhundert auch in Westeuropa bemerkbar machten. Sie lehnten die von der Kirche praktizierte Taufe mit Wasser ab und lehrten eine Taufe mit Geist und mit Feuer. Diese Taufe vollzogen sie, wenn die Anhänger ihrer Lehre den Grad dessen erlangt hatten, was sie Vollkommenheit nannten. Sie kannten neben dem guten Gott noch einen bösen Gott. Sie verwarfen auch die Buße, weil Gott alle Sünden auch ohne Buße vergebe. Sie erkannten die Eucharistie nicht an, weil sie bloßes Brot sei, und Brot gehörte für sie zur bösen Materie, die von dem bösen Gott erschaffen ist. Das Kreuz verehrten sie nicht. Auch die Ehe und die Sexualität überhaupt verabscheuten sie. Das alles war also ein exaktes Gegenbild zur kirchlichen Lehre und Praxis. Relativ viel Freiraum zur Ausbreitung fand die Bewegung in Südfrankreich, in der Nähe von Albi, weshalb die Katharer dort auch Albigenser genannt wurden. Auch in Norditalien, in der Lombardei, konnten sich die Katharer mit der Hilfe des örtlichen Adels halten. Freilich dauerte es nicht lange, bis die Kirche gegen diese Lehren vorging.

Papst Innozenz III. rief einen Kreuzzug gegen die südfranzösischen Albigenser aus, und etwa ab 1240 unterwarfen sich viele vormals abtrünnige Adlige wieder dem Papst, um ihre Besitzungen behalten zu können. Die Inquisition arbeitete schnell und effektiv, sodass die Strukturen der Bewegung innerhalb weniger Jahre zerschlagen wurden. Bis zum Ende des 13. Jahrhunderts war auch in Norditalien das Katharertum zerschlagen. Dazu trug entscheidend bei, dass nicht nur die Inquisition und militärische Gewalt gegen die Bewegung eingesetzt wurden, sondern

Hinrichtung von Albigensern, Holzstich des 19. Jahrhunderts

dass die Kirche der Bewegung durch eine geistliche Erneuerung entgegentrat. Kirchlicherseits realisierte man also, dass man es hier nicht mit einer der altbekannten Ketzereien zu tun hatte, sondern mit einer Glaubensrichtung neuer Art, die eine attraktive Alternative zum hergebrachten Christentum bot. Kirchliche Bruderschaften wurden eingerichtet, die den Menschen ein Ideal geistlicher Lebensführung vermitteln wollten, ohne die Radikalität zu verlangen, mit der die Katharer die Tradition ablehnten. Die theologische Auseinandersetzung mit den Katharern trug auch Früchte bei den Gebildeten. Vor allem hat die Predigttätigkeit der Franziskaner entscheidend dazu beigetragen, dass Menschen in ihnen und nicht in den Katharern ein Leitbild sahen.

Die Inquisition, die hier erstmals bei der Bekämpfung von Ketzern zur Anwendung kam, ist im Blick auf diese Zeit immer noch im Wortsinne als gerichtliche Untersuchung zu verstehen. Eigentlich ging es der Inquisition um die Erhebung von Beweisen, und das vor allem gegen Geistliche. Durch Innozenz III. und das IV. Laterankonzil (1215) wurde das Inquisitionsverfahren kirchenrechtlich verankert. Eine neue Dimension erhielt es, als die weltlichen Herrscher die Verpflichtung übernahmen, durch die Inquisition Verurteilte zu bestrafen, und als die Folter zur Erzwingung von Geständnissen Einzug in das Verfahren hielt. Die päpstliche Inquisitionsbehörde wurde in den laufenden Jahrhunderten zu einer Zentrale der Überwachung und Verfolgung abweichender Meinungen ausgebaut, der im Zuge der Reconquista am Ende des 15. Jahrhunderts noch eine spanische Behörde mit gleicher Aufgabenstellung an die Seite trat. Wie ein Inquisitionsprozess ausging, hing nicht nur von der Schwere der Vorwürfe, sondern auch vom Inquisitor ab, der Ankläger und Richter in einer Person war.

Eine gemäßigtere christliche Reformbewegung, die sich von der Welt und einer übermächtigen Kirche abwendete, stellten die Waldenser dar. Gegen das ethische Anliegen der Waldenser, also eine asketische Lebensführung, war kirchlicherseits nichts einzuwenden, aber dass hier Laien zu predigen und zu lehren anfingen und die Bibel in der Volkssprache verbreiteten, wurde nicht toleriert. 1184 wurde den Waldensern das Predigen endgültig verboten. Viele hielten sich nicht an dieses Verbot und wurden deshalb verfolgt. Aus Sicht der Kirche standen die Waldenser auf einer Stufe mit der Ketzerei der Katharer.

Die große Herausforderung des Spätmittelalters waren die Lehren des englischen Theologen John Wyclif, der das Selbstverständnis der Kirche kritisierte. Für Wyclif war die sichtbare Kirche mit ihren Institutionen und Ämtern eine Einrichtung des Teufels; die wahre Kirche ist unsichtbar und auf Ämter nicht angewiesen. Eine solche Radikalität ist auf dem Hintergrund des großen Papstschismas nicht ganz unverständlich, denn der Kampf der Päpste und ihrer Anhänger gegeneinander konnte den Zeitgenossen als monströs erscheinen. Wyclif lehnte auch das Priesteramt ab und lehrte, ähnlich wie später Martin Luther, das Priestertum aller Gläubigen. Wie später Luther, so machte auch Wyclif die Bibel zur entscheidenden Instanz für Entscheidungen in der Lehre.

Hexen

INFO

Die Hexenverfolgung erreichte ihren Höhepunkt erst in der Frühen Neuzeit, auch wenn das bekannteste Handbuch zur Verfolgung von Hexen, der »Hexenhammer« der dominikanischen Inquisitoren Jakob Sprenger und Heinrich Institoris, 1487 veröffentlicht wurde. Untergeordnete weltliche Gerichte wollten mit Anklagen und Verurteilungen von Hexen offensichtlich ihren Bestand sichern. Verfolgt wurden zumeist Frauen, nur ein Fünftel bis ein Viertel der Opfer waren Männer. Es ging aber nicht darum, weise Frauen mit Geheimwissen über Medizin und Verhütung oder Bewahrerinnen des Heidentums zu bekämpfen – dies sind Vorstellungen aus dem 19. und 20. Jahrhundert. Die Opfer waren vielmehr oft sozial randständige oder auffällige Frauen. Die Gesamtzahl der Opfer lässt sich nur schwer ermitteln, sie dürfte bei rund 50 000 Menschen gelegen haben, auf jeden Fall aber nicht bei neun Millionen, wie im Kulturkampf und im Nationalsozialismus behauptet wurde, um die katholische Kirche schlecht zu machen. Verfolgungen gab es im Übrigen auch in evangelischen Gegenden.

Nachdem seine Schriften 1382 als ketzerisch verurteilt worden waren, ging von Wyclif eine für das Mittelalter nicht untypische Predigerbewegung aus. Wyclif selbst initiierte eine Bibelübersetzung in die Volkssprache. Am Anfang des 15. Jahrhunderts beschäftigten die Lehren Wyclifs die weltlichen und geistlichen Institutionen in England immer wieder. Das Problem bekam eine neue Dimension, als sich Wyclifs Lehren weiter über Europa ausbreiteten und besonders in Böhmen und an der Universität Prag eine Heimat fanden. Einer der dortigen akademischen Lehrer war Jan Hus, der sich Wyclifs Lehren zu eigen machte. Bald kam es zum Streit zwischen den böhmischen Anhängern Wyclifs und seinen Gegnern: Der Erzbischof von Prag ließ die Werke des englischen Ketzers verbrennen. Hus wurde nun zum Führer der Reformbewegung in Böhmen, und er brach dabei vor allem mit dem Papsttum, das er für entbehrlich erklärte. Hus übte scharfe Kritik an den Zuständen im Klerus, stand also auch im Kontext der gängigen Reformbemühungen, wie sie ja auch durch ältere Konzilien angestoßen worden waren. Der Reformator stand damit nicht allein; vielmehr hatte er unter den anderen Prager Professoren Gesinnungsgenossen, und so weigerte sich die Prager Fakultät 1403, die Lehren Wyclifs zu verurteilen.

Der Konflikt eskalierte, als der Prager Erzbischof zu scharfen Gegenmaßnahmen griff: Hus erhielt Predigtverbot. Hus kümmerte sich nicht darum, sondern griff zum

INFO

Die Reformation: Ende des Mittelalters?

Die Frage, ob Martin Luther in die Neuzeit oder noch ins Mittelalter gehört, ist letztlich fruchtlos, wenn man davon ausgeht, dass die Neuzeit nicht an einem Tag begann. Luthers Verwurzelung in der mittelalterlichen Gedankenwelt und Theologie ist oft betont worden, und dennoch lässt sich nicht übersehen, dass von ihm ein Aufbruch ausging, der in die Neuzeit weist und der auch die altgläubige (katholische) Kirche mitzog. Das alles vollzog sich auf dem Hintergrund einer Modernisierung, die von den Städten und den Fürsten ausging: Moderne Staaten bildeten sich, die effektive Verwaltungen benötigten, Juristen, Universitäten und eine Geistlichkeit, die sich hier integrierte. Dazu bot die Reformation gute Voraussetzungen, nicht zuletzt deshalb, weil sie auch einen Säkularisierungsschub bewirkte, der Kirchenvermögen in staatliche oder städtische Hand überführte und anderen Zwecken nutzbar machte. Wo es die Reformation nicht gab oder wo sie zurückgedrängt wurde, kam es zu ähnlichen Modernisierungen freilich auch.

wirksamsten Instrument spätmittelalterlicher Propaganda, nämlich der Volkspredigt. Er stachelte den Antiklerikalismus an, sodass es im Jahre 1409 in Prag zu einem Volksaufstand kam, bei dem der Erzbischof kurzzeitig aus der Stadt vertrieben wurde. Im Jahr darauf wurden Schriften Wyclifs verbrannt und Hus vom Erzbischof in Rom als Ketzer denunziert.

Hus war kein einzelner Irrlehrer, den man übersehen konnte. Er fachte eine Bewegung an, die sich in Böhmen rasch ausbreitete und zum böhmischen Identitätsmerkmal wurde. Nicht umsonst fand der Reformator beim Adel großen Rückhalt. So erklärt es sich, dass er von König Sigismund zum Konstanzer Konzil ein- oder vorgeladen wurde – jedenfalls kam Hus freiwillig. Sigismund hatte ihm freies Geleit zugesichert und auch das Recht, sich verteidigen zu dürfen. Tatsächlich kam Hus sicher in Konstanz an, doch wurde er schon nach kurzer Zeit unter Hausarrest gestellt und schließlich verhaftet. Die Verhandlungen mit ihm liefen auf einen Ketzerprozess hinaus. Hus wurden seine Äußerungen und Schriften vorgehalten, ihm wurde eine Verteidigung untersagt. 1415 wurden seine Lehren endgültig verworfen, und Hus wurde zum Ketzer erklärt. Bis zuletzt hatte er jedem Drängen zum Widerruf widerstanden. Die kirchliche Verurteilung zog wie später bei Luther die weltliche nach sich, und so starb Hus auf dem Scheiterhaufen. Die Böhmen verehrten ihn bald darauf als Märtyrer.

Jan Hus, zeitgenössischer Holzschnitt

Die Hussiten wurden zur böhmischen Nationalbewegung. Die böhmischen Adligen hatten schon gegen Hus' Verbrennung protestiert und förderten jetzt die neue Bewegung. Zum Symbol der Hussiten wurde der Laienkelch. Man nannte die Hussiten darum auch »Kelchler« oder Utraquisten, weil sie die Eucharistie *sub utraque specie*, unter beiderlei Gestalt, also mit Brot und Wein feierten. Die weitere Geschichte der Hussiten war geprägt von ihrer Umformung zu einer politischen Aufstandsbewegung und von blutigen Kriegen gegen sie. Schon bald nach dem Konzil, nämlich 1419, begannen die Hussitenkriege, die 1436 mit der vorläufigen Anerkennung der böhmischen Reformation endeten.

Das Ende der Böhmischen Reformation kam dann knapp 200 Jahre später mit der Schlacht am Weißen Berg bei Prag im Jahre 1620 – ein traumatisches Ereignis. Die kaiserlichen Heere besiegten den »Winterkönig« Friedrich von der Pfalz, und eine brutale Rekatholisierung Böhmens begann. Fortan waren Habsburgerherrschaft und Katholizismus identisch – eben darum stürzten die Tschechen 1918 die Mariensäule auf dem Altstädter Ring in Prag um.

Die erste und die zweite Entdeckung Nordamerikas

»Entdeckung Amerikas« ist ein traditioneller Begriff, der heute stark infrage gestellt wird, denn die Entdeckung bekam den Entdeckten nicht gut, die schon lange auf dem nordamerikanischen Kontinent gelebt hatten und diesen auch einmal, von Asien kommend, entdeckt hatten. Auch wenn die ersten Anfänge noch recht unschuldig waren und eher einer kulturellen Begegnung unter Gleichen ähnelten, lief es bei der »Entdeckung« durch Kolumbus und andere dann doch schnell auf eine Eroberung hinaus. Zweifel daran, dass der Entdeckung die Eroberung folgten müsste, gab es ohnehin kaum. Den Europäern gehörte nach ihrem Verständnis auch diese Gegend der Welt, und kirchlicherseits wurde dies durch den Auftrag abgesichert, die dortigen »Wilden« zu missionieren. Dass später Missionare gegen die barbarische Eroberungspolitik protestierten, spielte faktisch keine Rolle.

Entdeckt wurde Nordamerika im Mittelalter tatsächlich einmal, nämlich durch seefahrende Wikinger, die sich weit hinaus gewagt hatten. Dass die mittelalterlichen Sagas, die davon berichteten, Recht hatten, bewies die Ausgrabung einer Wikingersiedlung im neufundländischen L'Anse aux Meadows seit 1961. Später wurden an anderen Orten noch andere Funde gemacht, die eine Besiedlung von Skandinavien aus belegen. Die Landung in Neufundland war letztlich das Ende eines Dreischritts: Zuerst waren Wikinger nach Island gekommen, dann nach Grönland und dann nach Nordamerika. Dies geschah um das Jahr 1000, wobei die Sagas die Anführer als Leif Eriksson und Erik den Roten bezeichnen. Da die Texte viel später entstanden bzw. verschriftlicht worden sind, lassen sich ihnen konkrete Umstände nur schwer entnehmen. Auch die geografischen Bezeichnungen Helluland, Markland und Winland lassen sich kaum interpretieren, wobei Winland aufgrund der Interpretation in den Quellen selbst gerne als »Weinland« gedeutet wird. Die in Neufundland gegründeten Siedlungen überdauerten nur kurz und dienten womöglich nur der Überwinterung.

Auch die Siedlungen auf Grönland wurden allmählich aufgegeben, die letzte Nachricht über sie stammt aus dem 14. Jahrhundert.

Als rund 500 Jahre nach den ersten europäischen Besuchern Nordamerikas Christoph Kolumbus Nordamerika erneut »entdeckte«, konnte er nicht ahnen, dass er damit dazu beitragen würde, das Tor zu einer neuen Epoche zu öffnen. Wo er mit seinen Schiffen gelandet war, wusste er auch nicht und war vielmehr der Meinung, er habe »Las Indias« erreicht, also Asien. Hier wollte er ja hin, um eine neue Handelsroute zu erschließen, auf der man schneller an begehrte Waren und vor allem teure Gewürze kam. In Wirklichkeit ging er auf einer westindischen Insel an Land, die zu den Bahamas gehörte. Erst Amerigo Vespucci nannte die Dinge 1503 oder 1504 beim Namen: Amerika war entdeckt worden, ein Kontinent, den man zuerst einmal als Hindernis auf dem Weg nach Asien wahrnahm. Aus europäischer Sicht war neben Asien und Afrika nun ein neuer, wenn auch ferner Nachbar hinzugekommen, den man zumeist noch »Neue Welt« und eben nicht »Amerika« nannte. Über ihn wusste man ebenso wenig wie über Afrika und Asien, Kontinente, von denen man nur Teile der Küsten kannte.

Mit der neuen Welt begann allmählich auch eine neue Zeit, zumal bald die Eroberung und Kolonisierung Südamerikas hinzukam. Die Reisen des Kolumbus und anderer fanden durch den Druck von Reiseberichten große Aufmerksamkeit und vermittelten eine Ahnung davon, dass mit der Entdeckung einer neuen Welt auch eine neue Weltsicht möglich sein könnte – das allerdings fand eher in der Wahrnehmung Späterer statt. Zuerst standen die Bereicherung, die Ausweitung von Herrschaftsgebieten und die Missionierung der »Wilden« im Vordergrund. Die Globalisierung im modernen Sinne war das noch nicht. Diese bahnte sich erst an und wurde dann seit dem 19. Jahrhundert durch den massenhaften Austausch von Waren, durch große Migrationsbewegungen und einen wachsenden Nachrichtenverkehr zu einem entscheidenden Phänomen der Neuzeit.

Hier landeten die Wikinger vor 1000 Jahren: Panoramablick von L'Anse aux Meadows

Antike – 7. Jahrhundert

- 260 Aufgabe des Limes
- 284 Regierungsantritt Kaiser Diokletians
- 330 Einweihung Konstantinopels
- 378 Sieg eines gotischen Heeres bei Hadrianopel
- 395 Tod von Kaiser Theodosius des Großen: Teilung des Römischen Reichs
- 410 Plünderung Roms durch die Goten
- 440–461 Papst Leo I. (der Große)
- 451 Konzil von Chalkedon
- 476 Absetzung des letzten weströmischen Kaisers (Romulus Augustulus)
- 482 Henotikon (Versöhnungsformel mit den »Monophysiten«)
- 484–519 Akakianisches Schisma zwischen Konstantinopel und Rom
- 486 Chlodwig erobert das Reich des Syagrius
- 492–496 Papst Gelasius I. (Zwei-Schwerter-Lehre)
- 493 Theoderich wird König der Ostgoten
- um 500 Taufe des Frankenkönigs Chlodwig
- um 500 Symmachianische Fälschungen
- 527–565 Regierungszeit Kaiser Justinians
- 529 Gründung des Klosters Monte Cassino
- 536 Byzantinische Eroberung Roms
- 537 Einweihung der Hagia Sophia
- 553 V. Ökumenisches Konzil (Annäherung an die »Monophysiten«)
- 590–604 Papst Gregor I. (der Große)
- 591–615 Missionsaktivitäten Columbans
- 594 Tod des Gregor von Tours (Geschichte der Franken)
- 628 Sieg des byzantinischen Kaisers Heraklius über die Sasaniden
- 632 Tod Mohammeds
- 636 Tod des Isidor von Sevilla
- 638 Eroberung Jerusalems durch die muslimischen Araber
- 691/692 »Quinisextum« (kirchliche Ordnungsfragen)
- 691/692 Bau des Felsendoms in Jerusalem

8. – 9. Jahrhundert

- 711 Beginn der Eroberung Spaniens durch muslimische Araber
- 724 Bonifatius fällt die Donareiche bei Geismar
- 726 Beginn des Bilderstreits
- 732 Schlacht bei Tours und Poitiers
- 747 Bonifatius wird Bischof von Mainz
- 751 Pippin der Jüngere wird König der Franken
- 754 Treffen zwischen Pippin dem Jüngeren und Papst Stephan II.
- um 770 Abrogans (lateinisch-althochdeutsches Wörterbuch)
- 772–804 Sachsenkriege Karls des Großen
- 774 Sieg Karls des Großen über die Langobarden
- 782 „Blutgericht" von Verden
- 787 VII. Ökumenisches Konzil (Festschreibung der Ikonenverehrung)
- 793 Erster bekannter Wikingerüberfall (auf das schottische Kloster Lindisfarne)
- 794 Synode von Frankfurt (u. a. zur Frage der Bilderverehrung)
- 800 Kaiserkrönung Karls des Großen in Rom
- um 800 Bau der Aachener Pfalzkapelle
- 822 Gründung des Klosters Corvey
- 826 Taufe des dänischen Fürsten Harald Klak
- 829 Beginn der Missionstätigkeit Ansgars in Schweden
- um 830 Heliand (altsächsische Evangeliendichtung)
- 843 Teilung des Frankenreiches
- 843 Ende des Bilderstreites
- 845 Plünderung Hamburgs durch die Wikinger, Verlegung des Bischofssitzes nach Bremen
- 847–858 erstes Patriarchat des Ignatius
- um 850 pseudoisidorische Dekretalen
- 855–858 angebliche Päpstin Johanna
- 858–867 erstes Patriarchat des Photius
- 867–877 zweites Patriarchat des Ignatius
- 878–886 zweites Patriarchat des Photius

10. Jahrhundert

- »Saeculum obscurum«: Dunkles Zeitalter des Papsttums (aus späterer Sicht)
- um 900 Alleinherrschaft des ungarischen Fürsten Árpád
- 906–920 Tetragamiestreit
- 910 Gründung des Klosters Cluny
- 911 Ansiedlung der Normannen in der Normandie
- 919–936 Regierungszeit Heinrichs I. (»Heinrich der Vogler«)
- 921 Tod der böhmischen Fürstin Ludmilla, umgehende Verehrung als Heilige
- 929–1031 Kalifat von Córdoba
- um 930 Tod des böhmischen Fürsten Wenzel (Vaclav), umgehende Verehrung als Heiliger
- 936–973 Regierungszeit Ottos I. (des Großen)
- 948 Gründung der Bistümer Ripen, Aarhus und Schleswig
- 955 Otto der Große besiegt die Ungarn auf dem Lechfeld
- 956 Erste Erwähnung Lüneburgs
- um 960 Taufe des dänischen Königs Harald Blauzahn
- 966 Taufe des polnischen Herrschers Mieszko
- 968 Gründung des Bistums Posen
- 969 Rückeroberung Antiochias durch die Byzantiner
- 972 Taufe des ungarischen Großfürsten Géza
- 972 Heirat Ottos II. mit der byzantinischen Prinzessin Theophanu
- 973–983 Regierungszeit Ottos II.
- 983 Zerstörung der Bischofssitze Brandenburg, Zeitz und Havelberg durch die Slawen
- 983–1002 Regierungszeit Ottos III.
- 988 Taufe des Kiewer Großfürsten Wladimir
- 996–999 Papst Gregor V. (eingesetzt von Otto III.)
- 997 Martyrium des Prager Erzbischofs Adalbert

11. Jahrhundert

- 1000 »Akt von Gnesen«: Treffen Ottos III. mit Bolesław Chrobry
- 1000 Krönung des ungarischen Großfürsten Stephan zum König
- um 1000 Wikinger kommen nach Nordamerika
- um 1000 Taufe des schwedischen Königs Olav (»Schoßkönig«)
- 1002–1024 Regierungszeit Heinrichs II.
- 1012 Beleg für eine Synagoge in Köln
- 1013 Übereinkunft zwischen Bolesław Chrobry und Heinrich II. in Merseburg
- 1014 Taufe des norwegischen Königs Olav (»der Heilige«)
- 1015 Erste Erwähnung Leipzigs
- 1025 Königskrönung Bolesław Chrobrys
- 1046 Synode von Sutri
- um 1050 Ende der Wikingerüberfälle
- 1054 Bannbulle gegen den Konstantinopler Patriarchen Kerullarios (»Großes Schisma«)
- 1056–1105 Regierungszeit Heinrichs IV.
- 1063–1094 Bau des Markusdoms in Venedig
- 1066 Wilhelm (»der Eroberer«) erobert England
- 1066 Massaker an Juden in Granada
- 1066 Zerstörung Haithabus
- 1071 Sieg der Seldschuken über die Byzantiner bei Mantzikert
- 1073–1085 Papst Gregor VII.
- 1074 Vertreibung des Erzbischofs Anno durch die Kölner Bürger
- 1075 Dictatus Papae Gregors VII.
- 1077 Canossagang Kaiser Heinrichs IV.
- 1077–1080 Regierungszeit Rudolfs von Schwaben (Gegenkönig)
- 1077/78 Anselm von Canterbury: Proslogion (über das Verhältnis von Glaube und Vernunft)
- 1090 Schutzbriefe Kaiser Heinrichs IV. für die Juden in Worms und Speyer
- 1095 Kreuzzugsaufruf Papst Urbans II.
- 1096–1099 Erster Kreuzzug (Eroberung Jerusalems)

12. Jahrhundert

- 1103 Reichslandfriede (u. a.: Schutz von Juden)
- 1104 Einweihung der Synagoge in Speyer
- 1104 Gründung des Erzbistums Lund
- 1106–1125 Regierungszeit Heinrichs V.
- um 1115 Entstehung der Nestorchronik in Kiew
- 1115 Gründung des Klosters Clairvaux durch Bernhard von Clairvaux
- 1122 Wormser Konkordat
- 1123 I. Laterankonzil
- um 1130 Gründung der Universität Bologna
- 1135 Bau der Steinernen Brücke in Regensburg
- 1139 II. Laterankonzil
- 1141 Beginn der Aufzeichnung der Visionen Hildegards von Bingen
- 1142 Petrus Lombardus: Sentenzen (Lehrbuch)
- 1142–1180 Heinrich der Löwe regiert als Herzog von Sachsen
- 1143 Gründung Lübecks
- 1145–1153 Papst Eugen III.
- 1147 Wendenkreuzzug gegen die ostelbischen Slawen
- 1147–1149 Zweiter Kreuzzug
- 1152–1190 Regierungszeit Friedrich Barbarossas
- 1154 Gründung des Bistums Nousiainen in Finnland
- 1157 Judenprivileg Barbarossas
- um 1160 Guss des Braunschweiger Löwen
- 1163 Erhebung des Bistums Trondheim zum Erzbistum
- 1163 erstmalige Verwendung des Namens „Katharer"
- 1164 Gründung des Erzbistums Uppsala
- 1179 III. Laterankonzil
- 1184 Predigtverbot für die Waldenser
- 1187 Sieg Sultan Saladins über das Kreuzfahrerheer: Rückeroberung Jerusalems
- um 1188 Evangeliar Heinrichs des Löwen
- 1190 Tod Friedrich Barbarossas auf dem Dritten Kreuzzug
- 1198–1216 Papst Innozenz III.

13. Jahrhundert

- 1200 offizielle Anerkennung der Universität Paris durch König Philipp II. August
- um 1200 Niederschrift des Nibelungenliedes
- 120a4 Vierter Kreuzzug (Eroberung Konstantinopels)
- 1204–1261 Lateinisches Kaiserreich
- 1209–1229 Kreuzzug gegen die Albigenser
- 1212–1250 Regierungszeit Kaiser Friedrichs II.
- 1215 Dominikus gründet eine Gemeinschaft von Brüdern in Toulouse
- 1215 IV. Laterankonzil (Transsubstantiationslehre)
- 1219 Gründung der Stadt Tallinn durch den dänischen König Waldemar I.
- um 1220 Walther von der Vogelweide erhält ein Lehen von Friedrich II.
- 1220/1270 Niederschrift der Texte der Edda
- 1226 Tod des Franz von Assisi
- 1229–1244 Jerusalem wird unter Friedrich II. noch einmal christliches Königreich
- um 1230 Entstehung des Sachsenspiegels
- 1236 Juden als »Kammerknechte«
- 1242 Sieg Alexander Newskis über ein Heer von Ordensrittern auf dem Peipussee
- 1244 Der Erzbischof von Mainz erlaubt die Wahl eines Stadtrats
- 1245 I. Konzil von Lyon
- um 1250 Naumburger Meister
- um 1250 erste Erwähnung des Schießpulvers in Europa
- um 1250 Anfänge der Hanse als Städtebund im Ostseeraum
- 1257 Ausbruch des Vulkans Samalas in Indonesien (Grund für die »Kleine Eiszeit«?)
- 1274 II. Konzil von Lyon (Union mit den Byzantinern)
- um 1280 Erfindung der Lesebrille
- 1285–1314 Regierungszeit Philipps IV. (»des Schönen«) von Frankreich
- 1293–1303 Papst Bonifaz VIII.

14. Jahrhundert

- um 1300 Meister Eckhart
- 1302 Bulle Unam Sanctam Papst Bonifaz' VIII.
- 1303 Überfall auf Bonifaz VIII.
- 1305–1314 Papst Clemens V.
- 1308 erste Leichenschau in Venedig
- 1309 Verlegung des Papstsitzes nach Avignon
- 1311/1312 Konzil von Vienne (Verurteilung der Templer)
- 1319 Vereinigung von Schweden und Norwegen
- 1337 Tod des Giotto di Bondone
- 1337–1453 »Hundertjähriger Krieg« zwischen England und Frankreich
- 1339 Gründung des Nürnberger Heilig-Geist-Spitals
- 1346–1378 Regierungszeit Karls IV.
- 1348 Gründung der Karls-Universität Prag
- 1348/1349 Höhepunkt der Pest in Mitteleuropa: Pogrome gegen Juden
- 1351 Endgültige Anerkennung des Hesychasmus im Byzantinischen Reich
- 1356 Goldene Bulle (Wahl des Königs und Kaisers durch die Kurfürsten)
- 1370–1378 Papst Gregor XI.
- 1377 Rückverlegung des Papstsitzes nach Rom (Folge ist das Doppelpapsttum)
- 1378–1389 Papst Urban VI.
- 1378–1394 Papst Clemens VII.
- 1381 John Balls Predigt »Als Adam grub und Eva spann, wo war denn da der Edelmann?«
- 1381 Guillaume Tirel wird Chefkoch des französischen Königs Charles V.
- 1382 Verketzerung der Schriften John Wyclifs
- 1386 Gründung der Universität Heidelberg
- 1394–1417 Papst Benedikt XIII.

15. und 16. Jahrhundert

- um 1400 Beginn der Renaissance
- um 1400 Heinrich Wittenwiler: »Der Ring« (Satire)
- 1406–1415 Papst Gregor XII.
- 1409 Konzil von Pisa
- 1409 Gründung der Universität Leipzig durch Prager Studenten und Magister
- 1409–1410 Papst Alexander V.
- 1410–1415 Papst Johannes XXIII.
- 1411 Guss der »Faulen Mette« (Riesengeschütz) in Braunschweig
- 1411–1437 Regierungszeit Sigismunds
- 1414–1418 Konzil von Konstanz
- 1415 Verbrennung von Jan Hus in Konstanz
- 1417 Wahl Martins V. zum Papst
- 1419–1436 Hussitenkriege
- 1431 Verbrennung der Jeanne d'Arc (die »Jungfrau von Orleans«)
- 1431 Beginn des Konzils von Basel (bis 1449)
- 1431–1447 Papst Eugen IV.
- 1438 Eugen IV. beruft nach Ferrara ein neues Konzil ein
- 1439 Reformatio Sigismundi
- 1439 erneute Union mit den Byzantinern
- 1439–1449 Papst Felix V. (Gegenpapst des Konzils von Basel)
- um 1450 Erfindung des Buchdrucks mit beweglichen Lettern durch Johannes Gutenberg
- 1453 Eroberung Konstantinopels durch die Osmanen (»Türken«)
- 1453 Nikolaus von Kues: De pace fidei
- 1456 Frankfurter Fürstentag: Gravamina der deutschen Reichsfürsten
- 1487 »Hexenhammer« der Inquisitoren Jakob Sprenger und Heinrich Institoris
- 1492 Abschluss der Reconquista
- 1492 Christoph Kolumbus »entdeckt« Amerika
- 1495 Verkündung des »ewigen Landfriedens« durch Kaiser Maximilian
- 1516 Bayerisches Reinheitsgebot für Bier
- 1516 Thomas Morus: Utopia
- 1516 Erasmus von Rotterdam: griechisches Neues Testament
- 1517 Martin Luthers 95 Thesen
- 1546–1563 Konzil von Trient: innerkatholische Reform

LITERATUREMPFEHLUNGEN

- Arnold Angenendt: Das Frühmittelalter. Die abendländische Christenheit von 400 bis 900, Stuttgart 3. Aufl. 2001
- Arnold Angenendt: Geschichte der Religiosität im Mittelalter, Darmstadt 4. Aufl. 2009
- Friedrich Battenberg: Das europäische Zeitalter der Juden. Bd. 1: Von den Anfängen bis 1650, Darmstadt 2. Aufl. 2000
- Hans-Georg Beck: Das Byzantinische Jahrtausend, München 1978
- Hans-Georg Beck: Byzantinisches Lesebuch, München 1982
- Marcel Beck: Finsteres oder romantisches Mittelalter? Zürich 1950
- Wolfgang Behringer, Hartmut Lehmann, Christian Pfister (Hgg.): Kulturelle Konsequenzen der »Kleinen Eiszeit«. Cultural Consequences of the »Little Ice Age«, Göttingen 2005
- Haim Hillel Ben-Sasson: Geschichte des jüdischen Volkes. Bd. II: Vom 7.–17. Jahrhundert. Das Mittelalter, München 1979
- Urs Bitterli: Die Entdeckung Amerikas. Von Kolumbus bis Alexander von Humboldt, München 1991
- Hartmut Boockmann: Das Mittelalter. Ein Lesebuch aus Texten und Zeugnissen des 6. bis 16. Jahrhunderts, München 1988
- Michael Borgolte: Christen, Juden, Muselmanen. Die Erben der Antike und der Aufstieg des Abendlandes 300 bis 1400 n. Chr., München 2006
- Arno Borst: Lebensformen im Mittelalter, Frankfurt a. M. 1973
- Otto Borst: Alltagsleben im Mittelalter, Frankfurt a. M. 1983
- Karl Bosl (Hg. Georg Scheibelreiter): Europa im Mittelalter, Neuausgabe Darmstadt 2005
- Norbert Brieskorn: Finsteres Mittelalter? Über das Lebensgefühl einer Epoche, Mainz 1991
- Roberto Cassanelli: Die Baukunst im Mittelalter, Düsseldorf / Zürich 1995
- Peter Dinzelbacher: Lebenswelten des Mittelalters, Badenweiler 2010
- Eugen Ewig: Die Merowinger und das Frankenreich, Stuttgart 5. Aufl. 2006
- Thomas Frenz: Das Papsttum im Mittelalter, Köln 2010
- Johannes Fried: Das Mittelalter. Geschichte und Kultur, München 2008
- Bernd Fuhrmann: Deutschland im Mittelalter. Wirtschaft – Gesellschaft – Umwelt, Darmstadt 2017
- Susanne Galley: Das Judentum, Frankfurt a. M. 2006
- Hanna-Barbara Gerl-Falkovitz: Einführung in die Philosophie der Renaissance, Darmstadt 1989
- Manfred Gerwing / Godehard Ruppert / Ludwig Hödl (Hgg.): Renovatio et Reformatio. Wider das Bild vom »finsteren« Mittelalter, Münster 1985
- Rüdiger Glaser: Klimageschichte Mitteleuropas, Darmstadt 2001
- Hans-Werner Goetz: Leben im Mittelalter vom 7. bis zum 13. Jahrhundert, München, 4. Aufl. 1991

- Anton Grabner-Haider: Kulturgeschichte des Frühen Mittelalters, Göttingen 2010
- Klaus Herbers: Geschichte Spaniens im Mittelalter. Vom Westgotenreich bis zum Ende des 15. Jahrhunderts, Stuttgart 2006
- Bernd-Ulrich Hergemöller: Sodom und Gomorrha. Zur Alltagswirklichkeit und Verfolgung Homosexueller im Mittelalter, Hamburg 2000
- Peter Hilsch: Das Mittelalter – die Epoche, Konstanz 2006
- Kay Peter Jankrift: Europa und der Orient im Mittelalter, Darmstadt 2007
- Malcolm Lambert: Häresie im Mittelalter. Von den Katharern bis zu den Hussiten, Darmstadt 2001
- Bruno Laurioux: Tafelfreuden im Mittelalter. Kulturgeschichte des Essens und Trinkens in Bildern und Dokumenten, Stuttgart / Zürich 1992
- Lexikon des Mittelalters, 10 Bände, 1. Aufl. 1977–1999 (neuere Auflagen als Paperback)
- Christian Lübke: Das östliche Europa, München 2004
- Matthias Meinhardt / Andreas Ranft / Stephan Selzer (Hgg.): Mittelalter, München 2. Aufl. 2009
- Mittelalter: Kunst und Kultur von der Spätantike bis zum 15. Jahrhundert, Nürnberg 2007
- Lutz E. von Padberg: Die Christianisierung Europas im Mittelalter, Stuttgart 2. Aufl. 2009
- Alheydis Plassmann: Die Normannen. Erobern – Herrschen – Integrieren, Stuttgart 2008
- Marcus Popplow: Technik im Mittelalter, München 2010
- Friedrich Prinz: Von Konstantin zu Karl dem Großen. Entfaltung und Wandel Europas, Düsseldorf / Zürich 2000
- Bruno Reudenbach: Die Kunst des Mittelalters, Bd. 1: 800–1200, München 2008 [kein 2. Band erschienen]
- Christian Rohr: Festkultur des Mittelalters, Graz 2002
- Birgit und Peter Sawyer: Die Welt der Wikinger, Berlin 2002
- Georg Scheibelreiter: Die barbarische Gesellschaft. Mentalitätsgeschichte der europäischen Achsenzeit 5.–8. Jahrhundert, Darmstadt 1999
- Antje Schelberg: Leprosen in der mittelalterlichen Gesellschaft, Göttingen 2000
- Karin Schneider-Ferber: Alles Mythos! 20 populäre Irrtümer über das Mittelalter, Stuttgart 2009
- Ernst Schubert: Essen und Trinken im Mittelalter, Darmstadt 2006
- Ferdinand Seibt: Glanz und Elend des Mittelalters. Eine endliche Geschichte, 1. Aufl. Berlin 1987 (mehrere Folgeauflagen)
- Wolfgang E. J. Weber: Geschichte der europäischen Universität, Stuttgart 2002
- Jutta Zander-Seidel / Daniel Hees / Frank Matthias Kammel: Mittelalter. Kunst und Kultur von der Spätantike bis zum 15. Jahrhundert, Nürnberg 2007

Bildnachweis

AKG-Images, Berlin: 9 (Schadach), 11, 14, 17 (Bildarchiv Steffens), 18, 21 (Album/Kurwenal/Prisma), 22 (Sotheby's), 24/25 (Erich Lessing), 29, 31 (Hervé Champollion), 35, 40, 45 (Quagga Media), 47, 49 (British Library), 50, 53, 55, 56, 57, 59, 60, 65, 67, 70, 72 (British Library), 76 (Erich Lessing), 79, 80, 82, 84 (Fototeca Gilardi), 87 (Alfons Rath), 88/89, 91, 92/93, 95 (Bildarchiv Monheim), 96 (Maurice Babey), 101 (Pictures from History), 102, 106 (De Agostini Picture Lib.), 109 (Heritage Images), 110, 113, 115 (Jürgen Raible), 117, 120 (Science Photo Library), 121 (Heritage Images), 125 (Roland und Sabrina Michaud), 128 (Werner Forman), 130, 135 (Album/Prisma), 138 (Osprey Publishing/Viking Hesir 793–1066 AD/Gerry Embleton), 139 (Heritage Images/Fine Art Images), 141, 142 (Jürgen Raible), 145 (Elizaveta Becker), 146 (Werner Forman), 148 (Bildarchiv Steffens), 154, 158, 160 (Eric Vandeville), 163, 164, 167. **Bayerische Staatsbibliothek:** 38. **Fotolia:** 2 (Ana Tramont), 12 (GChristo), 68 (Delphotostock), 74/75 (Nikolai Sorokin), 99 (mehmet), 105 (Pavel), 132 (Ramana), 151 (GoneWithTheWind), 152 (Blickfang), 168/169 (Bob). **Palmedia Publishing Services:** 26, 126, 136. **Universitätsbibliothek Heidelberg:** 32, 36, 123, 156. **Wikimedia Commons:** 42 (Sir Gawain), 63 (Taxiarchos228)

Gedruckt auf chlorfrei gebleichtem, säurefreiem und alterungsbeständigem Papier

Bibliografische Information der Deutschen Nationalbibliothek
Die Deutsche Nationalbibliothek verzeichnet diese Publikation in der Deutschen Nationalbibliografie; detaillierte bibliografische Daten sind im Internet über http://dnb.d-nb.de abrufbar.

ISBN 978-3-476-04663-5

Dieses Werk einschließlich aller seiner Teile ist urheberrechtlich geschützt. Jede Verwertung außerhalb der engen Grenzen des Urheberrechtsgesetzes ist ohne Zustimmung des Verlages unzulässig und strafbar. Das gilt insbesondere für Vervielfältigungen, Übersetzungen, Mikroverfilmungen und die Einspeicherung und Verarbeitung in elektronischen Systemen.

Lizenzausgabe für J.B. Metzler, Stuttgart. J.B. Metzler ist Teil von SpringerNature.
© 2018 Palmedia Publishing Services GmbH, Berlin

www.metzlerverlag.de
info@metzlerverlag.de

Einbandgestaltung: Finken & Bumiller, Stuttgart (Foto: iStock_000000428922_Medium)
Gestaltung und Satz: Felgner & Zierke, Berlin
Druck und Bindung: Gorenjski Tisk, Kranj, Slowenien

Printed in Slovenia